LE DIVORCE

ɪᵉᴇ,

NAPOLÉON

Henri WELSCHINGER

LIBRAIRIE PLON

E. PLON, NOURRIT ᴇᴛ Cⁱᵉ, IMPRIMEURS-ÉDITEURS

ʀᴜᴇ ɢᴀʀᴀɴᴄɪèʀᴇ, 10

—

1889

Tous droits réservés

Ce volume a été déposé au ministère de l'intérieur, section de la librairie, en février 1889.

OUVRAGES DU MÊME AUTEUR :

Le Duc d'Enghien, 1772-1804, 1 vol, in-8°. — E. Plon, Nourrit et Cⁱᵉ, éditeurs.

Le Théâtre de la Révolution, ouvrage couronné par l'Académie française, 1 vol. in-12. — Charavay, éditeur.

Les Bijoux de madame du Barry, 1 vol. in-24, avec eau-forte. — Charavay, éditeur.

La Censure sous le premier Empire, ouvrage couronné par l'Académie française, 1 vol. in-8°. — Perrin et Cⁱᵉ, éditeurs.

Les Almanachs de la Révolution, 1 vol. in-12. — Jouaust, éditeur.

PARIS. — TYPOGRAPHIE DE E. PLON, NOURRIT ET Cⁱᵉ, RUE GARANCIÈRE, 8.

PRÉFACE

Le divorce de Napoléon ouvre dans l'histoire de l'Empire la période de la décadence. A première vue, cette affirmation peut sembler paradoxale, puisque le divorce est suivi d'une pompeuse alliance avec la maison d'Autriche, excitant les regrets et le dépit des autres familles souveraines qui avaient convoité ouvertement ou en secret l'alliance de Napoléon. Mais après le mariage autrichien, après les cérémonies, les fêtes et l'enthousiasme officiels, surgissent les plus graves événements. La guerre contre la Russie vient s'ajouter aux guerres imprudentes engagées depuis 1806 et 1807 contre le Saint-Siège et l'Espagne. Ces trois guerres amènent la sixième coalition et la chute du régime impérial. Si habile qu'ait été la façon dont fut conduit le divorce,

a

si brillante qu'ait paru l'union contractée par
Napoléon avec l'archiduchesse Marie-Louise, ni
cette habileté ni cet éclat n'ont préservé l'Empire d'une ruine à laquelle le condamnait une
incommensurable ambition.

De l'aveu de tous les contemporains, le Consulat avait été une époque de relèvement et de
sagesse. La pacification de la Vendée, le traité de
Lunéville, la paix d'Amiens, le Concordat, le Code
civil, le rappel des émigrés, la reconstitution de la
famille et de la société avaient rallié tous les esprits
au nouveau gouvernement. Les trois premières
années de l'Empire, avec les incomparables victoires
d'Austerlitz, d'Iéna, d'Eylau, de Friedland, avaient
fait oublier à la nation la suppression de ses libertés.
J'ai dit ailleurs ce que je pensais de l'enlèvement et
de l'exécution du duc d'Enghien. La proclamation
presque immédiate de l'Empire, le couronnement
et le sacre avaient dissimulé pour un certain temps
aux yeux des Français éblouis toute l'horreur de
ce drame. Mais de jour en jour les violences s'ac-
croissent et ne peuvent plus se cacher même derrière la gloire. Le traité de Tilsitt a redoublé
l'orgueil de l'Empereur, qui se dit le maître de
l'Europe. Deux ans après, l'Autriche estime que le
moment de secouer le joug est venu. Les chances
de la lutte lui sont, une fois de plus, défavorables.
Le Saint-Siège est frappé en même temps que la

maison de Habsbourg; le jour de la victoire de
Wagram est le jour même de l'enlèvement du
Pape. La paix de Vienne porte au comble la puissance de Napoléon. C'est alors qu'il met à exécution le dessein formé depuis 1802; c'est alors
qu'il divorce avec Joséphine, s'imaginant qu'une
alliance souveraine le placera définitivement à
côté des rois, et que tous s'empresseront non plus
de subir, mais de reconnaître sa suprématie.

Il veut donner, il donne « le mot d'ordre à
l'univers ». S'il en est qui résistent encore, ils
seront écrasés. Napoléon compte soumettre la
Papauté, soumettre la Russie, soumettre l'Angleterre. Lui qui a passé le Rhin, effacé les Alpes et les
Pyrénées, il espère aller des rives de la Seine aux
rives du Gange et ajouter des départements nouveaux aux cent trente départements dont se compose déjà son empire. Il continue l'effort héroïque
de la Révolution : il lui a emprunté son esprit
d'audace et de conquêtes sans fin. Il pense que la
guerre contre la Russie sera une guerre heureuse
et qu'elle dénouera toutes les difficultés intérieures,
en même temps qu'elle assurera sa prépondérance
au dehors. « C'est après cela seulement, — dit-il
à son aide de camp Narbonne, — qu'il me sera
possible de tout arranger et d'en finir avec cette
affaire de Rome et du Pape... Pour avoir pleinement raison de l'Église, il faut avoir réussi davan-

tage devant les hommes. Vous avez lu l'histoire
des Juifs de Josèphe. Quand Alexandre, vainqueur de l'Orient, approcha de Jérusalem, le
grand prêtre lui apporta le livre des Prophètes qui
annonçaient sa venue... » Cette fois, il se trompait. S'il avait eu, pour seconder ses prodigieux
desseins, des soldats, des généraux, des fonctionnaires, des ministres, il devait rencontrer dans sa
marche envahissante un obstacle insurmontable :
le Pape, qui représente un principe dont ne sont
encore venues à bout ni la séduction, ni la perfidie,
ni la force; je veux dire la foi.

Mais l'Empereur se croit invincible. Il luttera
contre les hommes, contre les éléments, contre le
sort, contre Dieu lui-même. Il a confiance en son
étoile, une confiance absolue. Dans son attitude,
dans ses paroles, tout annonce la certitude en
l'avenir. L'homme, comme le caractère, s'est
transformé. Ce n'est plus cette figure maigre,
brune et rêveuse, aux grands cheveux plats cachant
le front et descendant jusque sur les épaules; aux
yeux gris et vagues laissant par instants jaillir des
étincelles; c'est un visage plein, un teint mat, un
front largement ouvert, une bouche grave aux
lignes plus accentuées, un menton carré et résolu.
Le regard est plus clair et plus expressif. Il contient je ne sais quoi d'impérieux et de grand surtout qui dompte les plus rebelles. Il impose, il

glace, il terrifie. « Il y a des gens qui me croient
sans bile et sans griffes, mande l'Empereur à
Talleyrand, un an après son élévation au trône.
Écrivez-leur, pardieu, qu'ils ne s'y fient pas ! »

Comment peindre un tel homme?... La tâche
est difficile ; aussi je me bornerai à une simple
esquisse. J'indiquerai seulement les principaux
traits de la physionomie de celui qui a mené les
grands événements dont parle cette étude. Napoléon est le personnage le plus complexe de notre
histoire. C'est un composé de violent et de calme,
d'arbitraire et de juste, de cruel et d'humain,
d'aveugle et de clairvoyant, d'égoïste et de généreux qui captive et qui déconcerte l'observateur impartial. Ce qui domine en lui, c'est la
grandeur. Ses qualités, ses défauts, ses vices
même ont des côtés gigantesques. Napoléon est
un despote, il est vrai, mais c'est un despote
organisateur, un despote administrateur, un despote législateur. D'un bond il a saisi l'autorité
suprême, et s'il ne demeure pas, aussi longtemps
qu'il l'aurait pu, au rang qu'il a conquis par sa
valeur personnelle et par sa gloire, c'est qu'il a
subitement chancelé sous l'ivresse du succès. Il
abuse de son génie et de ses triomphes, il n'obéit
à aucun frein. Sa nature belliqueuse, qui ne sup-
porte ni le conseil, ni la contradiction, ni la
gêne, ni la rivalité, veut la guerre : la guerre au

dedans, la guerre au dehors. Napoléon éprouve
le besoin incessant, le besoin irrésistible de vaincre,
de plier, d'abattre, de briser les hommes et les
choses. Généraux, ministres, agents, ouvriers,
soldats, prêtres, pape, rois, princes, tous devant
lui doivent courber le front. Il rêve l'autorité absolue, la monarchie européenne. Il fixe alors l'attention universelle. Les poètes ont, pour le louer,
épuisé le trésor de leurs épithètes : colossal, sublime, extraordinaire, épique, génial, immense,
divin, que sais-je ?... Les artistes l'ont reproduit cent fois, par le pinceau, par le crayon, par
le ciseau, par le burin. Les orateurs sacrés et
profanes l'ont célébré dans toutes les langues. Les
peuplades les plus ignorées ont retenti de son nom.
Ce grand révolutionnaire, — la Révolution incar-
née, a dit Metternich, — a bouleversé le monde et
fait trembler tous les monarques. Pendant plusieurs
années, il a régné sur l'Europe couchée à ses pieds.
Après une première abdication et un court exil, il
reparaît et jette une terreur nouvelle parmi les
rois, ses anciens frères. Vaincu une seconde fois,
trahi, cloué sur un roc, il est l'objet d'une surveillance de toutes les heures, et les princes regrettent
entre eux de n'avoir pas suivi le conseil de Blü-
cher. Le fossé de Vincennes eût fait plus rapidement leur besogne que le roc de Sainte-Hélène.
Mort enfin, son nom les effraye toujours, car ce

nom redoutable est un bélier qui renverse encore les monarchies. La légende de Napoléon se continue longtemps sous le chaume, et lorsqu'on parle de lui, les fronts se découvrent et les voix répètent le refrain du chansonnier populaire :

> Parlez-nous de lui, grand'mère,
> Parlez-nous de lui !...

Ceux-là mêmes qui ont le plus maudit sa gloire meurtrière, respectent sa mémoire. On redit les noms de Marengo, d'Austerlitz, d'Iéna et de Wagram, et aujourd'hui encore ces nobles souvenirs sont la consolation de nos revers.

Pourquoi faut-il que cet être extraordinaire ait déçu tous ceux qui avaient loué ses actes de réparation et de relèvement et qui aspiraient, après les exploits de la guerre, aux bienfaits de la paix?... Parce que le génie ne suffit pas à un homme, si grand qu'il soit. Il faut à un gouverneur de peuples, outre le prestige et l'éclat, le calme, la bonté, la sagesse, la modération, et non une agitation fébrile, une rigueur systématique, un aveuglement opiniâtre, un orgueil indomptable qui font de Napoléon une des plus hautes comme une des plus terribles figures de notre histoire. L'Empereur avait trop suivi à la lettre le conseil de Machiavel : « Un prince nouveau ne peut impunément exercer toutes les vertus, parce que l'intérêt de sa conser-

vation l'oblige souvent à violer les lois de l'humanité, de la charité et de la religion. » Voilà ce qui
explique pourquoi tant d'amertumes ont succédé
à tant d'espérances. Ce sont là, dira-t-on peut-
être, des regrets inutiles. Il suffisait de laisser la
parole aux faits... J'avoue que je ne comprends
pas ainsi le rôle de l'histoire. Elle doit s'élever
vers des régions plus hautes, rechercher le devoir,
étudier les règles qui en découlent, et tirer elle-
même des faits tout l'enseignement qu'ils compor-
tent. Elle doit parler avec indépendance et impartialité, montrer à la fois les vices et les vertus des
personnages qui ont accepté ou voulu prendre la
tâche si laborieuse de conduire les hommes.

Dans les pages où je raconte le divorce et le
second mariage de Napoléon, puis sa lutte contre
la Papauté, vous le verrez apparaître en toute sa
magnificence avec le masque implacable d'un
César, la tête laurée, le front haut, l'œil fier et la
bouche superbe, portant le manteau semé d'abeilles,
le sceptre et la main de justice, tandis que les
deux lions, accroupis au pied de son trône,
lèvent sur lui un regard soumis et saluent leur
maître.

C'est là le despote qui répudie solennellement
Joséphine de Beauharnais; c'est l'Empereur des
Français, le roi d'Italie, le protecteur de la Con-
fédération germanique, le médiateur de la nation

suisse qui daigne tendre sa main victorieuse
à l'archiduchesse Marie-Louise; c'est Napoléon
Bonaparte qui consent à unir sa jeune monarchie à
la vieille monarchie autrichienne, suivant les formes
et les traditions de l'ancien régime et au milieu
d'une splendeur inconnue jusqu'à ce jour.

Tout semble lui redire le vers de Corneille :

Régnez : qui fait des lois peut bien faire un divorce.

Les événements qui viennent de se dérouler en
Serbie et qui retiennent encore l'attention publique, la décision arbitraire du métropolite Théodore prononçant, le 12 octobre 1888, le divorce
entre le roi Milan et la reine Nathalie, sans autre
motif avoué que l'impossibilité d'une vie commune
entre les deux époux, les procédés indignes du roi
et de ses conseillers vis-à-vis d'une femme injustement accusée, le mépris de sa dignité, de sa foi religieuse et de ses droits, tandis que le peuple serbe
garde à la reine Nathalie une sincère et respectueuse affection, ces événements rappellent
tous à l'observateur la phase surprenante de
notre histoire qui se nomme le divorce. Chez
nous aussi, des ministres, — comme M. Nicolas
Christitch et le général Protitch, — jaloux de garder les bonnes grâces d'un monarque autoritaire,
ont servi sa politique implacable et facilité sa

séparation avec une impératrice en possession
de l'amitié des Français. Chez nous aussi, des
prélats, oublieux de leurs devoirs et courtisans
comme le métropolite Théodore, se sont empressés
de faire rompre, par une Officialité soumise, les
liens religieux qui unissaient Joséphine et Napoléon, afin de donner un plus libre cours aux desseins ambitieux de l'Empereur.

Toutes proportions gardées, et quoique les motifs
soient absolument différents, ce qui s'est passé en
Serbie a une certaine ressemblance avec les incidents qui ont accompagné le divorce de Napoléon
et prête à cette question si grave un nouvel intérêt, celui d'une réelle actualité.

Lors de la publication du tome XI de son *Histoire du Consulat et de l'Empire,* M. Thiers disait :
« Rien de plus curieux et de plus défiguré dans
les récits publics que ce qui concerne le divorce
et le mariage de Napoléon. J'écris, — observait-il,
— d'après la Correspondance secrète et d'après
les Mémoires inédits du prince de Cambacérès
et de la reine Hortense. » Cependant, malgré
les révélations de M. Thiers, il reste encore beaucoup à dire et beaucoup à rectifier. Je ne suis pas
le seul qui ait été frappé du manque de netteté et
de précision, de l'hésitation singulière que mani-
festent la plupart des histoires de France au sujet
du divorce et de l'annulation du premier mariage

de Napoléon, ainsi que des faits qui l'ont préparé
et des faits qui l'ont suivi. Ce sont des événements
considérables sur lesquels on n'est pas encore
entièrement fixé. Chacun y apporte des doutes,
des conjectures, des hypothèses. Presque personne
n'y met ce que le lecteur demande pour asseoir
son jugement définitif : des textes authentiques et
l'étude raisonnée de ces textes. Si le fond des
choses est à peu près connu, les détails sont igno-
rés, et l'on verra bientôt quelle importance ont ces
détails.

Je me suis occupé de ces hautes questions
historiques aux divers points de vue civil, religieux et politique, après la lecture attentive d'un
petit imprimé extrêmement rare, intitulé : « *Narré
de la procédure à l'occasion de la demande en nullité
du mariage de Napoléon Bonaparte et de Joséphine
Tascher de la Pagerie* [1]. » L'exemplaire que j'ai en
ma possession porte à la dernière page quelques
lignes écrites à la main et signées par leur auteur,
l'abbé Rudemare [2], chanoine honoraire de Paris,
ex-promoteur diocésain, curé de Notre-Dame des
Blancs-Manteaux.

---

[1] Le Havre. Imprimerie de Corcelet. — C'est au Havre que
l'abbé Rudemare alla se reposer, après juillet 1830, des fatigues
de son ministère paroissial et finit ses jours.

[2] J'ai contrôlé aux Archives nationales l'écriture de l'abbé
Rudemare sur les pièces officielles, et j'ai reconnu l'authenticité
des lignes manuscrites qui figurent sur mon exemplaire.

« Les jugemens hasardés qu'ont portés sur la question du mariage de Bonaparte les nouvelles histoires qui me sont tombées sous la main, — dit l'abbé Rudemare, à la date du 14 août 1826, — m'ont déterminé à faire transcrire, puis imprimer quelques exemplaires de ce narré qui était resté dans mon portefeuille en 1810, et à en déposer de moi signés dans plusieurs bibliothèques de la capitale.

« J'ai cru devoir en remettre à de respectables amis avec prière de les communiquer aux personnes qui, pensant à faire entrer dans des Mémoires du temps cette procédure, leur demanderaient des renseignements positifs sur la manière dont a été conduite à l'Officialité de Paris, dans des temps difficiles, cette affaire à laquelle j'ai été obligé, par le devoir de ma place, de prendre une part active. »

Satisfaction fut donnée à l'abbé Rudemare. Plusieurs historiens utilisèrent ses renseignements. M. Thiers y fit allusion dans sa grande *Histoire du Consulat et de l'Empire*. Le comte d'Haussonville s'en servit également dans son beau travail sur *l'Église romaine et le premier Empire*. Mais en examinant les choses de très près, je pus bientôt me convaincre que tout n'avait pas été dit, et je tentai de tout connaître et de tout dire.

C'est ainsi que je vis les pièces mêmes du

procès, la requête de Cambacérès, la décision de
la commission des évêques, le procès-verbal d'enquête, les dépositions de Talleyrand, de Duroc, de
Berthier et du cardinal Fesch, la sentence de l'Official diocésain, l'acte d'appel du promoteur, l'arrêt
définitif de l'Official métropolitain. Mis en goût
par ces découvertes, je voulus scruter les minutes
des procès-verbaux qui avaient préparé les décisions du cabinet des Tuileries et du Sénat, le
relevé du cérémonial, les projets de discours
rédigés à l'avance pour Napoléon, Joséphine et
le prince Eugène, tous les accessoires enfin du
drame émouvant dont le dernier acte se joua du
15 décembre 1809 au 11 janvier 1810. Ces pièces
si intéressantes pour l'histoire avaient été com-
muniquées en 1851 à M. Thiers, qui se borna à
en faire une indication très sommaire. Elles furent
impitoyablement refusées sous l'Empire au comte
d'Haussonville, qui, avec sa finesse et sa courtoisie
habituelles, protesta contre une consigne trop
rigoureuse [1].

« On conserve, a-t-il dit, au dépôt des Archives
impériales des papiers où se trouve officiellement
consignée, par des dépositions des témoins qui ont
parlé au nom de l'empereur Napoléon et sous son
évidente inspiration, la version qu'il désirait accré-

---

[1] *L'Église romaine et le premier Empire,* tome III, page 246.

diter au sujet de son non-consentement au mariage
contracté avec l'Impératrice la veille du sacre.
Nous aurions aimé à les consulter. Dans ces
pièces, mises autrefois sous les yeux de M. Thiers,
peut-être aurions-nous rencontré quelques détails
qui nous auraient servi à atténuer dans une certaine mesure, aux yeux de nos lecteurs, l'étrange
attitude prise en cette circonstance par le chef du
premier Empire. Cela ne nous a malheureusement pas été possible, les ordres les plus formels
ayant été donnés pour qu'on ne nous commu-
niquât aucun des documents des Archives impériales. »

La porte des Archives est aujourd'hui moins
fermée. Grâce à la bienveillance du Garde général
et des archivistes, ses dévoués collaborateurs, j'ai
pu lire à loisir ces documents mystérieux, j'ai
pu les examiner avec tout le soin qu'ils mé-
ritent.

« Ces pièces, disait un rapport de la secrétairerie
d'État qui les refusait à M. d'Avannes en 1840,
entreront un jour dans l'histoire de l'Empire,
histoire qui n'est pas encore faite et que fort
heureusement le temps prépare lentement, car
les matériaux dont elle devra se composer ne sont
pas tous de nature à voir encore le jour... »

Les documents en question éclairent d'une vive
lumière le divorce de Napoléon et de Joséphine.

Ils sont loin d'atténuer l'attitude prise par l'Empereur, lors de l'annulation canonique de son
mariage. Ils montrent que les agents de Napoléon, comme les membres de l'Officialité parisienne, se sont inclinés devant les exigences du
Souverain. La plupart ont obéi sans protester,
devançant même les ordres de leur maître;
quelques-uns ont balbutié des objections timides,
vite effacées par un zèle et un empressement à
tout faire qui écœurent.

Pour la seconde partie de mon sujet, qui traite
naturellement du mariage autrichien et de la
rupture définitive de Napoléon avec la Papauté,
j'ai consulté aussi les dépêches des Affaires étrangères et les autres dossiers des Archives nationales. J'en ai confronté la teneur avec les curieuses
indications que renferment les Mémoires de Metternich et des contemporains, ainsi que certains
ouvrages étrangers.

Le cardinal Consalvi affirme que le gouvernement français fit disparaître, en 1810, tout ce qui
pouvait être une pièce à charge contre lui. « Il
avait exigé, affirme-t-il, qu'on lui livrât tous les
papiers relatifs à cette affaire. Comme on le racon-
tait généralement à Paris, il en avait brûlé une
partie et altéré l'autre. » C'est là une erreur
absolue.

Dans le nouveau travail que je publie aujourd'hui, les documents inédits occupent une grande place, mais j'ai la conscience de les avoir utilisés avec mesure et avec impartialité, suivant ainsi le conseil du critique :

Et mihi res, non me rebus, submittere conor.

H. W.

Paris, février 1889.

LE
DIVORCE DE NAPOLÉON

CHAPITRE PREMIER

LE MARIAGE CIVIL DE BONAPARTE ET DE JOSÉPHINE
EN 1796 ET LEUR MARIAGE RELIGIEUX EN 1804.

Le 15 vendémiaire an IV, le Comité de salut
public avait ordonné le désarmement des sections
Le Peletier et du Théâtre-Français, ainsi que le
désarmement de tous les grenadiers et chasseurs
de la garde nationale. Des mesures rigoureuses
obligèrent les citoyens à rendre leurs armes à la
police. Le prince Eugène rapporte ainsi ce fait
dans ses *Mémoires :* « A la suite du 13 vendémiaire, un ordre du jour défendit, sous peine
de mort, aux habitants de Paris de ·conserver
des armes [1]. Je ne pus me faire à l'idée de me

---

[1] M. Th. Iung, dans son ouvrage sur Bonaparte (t. III), conteste
le désarmement des sections. On voit qu'il n'a pas étudié de près
les arrêtés du Comité de salut public après le 13 vendémiaire, et
entre autres celui du 15 vendémiaire que l'on trouvera aux
Pièces justificatives.

1

séparer du sabre que mon père avait porté et qu'il
avait illustré par d'honorables et éclatants services. Je conçus l'espoir d'obtenir la permission
de pouvoir garder ce sabre, et je fis des démarches
en conséquence auprès du général Bonaparte.
L'entrevue qu'il m'accorda fut d'autant plus touchante qu'elle réveilla en moi le souvenir de la
perte encore récente que j'avais faite. Ma sensibilité et quelques réponses heureuses que je fis au
général, lui firent naître le désir de connaître l'intérieur de ma famille, et il vint lui-même le lendemain m'apporter l'autorisation que j'avais si vivement désirée. Ma mère l'en remercia avec grâce
et sensibilité. Il demanda la permission de revenir
nous voir et parut se plaire de plus en plus dans la
société de ma mère. Je dois dire que, peu de mois
après, nous nous aperçûmes de l'intention où le
général Bonaparte pouvait être d'unir son sort à
celui de notre mère, et toute la splendeur qui
depuis a environné Napoléon, n'a pu me faire
oublier la peine que je ressentis, quand je vis ma
mère décidée à former de nouveaux liens... Il me
semblait qu'un second mariage, quel qu'il fût, était
une profanation, une atteinte portée à la mémoire
de notre père[1]. » Telle fut l'origine réelle des
relations de Joséphine et de Bonaparte.

---

[1] Voir, sur ces mêmes faits, les Dictées de Sainte-Hélène dans

Un an auparavant, Joséphine avait subi les
épreuves les plus cruelles. Le général de Beauharnais avait été accusé, par Fouquier-Tinville, d'avoir
livré Mayence à l'ennemi. Joséphine implora un des
membres du Comité de sûreté générale. Elle essaya
d'obtenir la mise en liberté de son mari et de sa
belle-sœur, incarcérés tous les deux à ce moment.
Le jacobin la dénonça. La malheureuse femme fut,
à son tour, jetée dans la même prison et, le 23 juin
1794, elle lut avec désespoir le nom du général de
Beauharnais sur la liste des décapités de la journée.
Parmi eux se trouvaient un prince de Rohan, un
prince de Salm, le colonel de Beauvoir, le maréchal de Gouy d'Arcy, le comte de Soyecourt, le
comte de Querhoënt et le spirituel Champcenetz,
tous accusés d'avoir voulu anéantir la République
et assassiner les représentants du peuple. Les
enfants de Joséphine, Eugène et Hortense, avaient,
en vain, dans les termes les plus émouvants, fait
appel « à la sensibilité et à la clémence de la
Convention » en faveur de leur mère. Joséphine
ne fut délivrée que le 19 thermidor. Elle quitta la
prison des Carmes, au milieu des vœux et des
bénédictions de ses compagnons de captivité, qui
avaient appris à l'aimer. Livrée à une extrême
détresse, elle obtint l'hospitalité d'une géné-

la *Correspondance de Napoléon*, t. XXIX, p. 67. Le prince
Eugène avait quinze ans à cette époque.

reuse dame, nommée Dumoulin. Elle fut ensuite
secourue par madame Tallien, avec laquelle elle
se lia intimement. Elle finit par obtenir la levée
des scellés mis sur son mobilier, et rentra en
possession de quelques biens confisqués[1]. Elle
reprit alors ses relations mondaines, réunissant
dans son salon de la rue Chantereine des hommes
de lettres, des artistes et des thermidoriens. Le
13 vendémiaire éclata. Les suites de cette émeute
amenèrent chez elle, ainsi qu'on vient de le voir,
le général Bonaparte. Ils se convinrent bientôt.
Leur mariage, uniquement civil, eut lieu au
deuxième arrondissement de Paris, le 9 mars 1796,
devant Paul Barras, directeur, Jean Lemarois,
aide de camp, Jean-Lambert Tallien, membre des
Cinq-Cents, et Étienne-Jacques-François Calmelet.
On sait que Joséphine fit reporter, dans l'acte de
mariage, sa naissance à l'année 1767, se rajeunis-
sant ainsi de quatre ans, tandis que Bonaparte,
grâce à une confusion voulue avec l'âge de son
frère Joseph, se laissant vieillir d'un an, plaçait sa
naissance en l'année 1768[2]. On verra quelle

[1] Pour confirmer les bruits qui ont couru au sujet d'une liaison
entre Barras et Joséphine, on ne peut apporter aucun fait déci-
sif, aucune preuve irréfutable. Il est seulement avéré que Joséphine parut, avec son amie madame Tallien, dans la société fri-
vole qui s'était groupée autour de Barras. Plus tard, Lucien et
Joseph Bonaparte se plurent, dans leur haine contre Joséphine,
à exciter méchamment la jalousie de Bonaparte.
[2] L'acte de baptême fourni à l'École royale militaire indique

conséquence eut plus tard, pour Joséphine, cette simple coquetterie. En attendant, sa grâce infinie, sa haute élégance, sa physionomie charmante, ses manières délicates avaient ébloui le général Bonaparte. Agée de trente-trois ans, elle en paraissait à peine vingt-cinq. Sa conversation spirituelle, qu'animaient un doux regard et un sourire délicieux, la rendait séduisante entre toutes.

A peine unis, les deux époux furent contraints de se quitter pour un certain temps. Bonaparte, nommé général en chef de l'armée d'Italie, alla prendre le commandement de ses troupes. Mais Joséphine ne se résigna pas à un éloignement prolongé. Elle avait trop souffert des séparations que lui avait souvent imposées M. de Beauharnais, pour repasser volontairement par les mêmes angoisses. Aussi s'empressa-t-elle de rejoindre son jeune mari à Milan. Elle le suivit dans ses triomphes à Brescia, à Lucques, à Florence. Après les préliminaires de Léoben, elle s'installa avec lui à Montebello. Là, se formant une sorte de cour, elle imposait à tous par sa distinction et sa beauté, par ce caractère

pour la naissance de Napoléon : « Ajaccio, 15 août 1769. » (Voir pour les détails le Dictionnaire Jal : Art. *Napoléon*.)

On a dit que l'âge inexactement rapporté de Joséphine et la situation de mineur du témoin Lemarois auraient pu être invoqués par Napoléon comme moyen de dissolution du lien civil, mais que l'Empereur s'abstint de les invoquer par une sorte de scrupule. Cela est inexact. Ces motifs n'auraient pu suffire pour faire rompre le lien civil.

bienveillant et ce tact particulier qui frappèrent
tant Metternich. Bonaparte eut alors raison de dire
que s'il gagnait les batailles, Joséphine gagnait les
cœurs.

De Montebello elle se rend à Rome, puis elle
revient à Paris jouir des ovations décernées au
vainqueur de l'Italie. La rue Chantereine est devenue la rue de la Victoire : le salon de Joséphine
est naturellement le rendez-vous des généraux,
des savants, des artistes, des écrivains en renom.
Mais de nouvelles ambitions entraînent au loin
Bonaparte. Il part pour l'Égypte. Joséphine se
retire à la Malmaison, qu'elle vient d'acquérir. Un
an après, les directeurs rappellent Bonaparte, qui,
à leur grande surprise, fait le coup d'État à son
profit personnel[1]. Le premier Consul déjoue les
menées de Sieyès, puis, le 9 février 1800, va s'in-
staller aux Tuileries avec les formes et l'appareil
de la royauté. Joséphine accepte, sans le moindre
embarras, ce surcroît de grandeurs. Habilement
conseillée par mesdames Campan et de Montesson,

---

[1] C'est le soir du 18 brumaire que Bonaparte aurait répondu à
madame de Staël, qui lui demandait s'il était vrai qu'il n'aimât
pas les femmes : « J'aime la mienne. » Madame de Staël s'écria
« qu'Épaminondas aurait ainsi parlé ». Cette anecdote semblerait
donner un démenti aux affirmations de Lucien, qui prétend qu'au
retour d'Égypte, il avait été très sérieusement question du divorce
entre Bonaparte et Joséphine. Il est vrai que de faux rapports
envoyés en Égypte avaient aigri Bonaparte. Mais, dès la première
explication, ses craintes se dissipèrent.

elle attire à elle les plus réfractaires et parvient à
se concilier jusqu'à des représentants de l'ancienne
monarchie [1]. Son éclat et sa noblesse native lui
donnent presque l'apparence d'une souveraine. Le
premier Consul lui témoigne l'affection la plus
vive. Il en est fier. Qu'on se rappelle le tableau de
Prudhon et qu'on revoie par la pensée la pose naturellement gracieuse de Joséphine, ses cheveux
soyeux artistement noués d'une bandelette, son
ovale parfait, son regard caressant, ses bras d'un
si pur modelé, ses belles épaules, l'attrait et l'aban-
don de tout son être, et l'on comprendra son pouvoir sur l'esprit de Bonaparte. Celui-ci ne peut lui
reprocher que ses dépenses inconsidérées et ses
prodigalités folles, son amour exagéré du luxe ; et
encore, s'essayant déjà à jouer au monarque, ne
la réprimande-t-il que pour la forme. L'intérêt
que Joséphine porte aux victimes de la Révolution
la rend bientôt populaire. Si elle échoue dans ses
tentatives de clémence en faveur de l'infortuné duc
d'Enghien, elle obtient du moins la grâce de M. de
Polignac et de ses amis. Pendant quatre années,
elle est heureuse, libre, enviée. Elle a soupçonné

---

[1] « La circonstance de mon mariage avec madame de Beauharnais m'a mis en point de contact avec tout un parti qui m'était
nécessaire pour concourir à mon système de fusion, un des principes les plus grands de mon administration et qui la caractéri-
sera spécialement. Sans ma femme, je n'aurais jamais eu avec ce
parti aucun rapport naturel. » (*Mémorial.*)

un instant les intrigues de Lucien Bonaparte,
ambassadeur en Espagne, qui avait eu l'idée de
proposer le divorce au premier Consul pour lui permettre d'épouser une infante. Mais ce projet n'a été
qu'éphémère[1]. Les inquiétudes de Joséphine ne
commenceront vraiment qu'en 1804. Deux jours
après le 14 germinal an XII, si l'on en croit Miot
de Mélito, généralement bien informé[2], Joseph
Bonaparte s'aperçut que le premier Consul voulait
revenir à un plan qu'il avait plus d'une fois indiqué. Il s'agissait de se faire déclarer empereur et
d'adopter en même temps pour successeur le fils de
Louis Bonaparte et d'Hortense Beauharnais. Joseph
aurait été, en cas de minorité, nommé tuteur de
cet enfant et régent, conjointement avec les deux
autres consuls. D'autre part, il avait été question
d'un système régulier d'hérédité, et Joseph crut
comprendre que l'adoption du fils de Louis était
un expédient inspiré par Joséphine. Celle-ci voyait,
en effet, dans l'hérédité régulière une sorte d'arrêt
de divorce, puisqu'elle ne pouvait donner d'héritier à son mari[3]. Louis, poussé par ses frères, s'op-

---

[1] Voir les *Mémoires* de Lucien Bonaparte, publiés par M. Th.
Iung, t. II, p. 276 et suiv.

[2] *Mémoires*, t. II.

[3] Certains la croyaient mariée religieusement. Ce fut ainsi qu'à
Anvers, en juin 1803, l'archevêque de Malines dit à Joséphine
devant son cortège : « Après vous être unie au premier Consul
par les nœuds d'une alliance sainte, vous vous trouvez aujour-
d'hui environnée de sa gloire... »

posa à ce projet. La famille Bonaparte entra en
dissentiment avec son chef. Elle haïssait Joséphine;
elle sut le faire voir. Bonaparte modifia ses desseins, tout en se réservant la faculté de revenir au
fils de Louis par l'adoption. Dans le conseil du 3 floréal, il annonça que le principe de l'hérédité admis,
il, désirait qu'on le laissât maître de régler ce qui
lui conviendrait pour l'intérieur de sa famille. Le
sénatus-consulte du 22 floréal, qui constitua l'Empire, concéda à Napoléon la faculté d'adopter un successeur, mesure qui irrita particulièrement Joseph.
Il se répandit en termes injurieux contre Joséphine,
critiquant cette disposition avec la dernière amertume. Il en voulait à Napoléon d'avoir donné à sa
femme le titre d'impératrice, et il commençait déjà
contre cette malheureuse princesse la campagne qui
aboutit au divorce de 1809[1].

Les beaux jours de Joséphine sont passés. Avec
l'éclat et la gloire, les craintes et les tristesses sont
venues. La façon dont le peuple est appelé à voter
sur l'hérédité impériale et le commentaire que lui

---

[1] « Ma femme est une bonne femme, qui ne leur fait point de
mal. Elle se contente de faire un peu l'impératrice, d'avoir des
diamants, de belles robes, les misères de son âge ! Je ne l'ai jamais aimée en aveugle. Si je l'ai faite impératrice, c'est par justice. Je suis surtout un homme juste. Si j'avais été jeté dans une
prison au lieu de monter au trône, elle aurait partagé mes malheurs. Il est juste qu'elle participe à ma grandeur... » (Entretien
de Napoléon avec Rœderer, le 4 novembre 1804.)

1.

donnent les agents du pouvoir sont faits pour
motiver les angoisses de l'Impératrice[1]. Tout à
coup elle apprend que le Pape va venir à Paris
sacrer Napoléon. Elle apprend en même temps
qu'un parti, hostile à sa personne, veut l'empêcher d'être couronnée et sacrée. La raison en
est fort simple. Voilà huit ans que Napoléon et
Joséphine sont mariés, et leur union a été stérile.
Plusieurs fois déjà, Napoléon s'est plaint de n'avoir
pas d'héritier, et sa famille s'est faite l'écho empressé de ses plaintes. Le divorce paraît devoir
s'imposer de lui-même. La raison d'État le commande. L'opinion lui est favorable. C'est la chose
qui préoccupe le plus les antichambres et les

---

[1] Un exemple, entre cent, le montrera. Voici une proclamation prise au hasard :

« HABITANTS DU DÉPARTEMENT DU CHER,

« Le vœu émis par les 29 assemblées cantonales du département est accompli. Le grand Napoléon est proclamé empereur
des Français : la dignité impériale est héréditaire. Vous êtes appelés à émettre votre vœu sur la proposition suivante :

« Le peuple veut l'hérédité de la dignité impériale dans la
descendance directe, naturelle, légitime et adoptive de Napoléon
Bonaparte et dans la descendance directe, naturelle et légitime
de Joseph Bonaparte et de Louis Bonaparte...

« Vous vous empresserez d'exprimer un désir qui vit depuis
longtemps dans vos cœurs et dont l'accomplissement doit assurer
le bonheur de vos enfants. Le génie du grand Napoléon planera
sur sa postérité. Vive l'Empereur !

« *Le préfet du Cher :* BELLOC. »

(Archives nationales, AF[IV] 155.)

salons. Un témoin en parle en des termes qui
dépeignent bien la futilité des Parisiens, sans
cesse à l'affût de nouvelles et de changements.
« Bonaparte était empereur; la dignité héréditaire
dans sa famille ; les deux consuls supprimés ;
Lebrun se retirait dans ses terres ; madame Bonaparte répudiée ; le margrave de Bade qui, dans
l'arrestation du duc d'Enghien, avait si bien fait
les fonctions de sergent de Bonaparte, lui donnait
pour femme une princesse de sa famille. Voilà le
citoyen Bonaparte devenu beau-frère de l'empereur Alexandre. Il aura un enfant ; ce sera un
garçon. Le théâtre est prêt... on peut commencer [1]. »

C'est alors que Joséphine, menacée dans ses
intérêts les plus chers, dans sa fierté, sa dignité et
ses droits, essaye de défendre et de conserver la
place qui lui appartenait légitimement. Les renseignements sur le péril qui allait l'atteindre arri-
vaient de divers côtés. Ainsi elle savait que non
seulement la famille de Bonaparte lui conseillait le divorce, mais qu'il y était encouragé par les
courtisans. Trois mois . avant la fondation de
l'Empire, Talleyrand avait fait entendre à Bonaparte que s'il épousait une princesse de Bade, il
obtiendrait l'utile appui des cours de Russie et de

[1] Miot de Mélito, t. II.

Bavière. Le premier Consul laissa parler son ministre. Il se réservait un plus glorieux avenir. Mais il ne voulait encore révéler à personne l'étendue de son ambition. Des scènes de famille, amenées par la jalousie, irritèrent Joséphine, qui, dans un entretien intime avec son mari, proféra des paroles imprudentes. L'Empereur, exaspéré, perdit tout son sang-froid. Il déclara hautement qu'il songeait en effet à une séparation [1]. A ces mots, la douleur de Joséphine fut telle, que Napoléon ému revint subitement sur sa menace et lui promit de l'admettre au sacre ainsi qu'au couronnement. Cette promesse ne suffit pas à Joséphine. Elle demanda une audience secrète au Souverain Pontife. Elle lui confia qu'elle était unie à Napoléon seulement par les liens civils [2]. Pie VII fit alors entendre à

[1] Napoléon avait oublié ce qu'il disait jadis à Rœderer : « C'est par justice que je n'ai pas voulu divorcer : mon intérêt, l'intérêt même du système, demandait peut-être que je me remariasse. Mais j'ai dit : Comment renvoyer cette bonne femme à cause que je deviens plus grand ?... Non, cela passe ma force. J'ai un cœur d'homme ; je n'ai pas été enfanté par une tigresse. Quand elle mourra, je me remarierai et je pourrai avoir des enfants. Mais je ne veux pas la rendre malheureuse. » (Rœderer, t. III. — 4 nov. 1804.) — Voir aussi les Mémoires de madame de Rémusat, tome II.

[2] « Malgré le nouvel ascendant que Joséphine avait paru reprendre sur le premier Consul, la possibilité d'un divorce la tourmentait beaucoup, et, de temps en temps, par d'adroites suggestions plus ou moins indirectes et d'ailleurs fort légitimes de sa part, elle témoignait un ardent désir de voir consolider son mariage à la municipalité par la bénédiction nuptiale reçue à l'é-

l'Empereur que s'il ne légitimait pas immédiatement son mariage, il se refuserait à présider la
cérémonie de Notre-Dame. La colère de Napoléon
contre Joséphine fut extrême. Elle ne s'explique-
rait pas, si elle n'avait eu pour cause l'arrière-
pensée d'un futur divorce. Napoléon finit par
s'apaiser, car il savait que rien au monde ne ferait
céder Pie VII sur ce point spécial. La veille du
couronnement, vers quatre heures de l'après-midi,
et non pas, comme on l'a affirmé jusqu'ici, à une
heure avancée de la nuit, le cardinal Fesch, muni
par le Pape de tous les pouvoirs, maria secrètement Napoléon et Joséphine dans les appartements
particuliers des Tuileries. On a dit, et tout récemment encore [1], que les témoins de ce mariage clandestin furent MM. de Talleyrand et Berthier.
M. Thiers l'a cru. Il s'est ravisé plus tard après
l'examen des pièces officielles, qui ne sont autres
que les dépositions des quatre témoins cités à la
requête de l'Officialité par Cambacérès : le cardinal
Fesch, Berthier, Duroc et Talleyrand. M. Thiers

glise ; ce à quoi le Consul s'était toujours obstinément refusé et
se refusa jusqu'à l'époque de son couronnement. » (*Mémoires de
Lucien Bonaparte*, t. II.)

[1] Dans son dernier ouvrage, le prince Napoléon écrivait :
« Napoléon et Joséphine furent unis religieusement pour satisfaire aux scrupules de Joséphine, dans la nuit qui précéda le
sacre, par le cardinal Fesch, devant Talleyrand et Berthier. Je le
sais par mes traditions de famille. » (*Napoléon et ses détracteurs*,
page 69.)

a ajouté que cette erreur n'avait du reste « qu'une pure importance de formes ». Elle avait, au contraire, une grande importance, car l'absence de témoins au mariage secret a été un des motifs principaux invoqués par l'Empereur ou ses répondants pour faire invalider son mariage. Mais Joséphine, qui prévoyait les périls de l'avenir, eut la précaution de demander au cardinal Fesch un certificat de la bénédiction nuptiale qu'elle venait de recevoir. Le soin qu'on mit plus tard à lui enlever cette pièce considérable montre combien de part et d'autre on croyait à la validité du mariage religieux.

Malgré toutes les difficultés que je viens de retracer, malgré les pénibles scènes de la veille, le couronnement se fit avec une majesté incomparable. Tous les assistants de cette auguste cérémonie remarquèrent la tendresse particulière de Napoléon pour Joséphine, la grâce affectueuse avec laquelle il plaça la couronne sur la tête de celle qu'il avait appelée « son bon génie », ainsi que l'émotion de l'Impératrice. Mais ce n'est plus qu'un éclair de tendresse. Napoléon, à peine monté sur le trône de France, médite déjà une alliance solennelle. Ses projets sont immenses, et, pour leur réalisation, tout devra lui céder. Il a pris le manteau, le sceptre et la couronne, parce qu'il veut agir sur l'imagination des peuples par

les moyens qui, seuls, ont de l'action sur elle. Le
général Bonaparte est arrivé à se faire appeler par
les rois : « mon frère ». Il est entré dans leur famille
par le titre et le rang, il y entrera une seconde
fois par l'alliance. Était-ce donc, après tout, chose
si impossible que d'obtenir la main d'une princesse? Un tel rêve n'était qu'un détail pour celui qui
disait en ce moment même à Joseph Bonaparte :
« Ce que j'ai fait jusqu'ici n'est rien encore. Il n'y
aura de repos en Europe que sous un seul chef,
sous un empereur qui aurait pour officiers des
rois, qui distribuerait des royaumes à ses lieute-
nants, qui ferait l'un roi d'Italie, l'autre roi de
Bavière, celui-ci landamman de Suisse, celui-là
stathouder de Hollande, tous ayant des charges
dans la Maison impériale avec les titres de grand
échanson, grand panetier, grand écuyer, grand
veneur, etc. [1]... » Ce dessein, comme l'autre,
s'accomplira, et l'Europe stupéfaite assistera à des
faits qui lui sembleront des prodiges. Mais rien
n'étonnera celui qui faisait tranquillement cet
aveu : « Je suis appelé à changer la face du
monde. »

Napoléon va ceindre la couronne de fer à
Milan. Il n'appelle pas Joséphine à ses côtés.

[1] Miot de Mélito, t. II.

Celle-ci a compris. Ses inquiétudes reparaissent;
les soupçons d'un malheur inévitable l'assaillent
de nouveau. Elle souffre de la rareté de ses entrevues avec l'Empereur. Divers indices aggravent
ses tourments. Le décret de Milan, par lequel
Napoléon adopte le prince Eugène pour fils et
pour son successeur au trône d'Italie, lui prouve
qu'il ne songe pas à faire de ce fils un successeur
à la couronne de France. Les courtisans ne se
gênent pas pour dire tout haut qu'il pense à une
nouvelle union avec l'héritière d'une cour souveraine. La pauvre impératrice est atteinte au fond
du cœur. On a dit qu'elle cachait ses mortelles
angoisses sous une légèreté mondaine et sous les
plus frivoles caprices : c'est une erreur. « Je l'ai
toujours vue, rapporte un témoin qui n'est pas
suspect de complaisance [1], presque exclusivement
occupée de sa position et tremblante de déplaire à
son mari. Elle n'avait aucune coquetterie; toute
sa manière extérieure était décente et mesurée.
Elle ne parlait aux hommes que pour découvrir ce
qui se passait, et ce divorce suspendu sur sa tête
faisait l'éternel objet de ses plus grands soucis... »
Elle se préoccupait aussi de ses enfants, n'oubliant
pas les recommandations suprêmes que lui avait
faites M. de Beauharnais, le 4 thermidor an II,

---

[1] Mémoires de Mme de Rémusat.

dans une lettre qui ressemblait à un testament.
L'Empereur avait, il est vrai, comblé son fils et sa
fille de faveurs, mais Hortense, que son mariage
avec le roi Louis avait singulièrement déçue,
disait, dans un jour de tristesse, à Napoléon :
« Donnez du repos à ma mère, de l'éclat à Eugène
qui le mérite, mais laissez-moi vivre tranquille et
solitaire !... »

Du repos à sa mère ! C'était demander beaucoup au grand agitateur qui remuait aussi bien sa
famille que le monde. La politique était là, in-
stante, implacable, avec ses âpres exigences.
Napoléon aimait Joséphine, mais il aimait encore
plus sa gloire, et il tenait à fonder une dynastie.
Orgueil bien naturel, après tout, pour celui qui
n'avait plus à compter ses triomphes. Il ne ren-
contrait aucun obstacle à ses désirs. Il savait que
les monarques de l'Europe étaient prêts à lui ouvrir leurs familles. Il le savait et il voulait montrer
à tous que le premier soldat du monde était l'égal
des rois et des empereurs, et que sa jeune gloire
militaire avait de quoi lutter avec la plus vieille
noblesse [1].

---

[1] Des courtisans, qui voulaient à tout prix lui créer des aïeux,
apportèrent bientôt à l'Empereur le fruit de leurs savantes
recherches. Les uns attribuaient pour origine à la famille Bonaparte la *gens Julia*, d'autres les Comnène et les Paléologue,
ceux-ci un M. de Bompart dont la fille aurait épousé le
Masque de fer, frère jumeau de Louis XIV. On dirait du ro-

man, et cependant ces stupides adulations se sont réellement pro-
duites. On sait comment Napoléon y répondit. Le *Moniteur* du
25 messidor an XIII contient une note qui émane évidemment
de sa plume : « On a mis dans nos propres journaux, dit-il, une
généalogie aussi ridicule que plate de la maison Bonaparte. Ces
recherches sont bien puériles, et à tous ceux qui demanderaient
de quel temps date la maison Bonaparte, la réponse est bien
facile : elle date du 18 brumaire. »

L'ambassadeur Alquier écrivait à Talleyrand le 6 germinal
an XII (27 mars 1804) : « La Reine (de Naples) me parlait dernièrement de la cour de Vienne. Le premier Consul, me disait-
elle, ne sait peut-être pas jusqu'à quel point sa renommée a sub-
jugué l'Empereur. Je vais vous raconter un fait qui s'est passé
pendant mon dernier voyage en Allemagne et qui vous en fera
juger. Nous déjeunions un jour en famille, l'Empereur, l'Impératrice, mes trois autres filles et moi. On parla beaucoup du Consul, et je ne fus pas de l'avis de tout le monde. François me répondit : « Quoi que vous disiez, ma mère, si Bonaparte me demandait ma fille en mariage, je la lui donnerais. — Quoi ! vous
le feriez ? — Assurément oui, ajouta-t-il du ton le plus affirma-
tif, et si demain il me faisait cette proposition, je l'accepterais
indubitablement. » (Correspondance de Naples. — Archives des
Affaires étrangères.)

CHAPITRE II

C'est à la fin de l'année 1807 qu'apparaît clairement pour la première fois chez Napoléon l'intention de divorcer avec Joséphine. Une lettre de Metternich au comte de Stadion, en date du 30 novembre, nous en fournit la preuve[1]. « J'ai eu l'honneur, disait Metternich, d'entretenir Votre Excellence, dans plusieurs de mes précédents rapports, des bruits longtemps répandus du prochain divorce de l'Empereur... Des recherches suivies et des relations avec quelques personnes liées avec l'Impératrice m'ont procuré quelques données tout à fait secrètes que je n'hésite pas à garantir comme certaines. » D'après Metternich, l'Empereur avait, depuis son retour, un maintien froid et embarrassé vis-à-vis de l'Impératrice. Il n'habitait plus la même pièce qu'elle. Les bruits de répu-

[1] *Mémoires*, t. II. — Déjà Metternich caressait le dessein d'assurer l'alliance de l'Autriche et de la France par un mariage.

diation recommençaient à circuler. Ils formaient
le sujet des discussions publiques. Ils auraient été
immédiatement étouffés, s'ils n'eussent été au fond
tolérés. Ils vinrent bientôt à la connaissance de
Joséphine.

Napoléon lui-même ne craignit pas de lui parler un jour de la nécessité où il se trouverait peut-
être, tôt ou tard, de prendre une femme qui lui
donnât un héritier. Il demanda à Joséphine si elle
n'aurait pas le courage, au nom des intérêts de la
France, de décider de sa propre retraite. Madame
de Rémusat assure que Joséphine répondit à Napoléon : « Vous êtes le maître et vous déciderez de
mon sort. Quand vous m'ordonnerez de quitter les
Tuileries, j'obéirai à l'instant ; mais c'est bien le
moins que vous l'ordonniez d'une manière posi-
tive. Je suis votre femme. J'ai été couronnée par
vous en présence du Pape. De tels honneurs valent
bien qu'on ne les quitte pas volontairement. Si
vous divorcez, la France entière saura que c'est
vous qui me chassez, et elle n'ignorera ni mon
obéissance ni ma profonde douleur. » Joséphine
devait tenir parole.

Quelque temps après, l'Empereur étant en Italie,
une entrevue des plus importantes eut lieu entre
lui et son frère Lucien Bonaparte. Elle eut pour
objet le divorce que l'Empereur conseillait à Lucien
et, par une sorte d'action réflexe, le propre divorce

impérial[1]. On sait que Lucien avait épousé, en 1802, la veuve d'un sieur Jouberthon, femme charmante dont il était encore épris. Elle lui avait donné des enfants que Lucien adorait. Mais ce mariage bourgeois ne convenait pas à l'Empereur et contrariait ses plans. Il rappela à son frère que toute union contractée par les membres de la famille impériale sans son consentement était nulle. « Sire, objecta Lucien, mon mariage est antérieur à cette loi.

— Votre femme ne sera jamais ma belle-sœur.

— Que voulez-vous donc de moi ?

— Ce que je veux, c'est un divorce simple.

— A mes yeux, Sire, séparation, divorce, nullité de mariage et tout ce qui tiendra à une séparation de ma femme me paraît déshonorant pour moi et mes enfants, et je ne ferai jamais rien de pareil, je vous assure.

— ... Vos enfants, restés par votre faute dans les rangs obscurs des particuliers, seront en droit de maudire et maudiront votre mémoire.

— Sire, s'ils étaient capables des sentiments dont vous me menacez, je les renie d'avance pour être de mon sang !... »

La conversation s'égara sur divers sujets, puis

---

[1] Les termes mêmes de l'entrevue furent consignés par Lucien dans ses *Mémoires*, le lendemain du 12 décembre. (Voir *Mémoires de Lucien Bonaparte*, t. III, p. 82 et suiv.)

l'Empereur dit tout à coup que Joséphine était décidément vieille et que, comme elle ne pouvait plus avoir d'enfants, elle en était fort triste et fort ennuyeuse, parce qu'elle craignait le divorce ou même pire. « Figurez-vous, ajoute-t-il, que cette femme-là pleure toutes les fois qu'elle a une mauvaise digestion, parce qu'elle dit qu'elle se croit empoisonnée par ceux qui veulent que je me marie avec quelque autre. C'est détestable ! » Et découvrant sa pensée, il apprit à Lucien qu'il faudrait bien qu'il aboutît au divorce; qu'il aurait dû le faire plus tôt, car il aurait déjà de grands enfants [1]. « Il est bon, observa-t-il gravement, que vous sachiez que je ne suis pas impuissant, comme vous le disiez tous. » Il déclara que si sa résolution était déjà bien prise, son choix n'était pas encore arrêté. Et montrant quel prix il attachait au divorce de Lucien, il lui fit comprendre qu'après la résistance qu'il lui avait opposée, ce divorce frapperait beaucoup plus l'opinion que le sien.

« — Oui, dit-il sérieusement, vous devriez faire cela ! Oui, vous devriez faire cela pour moi... mais alors, mon cher président, service pour service, c'est juste, et cette fois, je ne serai pas ingrat. » Ses instances furent on ne peut plus pressantes. Napo-

---

[1] Voir aux *Pièces justificatives* une liste des princesses des grandes maisons, établie en 1807 ; ce qui est une preuve que les intentions de Napoléon étaient déjà fixées à cette date.

léon avouait qu'il ne tenait tant au divorce de son
frère que « pour paralyser, atténuer au moins
dans l'opinion le mauvais effet de son propre
divorce, dont le prétexte était la stérilité devenue
le partage de l'impératrice Joséphine ». Il offrit
à Lucien la couronne de Naples, puis celle d'Italie.
« Enfin, que voulez-vous? Parlez!... tout ce que
vous voudrez ou pourrez vouloir est à vous, si votre
divorce précède le mien! » Lucien persista à refuser, et dès lors sa disgràce fut complète [1].

Les négociations auprès de Lucien ayant échoué,
on eut recours à Fouché pour une autre tentative.
Celui-ci se rend un jour à Fontainebleau, chez l'Impératrice. Après un court préambule, le ministre
de la police ose lui dire que le bien public et la consolidation de la dynastie exigeaient que l'Empereur
eût des enfants. Il l'engageait donc à adresser des
vœux au Sénat pour appuyer auprès de son époux
son consentement au plus pénible de tous les sacrifices. L'Impératrice dissimula son étonnement et
sa douleur. Elle demanda simplement à Fouché s'il
était chargé d'une mission de l'Empereur.

« — Non, répondit hypocritement celui-ci. Je

[1] Le 8 juin 1810, il reçut ses passeports pour les États-Unis.
Le mois suivant, il fut rayé de la liste des sénateurs et de celle
des membres de l'Institut. Le 5 août, il quitta Civita-Vecchia
avec sa famille et, le 24 août, capturé par les Anglais, il fut conduit à Malte, puis à Plymouth et à Ludlow, où il resta prisonnier
jusqu'en 1814.

parle à Votre Majesté comme ministre chargé de
la surveillance générale, comme particulier, comme
sujet attaché à la gloire de ma patrie.

« — Je ne vous dois donc nul compte, répliqua
Joséphine. Je regarde mon lien avec l'Empereur
comme écrit dans le livre des plus hautes destinées. Je ne m'expliquerai jamais que vis-à-vis de
lui-même et ne ferai jamais que ce qu'il ordon-
nera. »

Puis, d'un geste digne, elle congédia le rusé
personnage. Quelque temps après cette scène,
Napoléon demanda raison à Joséphine de la
tristesse qui semblait l'obséder. L'Impératrice lui
conta l'entretien qu'elle avait eu avec Fouché.
L'Empereur déclara que jamais il n'avait chargé
son ministre d'une pareille mission. Mais sans se
déconcerter, Fouché revint à la charge. Il réitéra
même par lettre sa demande et son conseil. « Joséphine, ajoute Metternich, alla la porter sur-le-
champ à l'Empereur, qui la reçut très froidement et
qui, après beaucoup de plaintes et de reproches
sur sa susceptibilité et ce qu'il appelait sa jalousie,
lui répéta ce qu'il avait dit précédemment. Il lui
promit qu'il laverait la tête à Fouché, et les courtisans prétendent effectivement s'être aperçus du
froid qu'avait témoigné l'Empereur à son ministre. »
Metternich paraît douter ici de la sincérité de
Napoléon. « Le simple récit de ce qui s'est passé

dans l'intérieur de la famille, son rapprochement avec le rôle que devait jouer Fouché, suffit pour prouver qu'il est effectivement question de la chose. Aucun ministre n'ose faire ici ce que ne lui ordonne pas l'Empereur. Aucun d'eux ne risquerait la récidive. Il est donc clair que Napoléon ne veut pas avoir l'air de donner des ordres. » Mais tout le démontrait : les confidences de plusieurs sénateurs, l'inquiétude et les larmes de l'Impératrice, la mission confiée au général Caulaincourt pour pressentir le Tzar au sujet d'un mariage avec une grande-duchesse [1]. Six jours après, Metternich écrivait encore à Stadion : « L'affaire du mariage semble malheureusement tous les jours prendre plus de consistance. Le bruit en est si général, l'Impératrice elle-même s'explique si hautement sur son divorce qu'il serait difficile de ne pas croire à ce dernier et également difficile de supposer que la cour tolérât des bruits d'alliance, si elle n'avait pas plus que de l'espoir de réussir dans le choix de la princesse. On désigne M. le grand-duc de Berg

---

[1] Napoléon a formulé contre Joséphine un grief qui pourrait s'expliquer par l'affolement et les angoisses de l'Impératrice :

« Joséphine, a-t-il dit, prévoyait l'avenir et s'effrayait de sa stérilité. Elle sentait bien qu'un mariage n'est complet et réel qu'avec des enfants ; or, elle s'était mariée ne pouvant plus en donner. A mesure que sa fortune s'éleva, ses inquiétudes s'accrurent ; elle employa tous les secours de la médecine ; elle feignit souvent d'en avoir obtenu du succès. Quand elle dut enfin renon-

2

pour aller faire la demande formelle. Cette manière doit avoir d'immenses suites... » Aussi
l'Autriche surveilla-t-elle avec soin les manœuvres
de la France et s'arrangea-t-elle pour éviter des
complications européennes. Le moment viendra
où l'alliance qu'elle croyait déjà faite avec la
Russie, se conclura avec elle-même, alors qu'elle
venait de subir des désastres inouïs. Cette fortune
inattendue, déguisée par elle sous le nom diplomatique de « sacrifice », pourra seule les réparer.

Deux ans après, Napoléon avait dompté l'Europe. Il s'en était pris au Pape lui-même. Il avait
fait occuper Rome, donner l'assaut au château
Saint-Ange, enlever Pie VII et, malgré la bulle
d'excommunication, conduire le saint vieillard,
déjà gravement malade, de Rome à Florence, puis
à Gênes, puis à Grenoble. Décidé à s'allier avec
une cour souveraine, voulant fonder une dynastie
et briser les prétentions des Bonaparte, des Murat
et des Beauharnais, il mit de côté tous ambages et
toute hésitation. Dans un entretien avec le chapitre
métropolitain de Bordeaux, que rapporte le comte

cer à tout espoir, elle mit souvent son mari sur la voie d'une
grande supercherie politique ; elle finit même par oser la lui pro-
poser directement... » (*Mémorial.*) — Mais, d'après Mme de
Rémusat, ce serait Napoléon lui-même qui aurait prié le docteur
Corvisart de se prêter à cette supercherie. Corvisart refusa. (Voy.
Mémoires, t. II.)

d'Haussonville [1], il avait soutenu la légitimité du
divorce pour le bien de l'État. Ayant trouvé des
contradicteurs, il s'en était vengé en destituant le
grand vicaire, le secrétaire général et le supérieur
du grand séminaire. Il était résolu maintenant à se
passer de l'autorisation papale. Il s'imaginait d'ailleurs qu'il n'en aurait pas besoin, puisqu'il devait
s'allier avec la cour schismatique de Russie. Une
autre raison semblait le presser d'exécuter son dessein. Il croyait qu'en entrant dans la famille des
monarques, il s'associerait aux droits et aux intérêts des princes, et rassurerait l'Europe par cette
politique nouvelle. On peut regretter ce dessein,
puisqu'il frappait au cœur une femme généreuse et
dévouée, puisqu'il donnait à la nation l'exemple
d'une violation solennelle de l'indissolubilité du
lien conjugal; on ne peut cependant en méconnaître la grandeur.

Aussitôt après Wagram, Napoléon appelle
Cambacérès et lui fait part de sa décision. Dans
un langage altier, il lui apprend qu'il veut consolider son trône, et que le seul moyen d'y arriver,
c'est d'avoir un héritier direct. Sans doute, il
avait adopté le prince Eugène, il pouvait l'imposer à la France comme son successeur, mais
cette adoption ne soulèverait-elle pas de grandes

---

[1] *L'Église romaine et le premier Empire.*

difficultés ? D'autre part, aucun de ses frères n'était
capable de remplir sa place. Le divorce était donc
une loi fatale. Cambacérès avança timidement
quelques objections. Ne fallait-il pas compter avec
l'affection que les Français portaient à Joséphine
et avec les périls que pouvait faire renaître cette
imitation de l'ancien régime ? L'entreprise était
fort téméraire : elle devait soulever la défiance du
peuple. Napoléon réfuta avec dédain son confident.

Sur ces entrefaites, Joséphine, qui avait reçu
de Nymphenbourg (le 21 octobre 1809) une lettre
de l'Empereur qui lui disait : « Je me fais une fête
de te revoir et j'attends ce moment avec impatience », accourut à Fontainebleau. Elle s'était fait
l'illusion d'un accueil chaleureux. Reçue froidement, elle comprit tout son malheur. Cette épreuve
lui fut d'autant plus sensible que sa santé était à ce
moment très altérée [1]. La cour, plus cruelle que le
souverain, parle aussitôt d'une répudiation. Napoléon fait entendre à ses flatteurs qu'il saura ménager Joséphine et qu'il se contentera d'un simple
divorce, basé sur le consentement mutuel. Il ne se
préoccupe pas de la rupture du lien religieux. Il ne
songe pas sérieusement encore à l'alliance autrichienne qui nécessiterait des formalités nouvelles,

---

[1] « Je sens qu'elle a de la peine à revenir, écrivait-elle à sa
fille le 19 juin 1809, et j'ai beaucoup maigri. »

surtout au point de vue canonique. Il compte sur
la Russie. Aussi faisait-il dire à Alexandre par son
envoyé Caulaincourt : « J'ai lieu de penser que
l'Empereur, pressé par toute la France, se dispose
au divorce. Puis-je mander qu'on peut compter sur
votre sœur? Que Votre Majesté y pense *deux jours*
et me donne franchement sa réponse. » Le Tzar
feignit la surprise et tergiversa, afin de savoir si
l'Empereur des Français appuierait sa politique en
Pologne. Il voulait l'amener à reconnaître enfin ses
droits sur ce malheureux royaume. Or, Napoléon
devait bien se garder de lui faire une réponse décisive.

Il fut plus explicite sur une observation de Cambacérès. Celui-ci lui fit remarquer que s'il voulait
épouser une princesse catholique, on lui objecte-
rait aussitôt le mariage clandestin célébré la veille
du sacre et qu'on en exigerait la rupture. Napoléon répondit que la cérémonie avait eu lieu sans
témoins et que, fort de sa conscience, il avait
expressément réservé son consentement. Cambacérès persista cette fois dans son opinion. Il déclara
qu'on ne pourrait passer outre. L'Empereur finit
par admettre que, — si cela était nécessaire, — on
soumettrait le cas à une commission ecclésiastique et non au Souverain Pontife. Il était impossible d'en référer à Pie VII, qui s'opposerait sans
doute à la rupture du mariage de Napoléon et de

2.

Joséphine, comme il l'avait fait pour le mariage
Paterson. Le Pape avait, en effet, repoussé les
moyens de nullité fondés sur le non-consentement
des parents. Quant aux mariages mixtes, il avait
répondu que si l'Église les regardait comme illi-
cites, elle ne les arguait cependant pas d'invalidité[1]. Sur quoi Napoléon furieux avait traité les
diplomates romains d'imbéciles, qui ne voyaient
pas d'inconvénient à ce qu'une protestante pût
occuper le trône de France. C'était pour lui l'argument majeur. Mais qu'arriva-t-il, une fois le mariage Paterson déclaré nul par l'officialité de Paris?
C'est que Napoléon fit épouser à son frère la fille
du roi de Wurtemberg, une autre protestante...
Qu'importait la logique au despote qui semblait
avoir pris pour devise le

> Sic volo, sic jubeo, sit pro ratione voluntas !

Le 5 décembre 1809, à l'ouverture de la session
législative, Napoléon n'apprenait pas encore aux
députés ses résolutions intimes. Il se contentait de
célébrer, dans un mâle discours, ses derniers
exploits. Il avait soumis l'Aragon et la Castille,
chassé de Madrid le gouvernement soutenu par
l'Angleterre, et planté ses aigles sur les remparts

---

[1] Voy. *Mémoires* de Consalvi, t. II.

de Vienne[1]. Révélant ensuite son ressentiment contre la cour de Rome, il ajoutait : « Les papes, devenus souverains d'une partie de l'Italie, se sont constamment montrés les ennemis de toute puissance dans la Péninsule ; ils ont employé leur influence spirituelle pour lui nuire. Il m'a donc été démontré que l'influence spirituelle exercée dans mes États par un souverain étranger était contraire à l'indépendance de la France, à la dignité et à la sûreté de mon trône... » Cette déclaration hostile témoignait que l'Empereur comptait se passer de l'approbation du Pape aussi bien pour ses affaires personnelles que pour sa politique. L'orgueil et la colère étaient devenus ses seuls guides.

[1] Il venait de les détruire, ainsi que le rapporte une lettre du général Grünn au prince de Ligne, en date du 22 octobre 1809 : « ... Dans ce moment, les mines françaises font sauter les bastions de Vienne, et la résidence de nos empereurs sera entourée de décombres. Que dites-vous de ce terrible pronostic ? J'avoue que j'en suis plus frappé que de toutes les exigences du vainqueur. L'héritier de Marie-Thérèse verra de ses fenêtres l'emblème du sort qui menace son trône, et cet aspect ne servira qu'à le familiariser avec les malheurs qui l'attendent. Fort de sa conscience, il s'armera d'une pieuse résignation ; toujours esclave d'un travail minutieux et obscur, il n'aura plus la force de lutter contre cet acharnement du destin, dans lequel il respectera les décrets immuables de la Providence ; et l'histoire, en peignant les vertus privées, apprendra à la postérité que les petites passions préparèrent le démembrement de l'Empire, et que l'irrésolution et la faiblesse du gouvernement l'achevèrent... » (Archives nationales.)

La cour fut avertie de ce qui allait se passer.
L'Impératrice ne put dissimuler ni sa tristesse ni
ses reproches. L'Empereur irrité convint devant
elle qu'il était résolu à divorcer. On connaît la
scène que M. Thiers a si bien racontée et qui suivit cet aveu : Joséphine évanouie, Napoléon et
M. de Bausset transportant l'Impératrice dans ses
appartements, la reine Hortense essayant en vain
de consoler sa mère... Ici, le deuil et les larmes;
là, les regrets et presque les remords [1].

Napoléon, voulant décider Joséphine à consentir
à un acte qu'il persistait à croire nécessaire, avait
écrit, dès le 26 novembre, au prince Eugène pour
le mander à Paris vers les premiers jours de décembre. Il le priait de passer par Fontainebleau,
comptant absolument sur son affection pour engager sa mère à faire le plus pénible des sacrifices.
Eugène s'apprêta à partir, sans savoir encore quel
devoir l'attendait en France. Il fut précédé par
son aide de camp, le commandant Tascher de la
Pagerie, parent de l'Impératrice, lequel avait reçu
la mission de porter à l'Empereur des explications
sur les affaires du Tyrol. En le voyant arriver,
Napoléon crut à quelque indiscrétion. Il rudoya le
pauvre commandant, qui parvint à se justifier et à

---

[1] « Ne cherche plus à m'émouvoir, disait Napoléon à Joséphine après cette scène. Je t'aime toujours, mais la politique n'a
pas de cœur ; elle n'a que de la tête. »

prouver la réalité de sa mission. L'Empereur lui
permit alors d'aller voir Joséphine. Celle-ci, au
comble de la douleur, se jeta dans les bras de son
parent et lui confia la terrible nouvelle. Tascher de
la Pagerie comprit ainsi l'accueil que lui avait fait
Napoléon. Quelques jours après, survint le prince
Eugène, qui, mis au courant du drame, écrivit à
sa femme : « Je n'ai pu te dire, mon amie, avant
mon départ, les raisons de mon voyage, parce que
je les ignorais moi-même. Il est indispensable pour
le repos de l'Empereur que tout se termine conve-
nablement. Tu me connais assez pour savoir dans
quelle position je me trouve! » Le prince Eugène demanda à son père adoptif de vouloir bien
avoir, devant lui avec l'Impératrice, une explication loyale et catégorique. Elle eut lieu. Napoléon
fit du divorce une nécessité politique, une obligation inéluctable. Joséphine finit par répondre que,
puisque le bonheur de la France était en jeu, elle
était prête à se sacrifier. La scène devint poi-
gnante. Joséphine avait peur que, le divorce admis,
ses enfants ne fussent oubliés. Elle demandait
pour Eugène le royaume d'Italie. Le prince, très
ému, prit la parole et exigea qu'il ne fût pas question de lui dans cette affaire. « Votre fils, s'écria-
t-il, ne voudrait pas d'une couronne qui serait le
prix de votre séparation. » A ces mots, l'Empereur dit avec une grande dignité : «Je reconnais

le cœur d'Eugène. Il a raison de s'en rapporter à
ma tendresse. » Mais Eugène s'attendait à toutes
les épreuves. Il l'écrivait à sa femme. Et celle-ci,
dans une lettre admirable, lui répondait : « Tu n'as
point mérité ces malheurs, je dis *ces,* car je suppose
qu'on nous en prépare encore d'autres. Je suis pré-
parée à tout. Effacés de la liste des grands, on nous
inscrira sur celle des heureux. Cela ne vaut-il pas
mieux?... »

L'entrevue de Napoléon et de Joséphine, devant
le prince Eugène, avait été décisive. Elle avait
abouti au consentement mutuel de la séparation.
Dans ces conditions, après avoir tout fait pour
apaiser les griefs et adoucir les plaintes, le prince
Eugène, en sa qualité d'archichancelier d'État de
l'Empire, crut pouvoir remplir les devoirs que lui
imposait cette charge sans offenser sa mère. Il
tenait surtout à ce que, devant l'Europe, la rupture des liens qui unissaient Joséphine et Napoléon
depuis quatorze ans, se fît dans les formes les plus
dignes et les plus décentes. C'était une tâche
cruelle réservée à son affection filiale. Nombre de
personnes pensent qu'il aurait mieux fait de la
repousser. En tout cas, il s'en acquitta noblement.

Deux jours avant la date convenue pour le prononcé officiel du divorce, le ministre des affaires
étrangères, Champagny, rappelait à Caulaincourt

qu'il lui avait fait connaître, dès la fin de novembre, les projets de l'Empereur. Il l'avertissait que
le vice-roi d'Italie était arrivé, que l'Impératrice
avait consenti à faciliter le divorce et que, le vendredi 15 décembre, aurait lieu la dissolution de
leur mariage par consentement mutuel. Il lui rappelait en même temps sa mission près du Tzar :
« Vous devez agir, disait-il, d'après ces trois données primitives :

« 1° Que l'Empereur préfère, si vous n'avez pas
d'objection qui puisse faire changer son opinion,
la sœur de l'empereur Alexandre ;

« 2° Que l'on calcule ici toutes les minutes,
parce que cela étant une affaire de politique,
l'Empereur a hâte d'assurer ses grands intérêts par
des enfants ;

« 3° Qu'on n'attache aucune importance aux
conditions, même à celle de la religion [1]. »

Le ministre donnait toute latitude à l'ambassadeur. Il comptait sur sa prudence, mais il le priait
d'éviter les incertitudes et de marcher en avant.

« Dans toutes les combinaisons, ajoutait-il, partez
du principe que ce sont des enfants qu'on veut.

---

[1] Et plus tard, on insinua que les difficultés soulevées par la
différence des deux cultes avaient empêché l'alliance franco-russe.
Faisant allusion à la présence de popes aux Tuileries, Napoléon
se serait écrié : « Je ne veux pas de prêtres entre ma femme et
moi ! »

Expliquez-le donc en conséquence de la présente lettre, qui a été dictée par l'Empereur[1].

« L'Empereur désire, avant la fin de janvier, savoir absolument à quoi s'en tenir. »

[1] Archives des Affaires étrangères. *Russie,* f° n° 149.

CHAPITRE III

Il s'agissait maintenant de préparer la cérémonie solennelle du 15 décembre. Cambacérès et
Bassano se mirent à l'œuvre. Quoique Talleyrand
n'ait pas ménagé Cambacérès plus que les autres,
se moquant de ses grands airs et de sa suffisance,
quoiqu'il ait méchamment dit qu'il ne connaissait
rien de plus bête que M. Maret, si ce n'était M. de
Bassano, on va voir que le ministre de Napoléon
et l'archichancelier prévinrent presque toutes les
difficultés et ne négligèrent aucun détail dans une
affaire aussi délicate. L'article 14 du statut de la
famille impériale [1] confiait à l'archichancelier les
fonctions attribuées par les lois aux officiers de
l'état civil; l'article 15 attribuait au comte Regnaud de Saint-Jean d'Angely, secrétaire de l'État,
l'office de transcrire les actes prescrits ou auto-
risés par le Code. L'article 20 du même statut

[1] 30 mars 1806.

3

établissait que l'archichancelier ne pourrait recevoir aucun acte de la famille impériale, sans avoir
eu l'autorisation de l'Empereur par lettre close.
En ces graves circonstances où rien n'était laissé
au hasard, on aurait dû observer également l'article 7 du statut impérial ainsi conçu : « Le divorce
est interdit aux membres de la maison impériale
de tout sexe et de tout âge. » Mais on passa outre,
parce que ce qui concernait l'Empereur appartenait « plus au droit politique qu'au droit civil »,
et que la raison d'État gouvernait alors toutes
choses. Cet article 7 qui, en 1806, avait rassuré
Joséphine et qui était dû à l'initiative même de
Napoléon, fut absolument méconnu. C'est ainsi que
l'Empereur respectait la charte de sa propre famille !

Le 15 décembre, une lettre close fut adressée à
Cambacérès. Napoléon invitait l'archichancelier à
se rendre le soir du même jour, à neuf heures,
dans son grand cabinet du palais des Tuileries,
avec le secrétaire de l'État, Regnaud de Saint-
Jean d'Angely, pour y entendre de sa part et de
celle de l'Impératrice une communication de grande
importance. Cambacérès avertit son collègue
Regnaud de se tenir prêt à concourir aux actes
qu'il aurait à dresser et à l'assister, lorsqu'il les
recevrait [1]. A neuf heures du soir, la salle du

[1] Archives nationales, AF^{IV} 1220.

Trône et le grand cabinet de l'Empereur étaient
brillamment éclairés. Des fauteuils étaient disposés dans le grand cabinet pour l'Empereur et
l'Impératrice, pour Madame Mère, pour les reines
d'Espagne, de Naples, de Hollande, de Westphalie et la princesse Pauline, pour les rois de
Hollande, de Westphalie et de Naples, et pour le
vice-roi d'Italie. En face des fauteuils de l'Empereur et de l'Impératrice était placée une table avec
des plumes et des encriers. Les rois et les reines,
les princes et les princesses avaient été convoqués
par le grand chambellan, sur ordre exprès de
l'Empereur. Les membres appelés au conseil
privé, les grands officiers de la maison de l'Empereur, la dame d'honneur de l'Impératrice et deux
dames pour chaque reine et princesse, se rendirent dans la salle du Trône, où la famille impériale
était déjà réunie. L'Empereur et l'Impératrice se
trouvaient dans le grand cabinet. L'Empereur y fit
venir la famille impériale, puis, un quart d'heure
après, l'archichancelier de l'Empire et le secrétaire
de l'État.

Cambacérès et Maret avaient préparé pour
l'Empereur un discours dont voici la minute originale :

« Mon cousin l'archichancelier, j'ai voulu vous
appeler dans mon cabinet en présence de ma très
chère et très honorée épouse, de ma mère, des

rois, reines et princesse, mes frères et sœurs, et du
prince mon fils d'adoption, pour vous faire connaître qu'ayant sincèrement considéré les circonstances de ma famille et l'état politique de la
France, j'ai senti que le bien de mes sujets, but
constant de toutes mes actions, exigeait qu'une
descendance directe et des héritiers nés de moi
pussent monter un jour sur le trône, afin de consacrer davantage une dynastie chère à mes peuples
et de garantir la tranquillité future de tant de
nations. Depuis trois ans, j'étais agité par cette
pensée que la Providence ne pouvait plus combler
nos vœux : mais tout ce temps m'a été nécessaire
pour vaincre les plus douces affections de mon
cœur et pour me préparer au sacrifice que la politique et le bien de l'État commandent impérieuse-
ment.

« Aujourd'hui que nous entrons dans notre
quarantième année et que les circonstances nous
ont fait sentir plus vivement la nécessité de faire
violence à nos sentiments personnels et de n'écouter que l'intérêt de nos peuples si étroitement lié à
la popularité de notre descendance directe, nous
nous sommes décidé à voir dissoudre les liens qui
nous unissent à notre très chère et très honorée
épouse.

« Nous entendons qu'elle conserve le rang et le
titre de souveraine couronnée, et nous aurons tou-

jours pour elle les tendres sentiments que nous
devons au souvenir du bonheur constant dont elle
a embelli notre vie [1]. »

Dans le texte officiel que l'on connaît et qu'un
contemporain, M. Stanislas de Girardin, appelle
« un chef-d'œuvre de rédaction », l'Empereur s'est
inspiré des points principaux du document que je
viens de publier. Il a fait appel aux circonstances,
à la raison d'État, au bien de ses sujets, mais il a
donné à sa déclaration une forme plus majestueuse,
plus impériale, plus personnelle. Il a invoqué avec
hauteur la politique de sa monarchie, avec respect
l'appui de la Providence, avec amour le sacrifice
de son épouse regrettée. Il a insisté sur le bonheur
dont l'Impératrice avait embelli quinze années de
sa vie, il a tenu à affirmer qu'il demeurerait toujours son meilleur et plus cher ami, il a rappelé
qu'il n'avait agi que pour le bien de la France.
Ceux qui entendirent ces paroles graves, solennelles
et douces ne purent se défendre d'un tressaille-
ment. Ce fut bien autre chose quand l'Impératrice
prit la parole. On avait voulu d'abord lui faire lire
le texte suivant :

« Avec la permission de mon auguste et cher
époux, je dois déclarer que, placée par sa bonté
sur le trône et ayant reçu de ses peuples tant de

[1] Archives nationales, AF^{IV} 1220.

témoignages d'affection et d'amour, je ne puis
mieux reconnaître des sentiments qui m'ont été si
chers, qu'en assurant à ses sujets, par la dissolution
d'un mariage auquel le Ciel a refusé des faveurs
si ardemment désirées, le bonheur d'être un jour
gouvernés par les fils du grand homme qui a rétabli
l'ordre dans l'État, la félicité dans les familles, et
porté la France au plus haut degré de sa gloire.

« Éloignée de l'Empereur, il sera toujours présent à ma pensée. Je ne cesserai point d'être sa
meilleure amie. Je lui dois la justice de dire que
cet acte pénible, que commandent la politique et
de si grands intérêts, a froissé son âme, et que j'ai
lu dans son cœur qu'il accomplissait avec amertume le plus grand sacrifice que nous puissions
faire l'un et l'autre à ses peuples[1]... » Mais dans
le discours que l'histoire a conservé, l'Impératrice
laisse de côté « les faveurs du Ciel » pour déclarer
plus simplement qu'elle ne concevait « aucun
espoir d'avoir des enfants » ; et corrigeant la mala-
dresse du rédacteur qui vantait « la félicité rétablie
dans les familles » , elle célèbre le grand homme
qui « avait rétabli l'autel, le trône et l'ordre social ». Quant au sacrifice fait « avec amertume » ,
il fut remplacé par cette déclaration précise : « L'un
et l'autre nous sommes glorieux du sacrifice que

---

[1] Archives nationales, AF[IV] 1220.

nous faisons au bien de la patrie. » Certes, nous
n'avons aucune peine à reconnaître que ces paroles
sont grandes et ont dû produire un puissant effet.
Cependant M. Thiers va un peu loin, quand il
affirme que ce sont « les plus belles qui aient été
prononcées en pareille circonstance ». Elles auraient gagné à être un peu plus spontanées. Elles
auraient gagné à n'être point imposées à Joséphine. Car sait-on jusqu'où fut poussée la tor-
ture ? J'ai pu me convaincre, par l'examen des
pièces authentiques, que l'infortunée impératrice
avait dû copier elle-même son discours. Il est vrai
que c'est elle qui a ajouté cette touchante déclaration au texte officiel : « Je me plais à lui donner
la plus grande preuve d'attachement et de dévouement qui ait jamais été donnée sur la terre ! » Aveu
sincère et juste. Mais quelle douleur n'a pas dû
éprouver Joséphine, lorsqu'il lui a fallu écrire de
sa main sa propre répudiation[1] !

Sa douleur fut encore plus vive, quand elle eut
à commencer sa lecture devant toute la famille
impériale. Dès les premiers mots, elle dut s'arréter.

---

[1] AE[I] 11-12. Le texte officiel du discours de l'Impératrice est
écrit sur un papier carré, encadré à la première page d'ornements romains. A droite et à gauche deux femmes nues en forme
de cariatides supportent une sorte d'urne. Au centre et au bas
de la page se trouvent deux hippogriffes qui tiennent un flambeau allumé... Était-ce par hasard une allégorie au flambeau de
l'hymen ?

D'un geste fébrile, elle tendit le discours au secrétaire de l'État, Regnaud de Saint-Jean d'Angely,
qui l'acheva à sa place. Elle l'écouta, les yeux noyés
de pleurs, mais se raidissant contre le mal qui la
dévorait et voulant à tout prix faire montre de
dignité. Elle y parvint; les assistants émus la plai-
gnirent, l'admirèrent. Son courage, sa noblesse,
sa résignation furent au-dessus de tous les éloges.

La lecture terminée, Cambacérès reprit ses fonctions officielles. « Sur quoi, dit-il, Leurs Majestés
Impériales et Royales nous ont demandé acte de
leurs déclarations respectives et du consentement
mutuel qu'elles contiennent et que Leurs Majestés
donnent à la dissolution de leur mariage, comme
aussi du pouvoir que Leurs Majestés nous con-
fèrent de suivre, partout où besoin serait et près de
qui il appartiendrait, l'effet de leurs volontés. » Puis
il dressa le procès-verbal de l'acte de divorce et
présenta la plume à l'Empereur et à l'Impératrice,
et après eux aux rois, reines et princesses.

Rien n'est plus intéressant que d'observer les
signatures sur l'original conservé dans l'armoire
de fer aux Archives nationales. Napoléon a signé
cette fois de la manière la plus lisible. Cinq lettres
sont nettement formées sur huit, les trois autres
se laissent deviner. Elles sont à la fois inclinées et
redressées; elles n'ont pas d'intervalle entre elles,
témoignant une volonté et une résolution indomp-

tables. La signature de l'Empereur est terminée
par un grand parafe, large et accentué, fait par
l'écrasement de la plume. Sous ce parafe, semblable à une épée menaçante, se glisse timidement
la petite signature modeste de Joséphine. A ses
côtés, Madame Mère a placé une écriture maigre
et tremblée. Louis a signé orgueilleusement, cou-
vrant de ses traits le nom de Jérôme-Napoléon
qui s'entortille dans un parafe négligé. Joachim-
Napoléon a écrit le sien avec une lenteur métho-
dique et presque commerciale. Mais ce n'est rien
à côté du parafe d'Eugène-Napoléon. Le fils de
Joséphine a — suivant son habitude — orné son
nom, fort bien écrit, d'une foule de traits savam-
ment enchevêtrés. Julie, Hortense, Catherine, Pauline et Caroline ont jeté au hasard des pattes de
mouche. Cambacérès, prince et archichancelier de
l'Empire, a tracé juridiquement de grandes lettres,
tandis que le secrétaire de l'État, le comte Regnaud
de Saint-Jean d'Angely, a signé le dernier avec un
parafe presque aussi magistral que celui de l'Empereur.

Lignes séchées, traits jaunis, caractères à demi
effacés, quelle émotion vivante ne gardez-vous
pas! Non, ce n'est point une vaine curiosité qui
penche nos regards sur vous. Nous aimons à deviner les pensées qui ont dirigé la main de ceux
qui vous ont tracés; et ici, telle est l'impression

3.

qui se dégage de cette page historique, qu'il m'a
semblé revoir la scène elle-même : l'Impératrice
accablée et digne, Madame Mère sincèrement
attristée, l'Empereur majestueux et fier, ses frères
dissimulant mal leur satisfaction, Hortense et
Eugène s'efforçant de cacher leur chagrin sous un
air de commande, les reines et princesses ne son-
geant déjà qu'à la future épouse et aux prochaines
fêtes, les deux agents impériaux s'inclinant avec
une tournure grave et compassée. O secrets des
vieilles archives, ô mystères des vieux parchemins!
Le doigt touche non sans une hésitation respectueuse à votre poussière, et l'œil surpris retrouve
souvent entre vos lignes et jusque dans vos plis
quelque trait qui révèle la joie, l'orgueil, l'humiliation, la tristesse ou le désespoir [1] !...

Immédiatement après la signature du procès-
verbal, Napoléon, Joséphine et la famille impériale passèrent dans les appartements particuliers.
Les courtisans, avertis de la fin de la cérémonie,
se retirèrent. La table du conseil fut replacée dans

---

[1] Napoléon arrangea la scène en grand artiste : « Le divorce
de l'impératrice Joséphine est unique en son genre dans l'histoire. Il n'altéra en rien l'union des deux familles. Ce fut un
sacrifice pénible également partagé par les deux époux, mais fait
aux intérêts de la politique... Les deux époux déclarèrent dans
une assemblée de famille leur assentiment au divorce. Cette cérémonie se fit dans les grands appartements des Tuileries. Elle fut
extrêmement intéressante. Les larmes coulèrent de tous les yeux
des spectateurs. » (*Mémoires de Napoléon.*)

le grand cabinet pour servir à la réunion du conseil privé. Cambacérès avait, à cet effet, reçu
de l'Empereur la lettre close suivante : « Nous
avons ordonné la convocation d'un conseil privé
qui aura lieu aujourd'hui à dix heures du soir dans
Notre palais des Tuileries. Nous jugeons convenable de ne pas Nous trouver à ce conseil, et Nous
avons signé la présente lettre pour vous faire connaître que Notre intention est que vous le présidiez
en Notre absence et que vous lui présentiez le projet de sénatus-consulte ci-après[1]. Après le conseil
privé, vous vous retirerez par devers Nous pour
Nous présenter la rédaction qui aura été arrêtée et
à l'égard de laquelle seront remplies les formalités
d'usage[2]... »

Le conseil se réunit à l'heure dite et adopta
sans débats la rédaction qui lui avait été soumise.
Puis l'archichancelier de l'Empire et le président
du Sénat se concertèrent pour la nomination de la
commission sénatoriale. On choisit M. de Lacépède
comme rapporteur. Le savant naturaliste prépara,
dans la nuit du 15 au 16 décembre, un rapport
concluant à l'adoption du sénatus-consulte. Tout
était prêt pour le sacrifice, qui allait d'ailleurs se
consommer sans protestations.

[1] Celui que le Sénat adopta le lendemain.
[2] Archives nationales, AF[IV] 1220.

CHAPITRE IV

LE SÉNATUS-CONSULTE DU 16 DÉCEMBRE 1809.

Le 16 décembre, à onze heures du matin, les membres du Sénat, tous en grand costume, se réunirent dans le lieu ordinaire de leurs séances. Le prince archichancelier de l'Empire, désigné pour présider, fut reçu avec les honneurs habituels. Le roi de Westphalie, le roi de Naples, le maréchal Berthier, vice-connétable, le vice-grand électeur Talleyrand et le vice-roi d'Italie assistaient à cette séance imposante. Le prince Eugène ayant prêté serment en qualité de sénateur, le prince archichancelier prit la parole en ces termes : « Le projet qui sera soumis dans cette séance à la délibération du Sénat contient une disposition qui embrasse nos plus chers intérêts. Elle est dictée par cette voix impérieuse qui avertit les souverains et les peuples que, pour assurer le salut des États, il faut écouter les conseils d'une sage prévoyance, rappeler sans cesse le passé, examiner le présent et

porter ses regards vers l'avenir. C'est devant ces
hautes considérations que, dans cette circonstance
à jamais mémorable, Sa Majesté l'Empereur a fait
disparaître toutes les considérations personnelles
et réduit au silence toutes ses affections privées.
La noble et touchante adhésion de Sa Majesté
l'Impératrice est un témoignage glorieux de son
affection désintéressée pour l'Empereur, et lui
assure des droits éternels à la reconnaissance de
la nation. » Le comte Regnaud de Saint-Jean
d'Angely lut ensuite le sénatus-consulte projeté,
puis s'exprima ainsi : « Que pourrions-nous ajouter? Quelles paroles pourrions-nous adresser au
Sénat français qui ne fussent bien au-dessous des
paroles touchantes recueillies de la bouche des
deux augustes époux dont votre délibération va
consacrer les généreuses résolutions?... Acceptez,
Messieurs, au nom de la France attendrie, aux
yeux de l'Europe étonnée, le sacrifice le plus
grand qui ait été fait sur la terre[1], et, pleins de la
profonde émotion que vous éprouvez, hâtez-vous
de porter au pied du trône le seul prix qui soit
digne du courage de nos souverains, la seule consolation qui soit digne de leurs cœurs!... » Quand
on relit ces harangues officielles, on est stupéfait
de leur froideur et de leur banalité. Cela tient à ce

[1] Allusion à la déclaration même de Joséphine, faite la veille
aux Tuileries.

que ces sortes de compositions sont faites sur commande et n'expriment que les sentiments ordinaires de courtisans, docilement prêts à toute
démarche et à tout rôle, lorsque le maître le voudra et à l'heure où il l'exigera... Ces préliminaires
établis, le prince Eugène prit la parole. On l'attendait avec curiosité et avec impatience, car sa
mission, en ce moment, était singulièrement difficile et délicate. Maret avait reçu l'ordre de soumettre au prince un projet de discours. Je le donne
ici d'après l'original :

« SÉNATEURS,

« Vous venez d'entendre la lecture du projet de
sénatus-consulte soumis à votre délibération. Je
crois devoir, dans cette circonstance, manifester
les sentiments dont ma famille est animée. Ma
mère et ma famille, nous devons tout à l'Empereur. Il a été pour les enfants de l'Impératrice un
véritable père ; il trouve constamment en nous des
sentiments de véritables enfants.
« Agé de quarante ans et dans la force de l'âge,
fondateur d'une dynastie, conduit au trône par
une suite de bienfaits envers le peuple et de prodiges dans tous les genres, le plus grand intérêt
pour la France est qu'il vieillisse environné d'une
descendance directe, qui soit la garantie de ce trône

dont la patrie a déjà reçu tant de biens, et qui seul doit perpétuer son bonheur et sa gloire[1].

« Puisqu'il est constant que les liens qui unissent l'Empereur à ma mère ne peuvent satisfaire à ce besoin de la politique et de l'État, je serai le premier de tous à approuver la résolution de Sa Majesté. Je joins mon vœu au sien, à celui de la France entière pour qu'il naisse de lui des fils qui soient les protecteurs de nos enfants.

« Ma mère sera heureuse du témoignage que, dans cette grande circonstance, son époux ne cesse pas de lui rendre. Elle sera heureuse du propre témoignage de sa conscience. Elle le sera d'avoir rempli avec courage et dignité ce devoir dont elle a contracté l'obligation envers son peuple et envers lui, le jour même où elle fut couronnée de ses augustes mains; il ne lui reste rien à désirer pour son bonheur et pour sa gloire, après avoir recueilli les touchants regrets, après avoir été témoin des combats qui se sont livrés dans le cœur d'un monarque accoutumé à tout sacrifier

---

[1] Dans l'entrevue de Mantoue, Napoléon avait dit, à propos du prince Eugène, qui devait se montrer si complaisant pour lui en 1810 : « L'Italie, le plus beau fleuron de ma couronne impériale! Eugène n'en est que le vice-roi, et loin de le dédaigner, lui, il espère que je le lui donnerai ou du moins que je le lui laisserai, s'il me survit. Il pourrait bien, sur ce point, être trompé dans son attente, car je vivrai quatre-vingt-dix ans! *Il le faut* pour la parfaite consolidation de mon Empire... »

au bien de la France, son devoir envers l'État et
les sentiments qui l'attachaient à son épouse !

« Tout dans la vie de Sa Majesté reçoit donc
le sceau de sa grandeur. Le grand Charlemagne et
plusieurs de nos rois se sont séparés de leurs
épouses, mais aucun n'a eu des motifs aussi nombreux, aussi puissants; aucun n'a porté dans une
si grave circonstance ce caractère de sentiment,
j'oserai même le dire, de justice qui appartient à
toutes les actions de l'Empereur. Je m'applaudis
de ce que ma place d'archichancelier d'État, qui
me donne le droit de prendre séance parmi vous,
m'a mis à même de manifester mes sentiments.
Notre famille sera toujours celle de l'Empereur,
du moins par l'attachement, le dévouement et
l'amour [1]. »

Le prince Eugène trouva ce discours quelque
peu servile. Sa démarche auprès du Sénat avait
déjà par elle-même de quoi surprendre. Il ne voulait pas augmenter le blâme de l'opinion publique,
qui l'accusait, lui et sa sœur, « de danser aux funé-
railles de leur mère [2] ». Il se rendait compte, en
ce moment si douloureux, de la peine qu'il avait
éprouvée en 1796 de voir sa mère contracter une
nouvelle union avec le général Bonaparte. Aussi

[1] Archives nationales, AF[IV] 1220.
[2] C'était surtout injuste pour Hortense, qui reprocha plusieurs
fois à Napoléon, et en termes amers, son ingratitude.

réduisit-il à une juste mesure les éloges et les flatteries qu'on lui imposait. Il amoindrit les compliments qu'avait inventés Maret, il ne parla que du
grand Charlemagne, il abrégea cette harangue
complaisante qui devait lui peser, car il était le
point de mire de tous les yeux et de toutes les
observations plus ou moins discrètes.

Celui qui étudie avec calme ces événements
extraordinaires ne peut s'empêcher de regretter
que l'Empereur ait imposé une telle charge à son
beau-fils. Lui faire dire, à l'heure où se dénouaient
des liens formés depuis quatorze ans, que « sa
mère, sa sœur et lui, ils devaient tout à l'Empereur » ; qu'il importait au bonheur de la France
« que le fondateur de la quatrième dynastie vieillît
environné d'une descendance directe », c'était
demander beaucoup à un fils tel que le prince
Eugène. Car c'était une âme généreuse, un cœur
noble et loyal. Le prince accepta cependant —
non sans hésitation — le rôle que lui prescrivait
Napoléon, et l'on peut dire, après avoir lu son
discours, où il rend à sa mère un hommage attendri
qu'on ne trouve pas dans le langage officieux préparé par le courtisan Maret, que le sacrifice du
prince Eugène a égalé en partie celui de l'impératrice Joséphine[1].

---

[1] « Ce matin, écrivait le prince Eugène à sa femme le 16 décem-

Après ce discours, qui ne fut suivi d'aucune
réflexion, mais que la haute assemblée écouta avec
une émotion respectueuse, le projet de sénatus-
consulte fut renvoyé pour la forme à une commission composée de Garnier, Lacépède, Sémonville,
Beurnonville, Chaptal, Laplace, le duc de Danzig,
le maréchal Serurier et Monge. A quatre heures et
demie, la séance fut reprise et le comte Lacépède
lut son rapport. C'était, comme toutes les pièces
officielles de cette solennelle affaire, une œuvre de
courtisanerie. Lacépède était, du reste, coutumier
de ces besognes. On n'avait pas oublié avec quel zèle
il avait approuvé la guerre d'Espagne, évoquant
les ombres de l'aïeul de Philippe V, de François Ier
et du grand Henri... La nuit avait porté conseil au
rapporteur. Il qualifiait le sénatus-consulte « d'acte
mémorable, — de monument des affections les
plus touchantes ». Il célébrait « l'immortel Napoléon ». Il citait treize princes que leur devoir de
souverain avait contraints de dissoudre les nœuds
qui les unissaient à leurs épouses, et parmi eux
Charlemagne, Philippe - Auguste, Louis XII et
Henri IV. Enfin, il proposait l'adoption du projet
ainsi que la rédaction des deux adresses, l'une à

bre, je me suis rendu à la séance du Sénat où, suivant les désirs
de l'Empereur, j'ai exprimé les sentiments dont ma famille était
animée en cette circonstance. Tout s'est passé avec calme, et
l'Impératrice a déployé le plus grand courage et la plus grande
résignation. » (*Mémoires* du prince Eugène, t. VI.)

l'Empereur et Roi, l'autre à l'Impératrice et Reine.
Sur quatre-vingt-sept votants, soixante-seize se
prononcèrent pour le projet, sept contre, et quatre
s'abstinrent de voter. Après ce scrutin, le prince
archichancelier déclara le projet converti en
sénatus-consulte. Il n'y avait pas eu de discussion [1].

Le sénatus-consulte était ainsi conçu :

ARTICLE PREMIER.

« Le mariage contracté entre l'empereur Napoléon et l'impératrice Joséphine est dissous.

ARTICLE 2.

« L'impératrice Joséphine conservera les titres
et rang d'impératrice couronnée.

ARTICLE 3.

« Son douaire est fixé à une rente annuelle de
deux millions de francs sur le trésor de l'État [2].

[1] « Omnia animalia dicentia : Amen ! » observe irrespectueu-
sement Tabaraud (*Du divorce de Napoléon*, 1815, in-8). — On
dit cependant que Grégoire voulut demander la parole et ne put
l'obtenir.

[2] Des notes qui accompagnent les pièces officielles, il résulte
que l'Empereur avait d'abord fixé à un million le douaire de l'Impératrice, avec donation du palais de l'Élysée, de ses jardins, dépendances et mobilier, la nommant en outre protectrice de l'Institut et des Maisons impériales. Il avait fait faire des recherches
particulières par le comte Regnaud de Saint-Jean d'Angely sur le

ARTICLE 4.

« Toutes les dispositions qui pourront être faites par l'Empereur en faveur de l'impératrice Joséphine sur les fonds de la liste civile seront obligatoires pour ses successeurs.

ARTICLE 5.

« Le présent sénatus-consulte sera transmis par un message à Sa Majesté Impériale et Royale. »

A la rente annuelle de deux millions attribuée à Joséphine, l'Empereur ajouta le domaine de Navarre, érigé en duché à titre de dotation pour en jouir sa vie durant. Cette dotation devait passer, après la mort de l'Impératrice, à la descendance de son fils le prince Eugène [1].

rang des reines douairières. Celui-ci, dans un rapport à l'Empereur, rappelait que Marie de Médicis, assistant au lit de justice où la majorité de Louis XIV fut déclarée, occupa la première place. Il ajoutait que, dans un cahier déposé aux Archives nationales et intitulé : *Règle des rangs et cérémonies,* un article portait que les reines douairières devaient précéder les reines régnantes. Ce manuscrit pouvait être reporté comme date à l'époque de la régence du duc d'Orléans pendant la minorité de Louis XV. En Russie, le même règlement pour les reines douairières était actuellement observé. Le comte Regnaud de Saint-Jean d'Angely, faisant observer que c'était à l'Empereur à décider, déclarait que puisque le rang de l'impératrice Joséphine avait été précédemment assigné par Napoléon après l'Impératrice régnante, il y avait lieu de lui donner la même place dans l'Almanach impérial.

[1] Voir sur le château de Navarre (Normandie) un ouvrage

Une fois le sénatus-consulte voté, le Sénat
adopta une adresse destinée à l'Empereur. Elle
était ainsi conçue :

« Votre Majesté ne pouvait pas donner à la
France un plus grand témoignage de son dévouement absolu aux devoirs qu'impose un trône héréditaire. Le Sénat ressent vivement le besoin
de vous exprimer combien il est pénétré de tout
ce qu'éprouve la grande âme de Votre Majesté.
La puissance la plus étendue, la gloire la plus
éclatante, l'admiration de la postérité la plus re-
culée ne pourront pas payer, Sire, le sacrifice de
vos affections les plus chères. L'éternel amour du
peuple français et le sentiment de tout ce que
vous faites pour lui pourront seuls consoler le
cœur de Votre Majesté. »

Puis, ne voulant pas oublier Joséphine dans ses
hommages officiels, le Sénat lui consacra l'a-
dresse suivante :

« Votre Majesté Impériale et Royale vient de
faire à la France le plus grand des sacrifices.
L'histoire en conservera un éternel souvenir.

« L'auguste épouse du plus grand des monarques ne pouvait pas s'associer à sa gloire mémorable par un dévouement plus héroïque.

« Depuis longtemps, Madame, le peuple fran-

intéressant, quoique très mal écrit, de M. d'Avannes (1819, deux
vol. in-4°).

çais révère vos vertus ; il chérit cette bonté touchante qui inspire toutes vos paroles comme elle dirige toutes vos actions ; il admirera votre dévouement sublime et décernera à jamais à Votre Majesté Impériale et Royale un hommage de reconnaissance, de respect et d'amour. »

Dans quelques mois, le même Sénat s'empressera d'offrir à la nouvelle impératrice le tribut de sa joie patriotique et de son légitime orgueil. Machine à compliments, il débitera sa prose officielle sur le même air laudatif et avec la même gravité. Tout se fait chez lui sur un ordre précis et à l'heure dite. Il ne faudrait pas croire en effet que les adresses à Napoléon et à Joséphine étaient un hommage spontané. Dans l'avant-projet de la cérémonie des 15 et 16 décembre, Maret et Cambacérès avaient pris soin d'insérer les lignes suivantes :

« Le Sénat arrêtera une adresse pour être présentée à l'Empereur par le Sénat en corps. Il nommera aussi une députation pour porter une adresse à l'Impératrice. Dans le cas où Sa Majesté ne recevrait pas la députation, l'adresse serait remise à la dame d'honneur. » Mais les savants conseillers ne s'arrêtent pas en si beau chemin. Ils prévoient tout. « Le samedi soir, écrivent-ils, l'Impératrice ira coucher à la Malmaison. Le di-

manche, l'Empereur ne recevra point. Il partira
pour Trianon ou pour Rambouillet [1]. »

Le 16 décembre, vers quatre heures du soir,
conformément au programme officiel, Joséphine
quitta les Tuileries pour se rendre à la Malmaison. Le voyage fut attristé par le mauvais
temps ; l'arrivée fut plus triste encore. La malheureuse femme, à la vue de cette demeure jadis si
joyeuse, aujourd'hui si abandonnée et qu'assom-
brissait une pluvieuse soirée d'hiver, fondit en
larmes. Quoi qu'on ait dit de la légèreté de son
caractère, elle demeura longtemps accablée par le
chagrin et ne pouvant croire à la brutale réalité
des faits [2]. Son fils, qui l'avait accompagnée à la
Malmaison, écrivait, le 17 décembre, à la vice-
reine d'Italie : « Sa douleur a été assez vive ce
matin en revoyant les lieux qu'elle avait habités
si longtemps avec l'Empereur... » Et se trompant
sur une sorte d'anéantissement qu'il prenait pour

---

[1] Le *Moniteur* du 17 décembre contenait cette note : « Paris,
le 16 décembre. S. M. l'Empereur et Roi est parti aujourd'hui
à quatre heures pour Trianon. S. M. l'impératrice Joséphine est
à la Malmaison. »

[2] Dix mois après, la désolation de Joséphine était encore la
même, car le 13 octobre 1810, elle écrivait à Hortense : « Tout
ce que tu me dis de l'intérêt que me porte toujours l'Empereur,
me fait plaisir. J'ai fait pour lui le plus grand des sacrifices : les
affections de mon cœur. Je suis sûre qu'il ne m'oubliera pas, s'il
se dit quelquefois qu'une autre n'aurait jamais eu le courage de
se sacrifier à ce point. »

du calme : « Son courage a repris le dessus, ajoutait-il, et elle est résignée à sa nouvelle position. Moi, je crois fermement qu'elle sera plus heureuse et plus tranquille.» Plus heureuse, c'était beaucoup dire; plus tranquille, c'était vrai. Les impatiences de l'Empereur, ses colères et ses brusques variations de sentiments, les intrigues des courtisans, les perfidies de Joseph et des siens, tout ce composé de petitesses et de méchancetés qui faisait partie de la vie quotidienne du monde et de la cour, avaient enlevé le repos à l'Impératrice. A la Malmaison, elle devait retrouver un peu de quiétude. « Nous avons eu ce matin, continue le prince Eugène, plusieurs visites. On ne parle, nous dit-on, à Paris, que de notre courage et de la résignation de l'Impératrice. Ils seraient bien sots, ceux qui pourraient croire que j'ai regretté quelque faveur et quelque élévation. J'espère qu'à la manière dont j'ai pris la chose, je convaincrai les plus incrédules que je suis au-dessus de cela [1]. »

Quelques jours après, l'Empereur vint rendre visite à l'Impératrice. Elle n'avait pas encore la résignation dont parlait son fils, car nous découvrons cet aveu dans une lettre que lui adressait

---

[1] Voir, à propos de la douleur de Joséphine à la Malmaison, une longue lettre de madame de Rémusat. (*Mémoires*, t. III, p. 298 à 301.) Madame de Rémusat avait juré de suivre Joséphine, si elle quittait les Tuileries. Elle tint sa parole.

Napoléon au lendemain de cette visite : « Je t'ai trouvée aujourd'hui plus faible que tu ne devais étre. Tu as montré du courage, il faut que tu en trouves pour te soutenir ; il faut ne pas te laisser à une funeste mélancolie ; il faut te trouver contente et surtout soigner ta santé, qui m'est si précieuse... Adieu, mon amie. Dors bien. Songe que je le veux. » Il ne cesse d'ordonner le calme à celle dont il a brisé la vie. Il est satisfait de son œuvre. Dans son majestueux égoïsme, il ne comprend point que la malheureuse femme n'éprouve pas la même satisfaction que lui. « Savary me dit que tu pleures toujours. Cela n'est pas bien... *Je désire te savoir gaie.* Si je n'apprends que tu es gaie et contente, j'irai te gronder bien fort. » Il a été triste, lui aussi, mais seulement les premiers jours de la séparation. Il trouve que les Tuileries sont un palais vide où il est isolé. En réalité, il attend avec impatience la nouvelle épouse qui doit embellir et charmer la demeure impériale. La bonne Joséphine lui répond : « Mille, mille tendres remerciements de ne m'avoir pas oubliée... Il y a des sentiments qui sont la vie même et qui ne peuvent finir qu'avec elle. Sois heureux, sois-le autant que tu le mérites ; c'est mon cœur tout entier qui te parle!... » Le 25 décembre, ils dînèrent à Trianon. Ce fut le dernier repas qu'ils firent ensemble. Le prince Eugène en informait

4

ainsi sa femme : « L'Empereur est venu avant-
hier voir l'Impératrice. Hier, elle a été à Trianon
pour le voir et elle y a été retenue à dîner. L'Empereur a été très bon et très aimable pour elle, et
elle m'a paru en être beaucoup mieux. Tout me
porte à penser que l'Impératrice sera plus heureuse dans sa nouvelle position et nous tous aussi.
Tu peux me croire, parce que je vois la chose en
parfaite tranquillité. » Un autre témoin véridique
de ces faits, le baron de Meneval, ne ressentait
pas le même contentement. Il dépeignait la douleur constante de Joséphine ; il ne pouvait s'empêcher, se faisant ainsi l'écho de l'opinion publique,
« de déplorer les rigoureuses exigences de la politique, qui brisaient si violemment les liens d'une
affection éprouvée pour imposer une autre union
n'offrant que des chances incertaines [1] ».

On négociait toujours avec la Russie. Cette puissance persistait à ne donner à Napoléon une grande-
duchesse que si l'Empereur garantissait au Tzar la
possession de la Pologne. Caulaincourt écrivait
que le cabinet de Pétersbourg manifestait du mécontentement et de l'inquiétude. « On veut, di-

---

[1] Par sa bonté et sa grâce, Joséphine avait gagné l'affection
publique. L'impératrice Marie-Louise ne pourra et ne saura pas,
comme elle, conquérir les cœurs. Tous les contemporains
attestent que la France vit le divorce avec un réel déplaisir, et
que le mariage autrichien produisit de l'éblouissement, mais non
de l'enthousiasme.

sait-il à la date du 18 décembre, quelque chose
de positif. » Mais ni Alexandre ni Napoléon ne
désiraient s'engager à fond. Et celui qui s'impa-
tientait le plus, c'était l'empereur des Français.
De son côté, Joséphine, loin d'éprouver cette
tranquillité dont parlait son fils, ne cessait de se
répandre en plaintes et en regrets. Elle ne pouvait se résigner à son sort. Elle rappelait que l'article 7 du statut de 1806 avait stipulé que le divorce était interdit aux princes et princesses de la
famille impériale. Elle aurait pu ajouter que l'Empereur, qui, pour les diverses prescriptions, s'é-
tait conformé aux règles du Code, en avait violé
sciemment une disposition essentielle. En effet,
l'article 277 stipule, conformément à la loi du
30 ventôse an XI, que le divorce par consentement mutuel ne peut avoir lieu quand la femme a
quarante-cinq ans accomplis. Or, l'Impératrice, née
en 1763, avait quarante-six ans sonnés. Et c'est ici
qu'il faut regretter l'erreur volontairement commise dans l'acte de mariage passé en 1796, où Joséphine s'était rajeunie de quatre ans. Elle payait
cher une coquetterie d'un instant, comme je l'ai
dit plus haut.

La loi était exposée à subir prochainement une
autre violation. Dans le cas de divorce·par consentement mutuel, aucun des deux époux ne pouvait
contracter un nouveau mariage que trois ans après

le prononcé du divorce [1]. Et, dans le court délai
de trois mois, l'Empereur allait contracter une
nouvelle union. Mais si les règles du droit civil
avaient été négligées sans peine, celles du droit
canonique devaient l'être moins facilement. A la
Russie qui tergiversait, on arrivait à préférer l'Autriche. La substitution ne levait cependant pas tous
les obstacles. Pour contracter mariage avec l'archiduchesse Marie-Louise, il fallait de toute nécessité faire rompre par l'Église les liens spirituels
formés en 1804, la veille du sacre [2]. Dans l'examen de cette affaire si grave, on va trouver des
faits et des détails au moins aussi curieux et aussi
nouveaux que dans l'affaire du divorce par consentement mutuel.

[1] Lors de la discussion du Code civil, le premier Consul avait
émis l'opinion que « le divorce par consentement mutuel ne
devait pas être admis *après dix ans de mariage* et sans l'autorisation des ascendants ». (Séance du 14 vend. an XI.) Il n'a pas
tenu compte, comme on l'a vu, de ce laps de temps pour son
propre divorce.

Et dans une autre séance, il donnait du divorce par consentement mutuel une définition qui jette une vive lumière sur ce qui
s'est passé : « Le consentement mutuel, avait-il dit, n'est pas la
cause du divorce, mais un signe que le divorce est devenu nécessaire. Par là, on éviterait la nécessité de prouver publiquement
devant les tribunaux, et l'on se ménagerait un moyen de dissimuler les causes scandaleuses du divorce, comme le serait celle
de l'impuissance. »

[2] On verra bientôt que c'est l'Autriche qui a demandé l'annulation canonique du mariage religieux de Napoléon et de Joséphine. C'est la seule exigence qu'elle ait maintenue, sans vouloir
à cet égard rien céder.

CHAPITRE V

NAPOLÉON, LA COUR D'AUTRICHE ET L'OFFICIALITÉ
DE PARIS.

A la fin de l'année 1809, la cour des Tuileries
savait que l'Empereur était décidé depuis longtemps
à épouser une princesse russe, et qu'une alliance
fastueuse se préparait entre les deux grands États
gouvernés par Alexandre et par Napoléon. On
avait appris qu'à Erfurt le Tzar avait lui-même gra-
cieusement soulevé cette question si importante.
La grande-duchesse Anne était la princesse choisie.
Mais la veuve de Paul Ier avait, par un rescrit du
tzar défunt, obtenu et gardé la tutelle de ses filles.
Impératrice douairière, Allemande d'origine, elle
s'était mise résolument à la tête du parti antifran-
çais. Avec une adresse et une constance toutes fé-
minines, elle s'opposait à l'impatience orgueilleuse
de Napoléon. Le 13 décembre, l'empereur des
Français fit dire au cabinet de Saint-Pétersbourg
qu'il voulait « avant la fin de janvier » savoir à
quoi s'en tenir.

4.

Sur ces entrefaites, une assertion, plus ou moins fortuite, du premier secrétaire de l'ambassade autrichienne à Paris parut bouleverser tous les plans. Dans une conversation particulière qui fut immédiatement rapportée à M. de Bassano, M. de Floret affirma que si l'empereur Napoléon s'adressait pour son mariage à l'Autriche, il ne s'exposerait pas à un refus[1]. Cette conversation se rattachait à un plan adroitement préparé. Quoi qu'en semblent dire après coup les *Mémoires* de Metternich, l'Autriche avait ses raisons pour souhaiter l'alliance avec ardeur. Les dénégations habiles et les opinions successives font d'ailleurs partie intégrante du bagage diplomatique. « M. de Metternich, disait un jour Napoléon, est tout près d'être un homme d'État. Il ment très bien. »

L'Autriche, qui avait cherché à brouiller la France avec la Russie, plaçant l'espoir de son relèvement sur de prochaines hostilités entre ces deux États, avait vu tout à coup ses projets s'effondrer. Au lieu de se diviser, la France et la Russie semblaient se réunir de la manière la plus étroite et pour plusieurs années sans doute. L'hypothèse mise en avant par

---

[1] « Sa Majesté, à laquelle rien ne répugne de ce qui peut contribuer à assurer le bien-être et la tranquillité de l'État, vous autorise, Monsieur l'ambassadeur, à la suivre (l'alliance avec Napoléon) et à ne point vous refuser aux ouvertures qui pourraient vous être faites à cet égard... » (Metternich à Schwarzenberg, 25 décembre 1809.)

Cambacérès, — la guerre fatale avec celui des deux souverains dont l'Empereur n'aurait pas épousé la fille, — allait se réaliser. Le chemin de Vienne était connu de Napoléon. Il le prendrait plus facilement que celui de Saint-Pétersbourg. On devine les angoisses de François II, de Metternich, de Schwarzenberg pendant les négociations secrètement engagées par Caulaincourt [1].

Depuis longtemps, Metternich désirait et conseillait l'alliance avec la France, malgré ses sentiments d'Autrichien offensé par les exigences et les duretés de Napoléon. Il avait compris que son pays trouverait là seulement la paix et le salut. L'important était de gagner quelques années à n'importe quel prix. Autrement, avec un génie destructeur comme Napoléon, la ruine de la dynastie autrichienne n'était qu'une affaire de quelques mois. Au premier caprice passant par la tête du vainqueur, l'Autriche, la Bohême, la Hongrie allaient être séparées et confiées à des princes, vassaux serviles de l'empereur des Français. Le mariage d'une archiduchesse avec cet empereur était donc le but suprême à atteindre, parce qu'il conduisait directement à

[1] Voy. les *Mémoires* de Metternich et la *Correspondance de Marie-Louise*, chez Haar et Steinert, 1887, in-8°. — Voy. également *L'Allemagne sous Napoléon I*, par Alfred Rambaud; Lefebvre de Béhaine, *Histoire des Cabinets de l'Europe*; Helfert, *Marie-Louise*; A. Fournier, *Napoléon I*, t. II, etc

l'alliance politique. Aussi rien ne fut épargné
pour arriver à réaliser ce dessein. A peine apprit-
on à Vienne les négociations entamées avec la
Russie, que M. de Metternich, qui avait habilement
caché ses plans[1], résolut de tenter la fortune. Il
avait eu déjà connaissance des plans de l'empereur
des Français par le comte de Narbonne, qui, dînant
à Vienne vers le 7 ou 8 décembre, avec lui, le
prince de Ligne et le comte de Lamarck, s'était
laissé aller à dire, à propos de la dernière paix,
qu'on était entraîné vers un terme fatal. « Ce terme,
avait-il précisé, c'est la réduction du continent

---

[1] « Le comte de Metternich, écrivait le général Andréossy à
Napoléon le 5 novembre 1809, sentant son insuffisance, caresse
le parti dominant. Il s'embarrasse peu d'avoir des succès ; il ne
vise qu'à une pension. » Et le 21 novembre : « M. de Metternich paraît animé de sentiments raisonnables, mais il est sans
appui et sans crédit de famille. On s'aperçoit aux démarches de ses
parents et aux avances qu'il fait lui-même à certaines personnes,
qu'il cherche à prendre une assiette solide ; mais les meneurs
sont là qui feront tous leurs efforts pour le contrarier. » (Archives nationales.) On voit que le général Andréossy n'était pas
exactement renseigné. — Le 4 décembre, Schwarzenberg avait informé Metternich du divorce projeté et avoué par Napoléon
depuis le 25 novembre. « On se demande, disait-il, quelle est
celle qui remplacera l'Impératrice. Il paraît qu'on n'est pas d'accord sur ce choix. On parle d'une princesse d'Autriche, de la
princesse de Saxe. On nomme même, chose qui n'est rien moins
que probable, une sœur de l'empereur Alexandre âgée de treize
ans, enfin la fille de Lucien... Ces notions sont connues de très
peu de personnes. Le tout se dévoilera en peu de temps. *Je me
trouve dans le cas de réclamer le plus profond secret sur cette
communication.* » (Helfert, *Marie-Louise,* App.)

européen à deux Empires prépondérants. L'un de
ces deux Empires, vous voyez sa croissance rapide
et le chemin qu'il a fait dans le monde depuis
1800. Pour l'autre, il n'est pas encore nommé par
le sort; ce sera l'Autriche ou la Russie, selon la
suite qu'on entendra donner à la paix de Vienne. »
Dès le lendemain, le comte de Narbonne fut
appelé chez François II. L'entrevue fut très cor-
diale. L'Empereur parla beaucoup de son désir
d'accentuer et de fortifier la dernière paix. Il fit
même entendre à son interlocuteur qu'il consentirait à une alliance de famille entre lui et Napoléon.
M. de Narbonne accentua ses déclarations de la
veille et s'abandonna à l'espérance « qu'une archiduchesse d'Autriche, de nouveau confiée à la
France, tenterait Napoléon de s'arrêter enfin à la
paix, de jouir de sa gloire au lieu de la hasarder
sans cesse, et de travailler au bonheur des peuples,
*de concert avec le vertueux monarque dont il devien-
drait le fils d'adoption* [1] ». La tragédie tournait à
l'idylle !... Mais tandis que M. de Narbonne prenait congé de François II en se félicitant d'avoir
entrevu et secondé les pensées de l'empereur d'Autriche, Metternich mettait à profit ses confidences.
Il en parlait avec M. de Laborde, qu'il croyait
acquis à la cour de Vienne et qui semblait abonder

[1] *M. de Narbonne,* par Villemain.

dans ses vues. Une fois sûr de son terrain, il avisa
de ses projets le prince de Schwarzenberg, récemment arrivé à Paris, et lui recommanda de tout
entreprendre pour triompher. Le prince s'abou-
cha, dès le 12 décembre, avec le même de Laborde,
que M. de Metternich avait pressenti à Vienne[1]. Il
lui confia son secret. Nous allons le voir relaté
tout au long dans des rapports confidentiels qu'il
importe de faire bien connaître au lecteur, parce
qu'ils révèlent, mieux que tout autre document, les
visées et les menées infatigables de l'Autriche. Les
rapports sont adressés à M. de Champagny, qui
suivait anxieusement, lui aussi, ces négociations si
curieuses. Le 13 décembre, Laborde lui transmet-
tait ainsi les premiers détails :

« Je suis allé ce matin chez le prince de Schwarzenberg que je n'avais pas vu depuis mon arrivée.
Il m'a reçu comme un ancien ami et avec cette
émotion d'un homme qui, transporté dans un pays
nouveau où il n'a pas encore établi de relations
intimes et où il ne voit pas encore bien clair dans
sa position, a besoin de s'épancher. »

[1] Voir la dépêche du 25 décembre 1809. (*Mémoires de Metternich*, t. II, p. 312.) M. de Laborde avait servi pendant la
Révolution dans un régiment de hussards autrichiens. Il s'était
ensuite rallié au gouvernement du premier Consul, avait suivi
Lucien en Espagne dans son ambassade en 1800 et avait été
nommé auditeur au conseil d'État. Il accompagna Napoléon en
Espagne dans l'année 1808, et en Autriche dans l'année 1809. Il
était en relations intimes avec la cour et la noblesse de Vienne.

Le prince l'entretient d'abord d'une note de M. de
Champagny concernant M. de Rosamosky, de sa
position subalterne vis-à-vis de l'ambassadeur de
Russie, d'une proclamation du général Giulay aux
provinces illyriennes, sévèrement blâmée par M. de
Metternich, etc.

« Après tous ces préliminaires, il est venu à
parler des événements du jour, qu'il considérait
comme la suite d'une affaire arrangée, ne supposant pas qu'on ait amené si loin les choses, si tout
n'avait pas été réglé pour un nouveau mariage de
l'Empereur. J'ai manifesté une opinion différente.
Mais sans renoncer tout à fait à la sienne, il m'a fait
entendre que si le projet n'était point ancien, au
moins existait-il à présent et qu'il ne doutait point
qu'il ne regardât la Russie. Il en jugeait principalement par la joie que manifestait le prince Kourakin depuis huit ou dix jours, au lieu de l'inquiétude
qu'il avait eue auparavant. Il me dit avoir appris
à son arrivée que le prince Kourakin était dans
une sorte de demi-disgrâce, qu'il avait été reçu
froidement à Fontainebleau, et il en fut bientôt
convaincu à l'empressement que mit cet ambassadeur à tâcher de savoir de lui s'il n'existait pas
quelques articles secrets d'engagement entre l'Autriche et la France au détriment de la Russie. Il se
montra surtout intéressé à l'apprendre le lendemain
d'un bal donné par la reine de Hollande où il ne

fut pas invité, lorsque tout à coup ces dispositions
changèrent au cercle suivant. L'Empereur s'adressa
à l'ambassadeur de Russie à deux reprises différentes et lui parla longtemps; et l'on apprit en
même temps que la veille il était arrivé un courrier
français de Saint-Pétersbourg. » Il ne paraissait
point douteux à Schwarzenberg qu'il n'y eût quelque arrangement de conclu ou du moins de bien
avancé avec la Russie. « Quant aux difficultés qui
pouvaient, disait-il, se rencontrer du côté de
Saint-Pétersbourg, il n'en voyait aucune. L'Impératrice mère, qui voudrait sans doute s'y opposer,
s'est éloignée de la cour, ce qui ne prouve pas
qu'elle y jouisse de beaucoup de crédit. Elle s'est
retirée à Kratschina, où elle passera l'hiver. L'Empereur a pris avec elle l'habitude de plaisanter,
lorsqu'elle veut entrer dans des discussions sur les
affaires publiques. Il n'est pas vraisemblable que,
dans cette circonstance, son opinion soit d'un grand
poids. L'Impératrice régnante, dont les dispositions
seraient au moins équivoques, n'a aucun crédit.
D'ailleurs, son unique occupation étant de tâcher
de ramener à elle l'empereur Alexandre, elle évite
avec soin de le contrarier pour ne pas diminuer le
nombre de ses visites qui, sans cela même, sont
tout à fait rares. Quant au caractère particulier de
la princesse Anne, il ne sera pour rien dans tout
ceci. L'Empereur disposera d'elle facilement, sur-

tout en faisant valoir son désir que cette alliance
ait lieu et l'intérêt de sa couronne[1]. Sans doute
l'Impératrice mère, qui dirige encore l'éducation de
la princesse et ne la quitte pas, cherchera à la rete-
nir, mais l'influence de l'Empereur l'emportera.
La jeune princesse est fort bien élevée par la comtesse de Lieven. Elle n'a pas quinze ans, n'est
point formée et est encore très petite, mais elle
annonce devoir être un jour jolie. Plusieurs personnes même lui trouvent de la ressemblance avec
l'impératrice Catherine, peut-être à cause de son
nez aquilin et de la forme de son visage qui n'a
rien de l'air kalmouk de la famille. »

Le prince de Schwarzenberg vanta alors l'influence de M. de Caulaincourt, qui voyait le Tzar tous
les jours et s'était emparé de son esprit. Puis il
s'occupa de la nation russe et des coteries qui divi-
saient la Cour, mais qui étaient impuissantes à
empêcher les projets d'Alexandre.

Il ne put cacher un sentiment de jalousie dans la
manière dont il chargea le tableau. « Vraiment, dit-
il, je ne vois pas un grand avantage pour l'empereur
Napoléon à resserrer l'alliance avec la Russie par
un mariage. Ce pays est composé de gens insolents,
barbares et ignorants, sur lesquels un lien semblable
fera peu d'effet, tandis qu'il serait un bonheur pour

[1] Metternich fera les mêmes réflexions à l'égard de Marie-
Louise.

5

d'autres peuples. » Laborde releva cette phrase qui
l'amenait naturellement à parler de sa conversation avec M. de Metternich. Le prince lui répéta
les mêmes choses que ce ministre, c'est-à-dire
qu'une alliance avec la maison impériale de France
serait d'un grand avantage pour son pays, et que
pour lui-même c'était le seul événement qui pût
rendre sa position tolérable [1]. Il se répandit en éloges
sur la princesse Louise, qui paraissait être une
personne distinguée par la figure, l'instruction et le
caractère. « Elle a reçu, dit-il, une éducation française, et depuis quatre ans, les ambassadeurs on t
ordre de lui envoyer tout ce qui paraît de bon en lit-
térature en France. C'est elle que l'empereur d'Autriche préfère parmi tous ses enfants. » Le prince
de Schwarzenberg s'étendit ensuite sur les résultats heureux pour les deux pays d'un lien qui
établirait ainsi des rapports durables, sur les vingt
ans de paix que le système de M. de Choiseul et
de M. de Kaunitz avait procurés à l'Autriche, sur
la puissance de l'armée autrichienne commandée

---

[1] Metternich dit, dans sa dépêche du 25 décembre à Schwarzenberg, que M. de Laborde était venu le sonder sur la possibilité d'une alliance de famille. La vérité, — quoique Helfert le nie, — c'est que c'est M. de Metternich qui a fait les
premières ouvertures. Dans cette même dépêche, il autorise
Schwarzenberg à négocier, « si le divorce de Napoléon a lieu ».
Or, il était impossible qu'il ne sût pas, le 25 décembre, le divorce
du 15. La vérité, c'est que depuis 1807, M. de Metternich pensait au divorce de Napoléon.

par Napoléon... « *Mais,* observait-il, *tout cela est trop
beau, et il ne faut pas concevoir de telles espérances
pour n'en avoir pas bientôt le regret.* » Il revenait
ainsi à l'opinion que les choses étaient trop avan-
cées pour qu'il restât quelque espoir à l'Autriche.

Laborde chercha à affaiblir cette disposition de
son esprit, et le prince était trop intéressé à croire
qu'il pouvait se tromper pour ne pas finir par en
convenir. « Il m'en a parlé alors non comme d'une
chose probable, mais comme d'une chose possible,
continue Laborde, ce qui me permettait de lui faire
sentir qu'il serait bon dès lors qu'il fût prêt à tout
événement. Il m'a avoué qu'ayant entendu parler
du divorce, peu de temps après son arrivée, et
ayant vu l'inquiétude du prince Kourakine, il
avait demandé à sa Cour des instructions sur ce
qu'il devait répondre dans le cas où il lui serait
fait quelque insinuation, et qu'ayant écrit dans ce
sens il y a huit jours, il devait recevoir incessamment
une réponse qu'il me communiquerait[1]. Quoiqu'il
ne m'ait pas dit qu'il crût nécessaire de faire une
nouvelle démarche dans le même but près de sa
Cour, tout me porte à croire qu'il est trop personnellement intéressé à cette idée pour vouloir
rien remettre au hasard, et qu'il serait fort possible
qu'il fît partir demain ou après-demain un courrier

---

[1] Cette réponse est celle du **25** décembre.

pour presser les instructions qui pourraient lui devenir nécessaires [1]. »

Quelques jours après, dans un second rapport,
Laborde écrivait à M. de Champagny :

« Le courrier arrivé hier a apporté au prince de
Schwarzenberg deux lettres du comte de Metternich, l'une ostensible servant de réponse à ses dépêches du 5 décembre. Elle contient une apologie
de la conduite du gouvernement autrichien depuis le
jour de l'évacuation de Vienne, un rapport sur la
cession des provinces frontières, quelques plaintes
sur le prince d'Eckmühl et d'autres détails, que le
prince de Schwarzenberg doit communiquer aujourd'hui à M. de Champagny.

« Une autre partie de sa lettre est relative à la
nouvelle du divorce et à la possibilité d'une
demande en mariage de la princesse Louise. Elle
porte que le prince de Schwarzenberg *doit accepter
sur-le-champ la demande* et témoigner de la part de
l'Empereur que cette union lui est agréable. Il doit
ajouter que l'empereur d'Autriche n'a eu pour but,
en faisant d'immenses sacrifices pour conclure la
paix, que d'assurer le repos de ses peuples, que ce
but n'a été qu'imparfaitement rempli, puisqu'il
existe encore de l'inquiétude entre les deux gou-
vernements, qu'il cherchait depuis longtemps un

[1] Archives nationales.

moyen d'opérer un entier rapprochement et que
ce moyen se trouverait naturellement dans un lien
qui coûterait sans doute à la tendresse d'un père,
mais qui s'accorderait avec les devoirs d'un souverain [1].

« La seconde lettre, remarquait le diplomate
français, était confidentielle et avait rapport uniquement au point important. Elle indique au prince
de Schwarzenberg la marche qu'il doit tenir après
avoir accepté la demande. Le comte de Metternich
lui prescrit de témoigner la répugnance que l'empereur d'Autriche aurait à la conclusion de ce mariage, si le divorce n'était revêtu de formes religieuses, et de rappeler l'éloignement que ce prince a
toujours montré dans ses États pour cette sorte de
séparation, à moins qu'elle ne provînt d'une nullité de mariage reconnue par l'Église.

« J'ai voulu savoir alors si l'on n'avait point quelque idée de l'intervention du Pape. Le prince m'a
affirmé qu'il n'en était pas question, et que les
arrangements qui se prennent ici auraient déjà
rassuré pleinement à Vienne. La lettre ajoutait,
comme instruction secrète, de tâcher de profiter
de cette circonstance pour obtenir de l'empereur
Napoléon quelque adoucissement aux conditions
sévères de la paix. — Afin, disait-on, que cet évé-

---

[1] M. de Metternich s'est bien gardé de faire figurer cette pièce
dans ses *Mémoires*.

nement fût un jour d'allégresse pour tout le pays et
que les peuples de la monarchie autrichienne en
sentissent déjà les bienfaits, en même temps que
leur souverain en appréciait les avantages. » Le
prince de Schwarzenberg demanda à Laborde si
l'on ne pourrait pas stipuler quelque facilité de
commerce pour la Hongrie, une exemption de
douanes ou quelque chose de semblable qui fût un
signe de rapports nouveaux et plus favorables.

« Je lui ai répondu, affirmait Laborde, que des
arrangements avantageux étaient ordinairement les
conséquences d'un tel nœud, mais qu'ils en étaient
rarement la suite immédiate et jamais les conditions. Il m'a assuré que l'impression de l'empereur
d'Autriche à ce sujet lui était arrachée par le malheur de ses peuples, mais n'était qu'un vœu de sa
part.

« Il s'est alors ouvert à moi et m'a dit que M. de
Metternich *l'engageait à tout employer, lorsqu'il en
serait temps, pour faire réussir cette alliance*, et à ne
rien négliger pour en démontrer les avantages. Il
était si pénétré de ce qu'on lui mandait, qu'il a
voulu sans doute s'exercer sur moi pour commencer à convaincre quelqu'un en attendant qu'il eût
affaire à des personnes plus importantes. —L'empereur Napoléon, disait-il, aura beau ajouter à ses
rapports avec la Russie une nouvelle force par un
lien plus intime, il ne pourra empêcher le pays de se

détacher tôt ou tard de son alliance. Le mécontentement est trop général, l'opinion contre la France trop prononcée pour qu'une alliance de famille procure autre chose qu'une union éphémère, *tandis qu'elle serait un lien durable pour nous*. L'empereur des Français, déjà maître d'une partie de l'Allemagne, la réunirait par là tout entière. C'est bien alors qu'il ne se tirerait pas un coup de canon en Europe sans sa permission, et que la Russie serait obligée de suivre le système qu'on lui dicterait non point en alliée capricieuse et vacillante comme aujourd'hui, mais en puissance soumise et secondaire. Nous n'avons besoin de personne que de nous-mêmes pour l'y obliger, et l'empereur Napoléon peut disposer pour d'autres pays de son armée d'Allemagne.

« Le caractère doux de notre princesse, son éducation, l'excellente personne qui a sa confiance[1] la feraient aimer en France généralement, tandis qu'on ne sait pas quel est le caractère de la princesse de Russie.

« Le prince de Schwarzenberg ajouta une chose assez singulière. Il prétendait avoir appris dernièrement d'un grand personnage qu'il n'a pas voulu me nommer, que l'Empereur, parlant de son établissement futur, avait dit qu'il y aurait bien

---

[1] La comtesse de Lazousky, qui remplaçait madame de Colloredo et qui était une demoiselle de Falkenheim.

quelque avantage à songer à une princesse autrichienne, mais que la moitié des gens en place pourraient en concevoir des inquiétudes qui ne seraient point sans inconvénients[1].

« Je puis vous affirmer, me dit Schwarzenberg, qu'il n'en serait pas ainsi longtemps. Si cet événement avait lieu, vous verriez avec quel plaisir on l'apprendrait à Vienne, combien l'Empereur mettrait de soins, d'attentions à se concilier les personnages marquants en France. Quant à moi, comme je pourrais m'établir sur un tout autre pied, je n'épargnerais ni dépenses ni démarches pour montrer que nous ne conservons aucun souvenir semblable. En effet, il ne s'agit pas de sentiment dans des questions de haute politique. Je réponds que dans trois ou quatre mois *ce petit malaise intérieur* n'existerait plus[2].

« Il répéta, au surplus, qu'on avait peu d'espérance à Vienne de la réussite de cette affaire, et qu'on était persuadé que les arrangements avec la Russie étaient au moins fort avancés. Le courrier rapportait des instructions au sujet de l'échange des ordres pour lesquels il n'attendait que la moindre insinuation de la part du gouvernement français,

---

[1] Ceci était particulièrement pour Cambacérès et Fouché.

[2] Rapprocher cette déclaration de la façon dont François II et la cour d'Autriche accueillirent la nouvelle de la mort du duc d'Enghien. (Voir *Le duc d'Enghien*, p. 413.)

n'osant pas prendre l'initiative, de peur d'un refus. »

Le comte de Laborde continuait à encourager Schwarzenberg. Il se prêtait ainsi à la politique de son maître qui, négociant en même temps avec la Russie, jouait un jeu double. M. de Metternich se croyait donc à la veille de réaliser ses desseins et de recueillir, lui aussi, le fruit de ses intrigues. L'Autriche accablée, prête à recevoir le dernier coup, allait renaître subitement de ses ruines, miner peu à peu et détruire l'alliance russe sur laquelle s'était fondée la politique napoléonienne depuis Tilsitt. Mais encore une fois, avant de se prononcer d'une façon définitive, il fallait ménager et respecter toutes les formes. Puissance catholique, elle ne voulait offenser en rien les rites sacrés de la religion. Dans les pourparlers qui s'engagèrent aussitôt, elle exigea donc que le lien spirituel, dont elle avait eu connaissance, fût ouvertement brisé entre Joséphine et Napoléon. La cour des Tuileries se résigna à subir cette nécessité, croyant qu'au défaut d'une alliance avec la cour de Russie, une alliance avec une des plus anciennes cours d'Europe dissiperait tous les nuages, donnerait à tous un motif incontestable de confiance et serait le gage d'une paix durable.

Qui était compétent pour dissoudre ce lien ? Le Pape seul. Les précédents indiquaient que Louis XII

avait eu recours à Alexandre VI et Henri IV à
Clément VIII. Cela n'était pas contestable, mais
comment s'adresser à Pie VII, prisonnier du fait
de l'Empereur à Savone? Comment lui demander
d'évoquer cette cause, à lui qui avait fulminé
contre le demandeur une sentence d'excommunication?... Napoléon confia son embarras à Cambacérès. Le subtil légiste sourit presque des scrupules et des difficultés énoncés par son maître.
Sa Majesté n'avait pas besoin de soumettre au
Souverain Pontife l'annulation de son mariage.
N'y avait-il point à Paris une Officialité diocésaine
qui jugeait des cas de nullité? Il fallait, comme un
bon citoyen, lui soumettre tout simplement l'affaire.

Cette Officialité n'a pas été créée, comme divers
écrivains l'ont avancé, pour la cause impériale. La
Constitution avait bien enlevé à la puissance ecclésiastique la connaissance des affaires contentieuses
et amoindri l'autorité des Officialités[1]; mais l'Officialité de Paris, spécialement, avait repris ses fonc-

---

[1] Ainsi elles connaissaient autrefois des causes personnelles
entre ecclésiastiques ou entre ecclésiastiques et laïques, des matières purement spirituelles, de tout ce qui touchait à la foi, à la
doctrine, aux sacrements, au service divin, à la simonie, au crime
d'hérésie, à la discipline ecclésiastique, aux délits et crimes commis par les membres du clergé, etc. Depuis le Concordat, l'Officialité était le conseil placé près de l'évêque pour juger les dif-
férends survenus entre lui et les membres de son clergé, et les
questions concernant les mariages religieux.

tions en ce qui concernait la validité ou l'invalidité
des unions contractées devant l'Église.

Elle avait témoigné de son existence en déclarant, sur l'invitation de l'Empereur le 6 octobre
1806 et après le refus du Pape, la nullité du mariage contracté entre le mineur Jérôme Bonaparte
et la demoiselle Élisabeth Paterson. L'official du
diocèse de Paris, Pierre Boilesve (que nous retrou-
verons bientôt à l'œuvre), — après avoir ouï l'abbé
Rudemare, promoteur du diocèse, qui, lui aussi,
va participer à la dissolution du mariage impérial, — avait donné pour cause de l'annulation
du mariage Paterson l'omission des formes essentielles prescrites par les saints canons, lois, règlements, statuts et décisions de l'Église gallicane.
L'official avait relevé les parties stipulantes de
toutes promesses et de tout lien religieux. Jérôme
avait retrouvé sa liberté et l'Empereur avait obtenu
gain de cause, mais le Pape s'était refusé, en cette
circonstance, à la moindre concession. Il était
donc inutile, surtout après les derniers événements, d'avoir encore recours à lui. Toutefois, après
ce qui s'était passé pour le mariage de Jérôme, on
pouvait s'adresser à l'Officialité. On était sûr que
le promoteur et l'official ne soulèveraient pas de
difficultés. On le croyait du moins. En tout cas, il
fallait agir sans retard, car on savait que Metternich avait écrit de Vienne à Schwarzenberg : « Sa

Majesté ne donnera jamais son consentement à un
mariage qui ne serait pas conforme aux préceptes de
notre religion. » C'est ce que Schwarzenberg venait
de confirmer à Laborde.

« Le 22 décembre 1809, rapporte l'abbé Rudemare, dans le *Narré* que j'ai sous les yeux[1], les deux
officiaux de Paris, MM. Lejeas et Boilesve, et les
deux promoteurs, MM. Corpet et Rudemare, furent
invités à se rendre chez l'archichancelier, qui avait
auprès de lui le ministre des cultes, M. Bigot de
Préameneu. » Cambacérès les mit aussitôt au courant de ce qu'il attendait d'eux.

« Par un article inséré au sénatus-consulte du
16 de ce mois, leur dit-il, je suis, comme vous
l'avez pu voir, autorisé à poursuivre devant qui de
droit l'effet des volontés de Sa Majesté. L'Empereur ne peut espérer d'enfant de l'impératrice
Joséphine. Cependant, il ne peut, en fondant une
dynastie, renoncer à l'espoir de laisser un héritier
qui assure la tranquillité, la gloire et l'intégrité de
l'Empire qu'il vient de fonder[2]. Il est dans l'inten-

---

[1] Le *Narré de la procédure à l'occasion de la demande en
nullité du mariage de Napoléon et de Joséphine* est un imprimé
de seize pages, qui a été tiré à un très petit nombre d'exemplaires
et qui est devenu fort rare aujourd'hui. Le mien est revêtu de
notes et de la signature authentique de l'abbé Rudemare, ce qui
lui donne une valeur et un intérêt particuliers.

[2] « Pour régner en France, disait Napoléon à Rœderer, il faut

tion de se marier et veut.épouser une catholique. »
Cambacérès révélait ce fait plus de trois semaines
avant la décision officielle, ce qui démontre clairement que Napoléon avait renoncé depuis un
certain temps à l'alliance russe, c'est-à-dire depuis les entrevues de Laborde et de Schwarzenberg. « Mais auparavant, ajouta Cambacérès,
son mariage avec l'impératrice Joséphine doit
être annulé, et mon intention est de le soumettre
à l'examen et à la décision de l'Officialité. » On
juge de la surprise et de l'effroi des officiaux et
des promoteurs à cette nouvelle. Ils se récrièrent.
Cette cause si grave était une de celles qui, sinon
de droit, du moins de fait, étaient réservées au
Souverain Pontife. « Je ne suis pas, répondit
sèchement l'archichancelier, autorisé à recourir à
Rome. — Il n'est pas besoin, réplique l'abbé
Rudemare, de recourir à Rome pour avoir la décision du Pape. Il est à Savone. — Je ne suis pas
chargé de traiter avec lui, riposta Cambacérès ; et
dans les circonstances actuelles, cela est impos-

être né dans la grandeur, avoir été vu dès l'enfance dans un palais avec des gardes, ou bien être un homme capable de se dis-
tinguer lui-même de tous les autres. Je n'ai jamais entendu que
mes frères dussent être les héritiers naturels du pouvoir. Je les
ai considérés comme des hommes propres à préserver le pouvoir
de tomber, à la première vacance, dans une minorité. *L'hérédité, pour réussir, doit passer à des enfants nés au sein de la
grandeur.* » (4 novembre 1804. — Rœderer, t. III.)

sible. — Il y a à Paris, continua l'abbé Rudemare, nombre de cardinaux à qui l'on peut soumettre cette affaire. — Ils n'ont pas ici de juridiction. — Il existe ici une commission de cardinaux, archevêques et évêques assemblés relativement aux affaires de l'Église. — Ils ne forment pas un tribunal. L'Officialité en est un établi pour connaître de ces sortes d'affaires. — Oui, prince, entre particuliers ; mais la dignité éminente des personnes en cause ne permet pas à l'Officialité de se regarder comme un tribunal compétent. — Pourquoi donc ? Est-ce qu'il n'est pas libre à Sa Majesté de se présenter, si bon lui semble, devant un tribunal établi pour ses sujets et composé de ses sujets ? Qui peut lui en contester le droit [1] ? — Il le peut, mais cela est tellement contre l'usage, que nous ne pouvons prendre sur nous de nous regarder comme juges, à moins que ce comité ne décide sur notre compétence. Disposés que nous sommes à faire tout ce qui est en nous pour prouver à Sa Majesté tout notre dévouement, nous ne pouvons nous dispenser de prendre tous les moyens pour mettre

---

[1] Cambacérès répétait ce qu'il avait dit à Napoléon : « Vous n'êtes devant l'Église qu'un simple particulier qui vient demander l'annulation d'un mariage par lequel on a transgressé les règles canoniques, *et, comme il dépendra de vos gens d'affaires de dire à ce sujet tout ce qu'il vous plaira*, l'Officialité, sur le vu des pièces régulières et sur la déposition des témoins, vous déclarera libre. »

notre responsabilité à couvert et notre conscience
en repos. En nous chargeant de cette affaire, nous
devenons un spectacle au monde, aux anges et aux
hommes. — Mais, dit Cambacérès, nous ne voulons pas que cette affaire soit publique et que les
journaux anglais s'en saisissent. Toutes les pièces
en seront déposées dans la cassette de Sa Majesté[1],
et nous vous demandons le plus profond secret.
Le ministre des cultes vous fera passer la décision
que vous demandez. »

Puis l'archichancelier lut le projet de requête
qu'il était dans l'intention de soumettre au tribunal et dans lequel il présentait comme moyen de
nullité le défaut de présence du propre prêtre et
des témoins. Les officiaux observèrent que le mariage avait dû se passer dans les formes en 1796, et
que tout Paris avait cette opinion. Cambacérès leur
affirma que le samedi 1ᵉʳ décembre 1804, la veille
du sacre, l'Empereur, fatigué des instances de
l'Impératrice, avait dit au cardinal Fesch de leur
donner la bénédiction nuptiale, et que le cardinal
la leur avait donnée dans la chambre même de
l'Impératrice, sans témoins et sans curé. L'Empereur y avait été entraîné comme de force, car, pré-
voyant ce qui allait arriver, il n'avait jamais voulu
faire bénir son mariage. Ainsi il avait refusé for-

---

[1] Ce sont les pièces que j'ai étudiées aux Archives nationales,
AF^IV 1220.

mellement de consentir à cet acte religieux, lorsque la bénédiction nuptiale fut donnée, dans le
château, au roi et à la reine de Naples, au roi et à
la reine de Hollande, au duc d'Aremberg et à mademoiselle Tascher. Il s'y était résigné en 1804,
mais sans attacher d'importance à cette cérémonie.
Alors l'abbé Rudemare demanda l'acte de célébration. « Il n'y en a pas », répondit l'archichancelier.
Cette réponse était fausse, car le cardinal Fesch
avait délivré — comme on le verra — cet acte à
Joséphine. L'abbé Rudemare réclama l'acte de
baptême de l'Empereur. « Je ne l'ai pas, dit Cambacérès. — C'est pourtant une pièce qu'il nous est
prescrit de nous procurer. — Je ne puis vous la
procurer, mais je l'ai vue[1]. »

Comme les membres de l'Officialité paraissaient
ne pas se contenter de cette affirmation, Cambacérès se redressa. « Il me semble, fit-il avec hauteur, que la parole d'un prince doit vous suffire!...»
Nous voilà loin des grands jours de la Révolution,
où ce même Cambacérès décrétait que Louis XVI
avait encouru les peines établies par le Code pénal
contre les conspirateurs, où il qualifiait la condam-

---

[1] Un document, qui se trouve aux Archives nationales
(AF IV 1220), prouve que Regnaud de Saint-Jean d'Angely, en
qualité de secrétaire de l'état de la famille impériale, se préoccupait alors de recueillir les actes de naissance de l'Empereur, de
l'Impératrice, des princes et princesses.

nation capitale « d'acte qui serait gravé par le
burin de l'immortalité dans les fastes de l'histoire »,
demandait qu'une expédition du décret de mort
fût envoyée à l'instant même au conseil exécutif
« pour le faire exécuter dans les vingt-quatre heures », acceptait la mission de procéder à l'enlèvement des restes vénérables du Roi, rendait compte
de cette mission avec sang-froid, insistait sur la
nécessité d'organiser promptement le tribunal
révolutionnaire, s'associait à la proscription des
girondins et alléguait son civisme en invoquant
« le génie de Saint-Just!... » Il est vrai que son
frère le cardinal, archevêque de Rouen, faisait
dire chaque jour pour lui des messes nombreuses et
répandait de nombreuses aumônes « en expiation
de son vote lors de la condamnation du Roi ». Cambacérès y contribuait secrètement de ses deniers,
espérant écarter ainsi de pénibles remords. Mais
à présent, archichancelier, prince de l'Empire, duc
de Parme, Altesse Sérénissime, ayant dans ses
attributions la présidence perpétuelle du Sénat, il
quittait l'attitude humble et équivoque dont il
s'était servi à la Convention pour se glisser entre
les partis, et, devant les pauvres officiaux effrayés,
il s'écriait : « Il me semble que la parole d'un
prince doit vous suffire [1]!... » Ce n'est pas seule-

---

[1] « Vous devriez savoir pourquoi j'ai fait donner le *monseigneur* aux maréchaux de France, c'est-à-dire aux hommes les

ment l'égalité qu'il écarte aujourd'hui, c'est la
justice équitable et dûment renseignée. Il faut
aller vite. « Nous désirons, conclut-il, que cette
affaire se termine promptement et avoir le plus tôt
possible la décision du tribunal. — Mais, monseigneur, observa encore l'abbé Rudemare, cette
affaire doit absolument être instruite et jugée
comme celles de tous les sujets de Sa Majesté.

— Quoi! s'écria avec un étonnement ironique
Cambacérès, vous voulez suivre les formes? Tout
cela va traîner en longueur. J'ai été jurisconsulte.
Elles tuent le fond! — Quelquefois, monseigneur,
osa répondre l'abbé Rudemare, qui se conduisit
avec une certaine fermeté en cette circonstance;
mais elles servent beaucoup à conduire à la connaissance de la vérité, et nous ne pouvons nous y
soustraire sans que notre procédure soit frappée
de nullité. » On se sépara sur ces mots [1].

plus attachés aux principes républicains; c'était pour assurer à
la dignité impériale le titre de *Majesté*. Ils se sont trouvés dans
l'impossibilité de le refuser ou de le donner de mauvaise grâce,
quand ils ont vu qu'ils recevaient eux-mêmes un titre considérable. » (Entretien de Napoléon avec Rœderer, le 4 novembre 1804.)
— Cambacérès venait d'être nommé archichancelier, et l'un de ses
amis, M. d'Aigrefeuille, parlant intimement avec lui, s'empres-
sait de le gratifier de son nouveau titre. « Que vous m'appeliez
Altesse en public, observa Cambacérès, cela est très bien. Mais
en particulier ce cérémonial est inutile. Appelez-moi tout simplement: Monseigneur! »

[1] M. Lecoy de la Marche a cité une partie de ce dialogue dans
son récent ouvrage: *La guerre aux erreurs historiques*, paru

Du 24 au 25 décembre, l'Officialité n'entendit parler de rien. Le 26, le promoteur Rudemare écrivit à Cambacérès pour le prier de soumettre préalablement l'affaire aux lumières du comité assemblé chez le cardinal Fesch. L'Officialité diocésaine demandait à être fixée sur sa propre compétence, sur les formalités à remplir et sur la nécessité d'épuiser tous les degrés de juridiction. Elle protestait naturellement de ses égards et de sa déférence envers l'Empereur, mais elle ne voulait ni excéder ses pouvoirs ni sacrifier sa conscience.

Le 1ᵉʳ janvier 1810, M. Guieu, membre de la Cour de cassation, secrétaire des commandements de Madame Mère, mande à l'official qu'il est chargé d'une missive de l'archichancelier pour suivre auprès de l'Officialité une affaire dont l'urgence est extrême. Le 2 au matin, il apporte la requête de l'archichancelier, ainsi conçue :

« A Monsieur l'Official du diocèse de Paris,

« Jean-Jacques-Régis Cambacérès, prince archichancelier de l'Empire, duc de Parme,

« Expose que le sénatus-consulte du 16 de ce

chez Letouzey. Il s'est appuyé, un peu trop complaisamment, sur le livre touffu de M. d'Avannes, *Esquisses sur Navarre*.

mois a prononcé, du consentement de Leurs
Majestés l'Empereur et Roi Napoléon et l'Impératrice et Reine Joséphine la dissolution du mariage
prononcé entre eux.

« Le procès-verbal annexé au sénatus-consulte,
et dressé le 15 du même mois en présence de la
famille impériale, porte les pouvoirs à nous confé-
rés par Leurs Majestés de suivre, partout où besoin
sera et près de qui il appartiendra, l'effet de leurs
volontés.

« En exécution de ces pouvoirs, nous vous déclarons qu'il est à notre connaissance que la bénédiction nuptiale départie à Leurs Majestés n'a été
précédée, accompagnée ni suivie des formalités
prescrites par les lois canoniques et par les ordonnances, non plus que des conditions essentiellement nécessaires pour constituer un mariage valable.

« Le vice radical du mariage que nous vous
dénonçons est le défaut de lien résultant de l'absence d'un consentement mutuel que l'on doit
considérer comme la cause et le résultat des circonstances qui l'ont accompagné. Le consentement des parties, qui est la base de tous les con-
trats, est, suivant le langage de tous les canonistes,
*la cause efficiente du mariage, lorsqu'il est suffisam-
ment exprimé à l'extérieur.*

« Nous offrons la preuve de ce défaut de lien, sans

lequel il ne peut exister d'engagement, ni civil
ni religieux.

« En conséquence, au bénéfice de cette offre,
nous concluons à ce qu'il soit par vous dit et déclaré que ledit mariage a été mal et non valablement contracté, et qu'il sera comme tel réputé nul
et de nul effet *quoad fœdus*.

« CAMBACÉRÈS.

« Paris, le 30 décembre 1809 [1]. »

Le 2 janvier, l'official Boilesve communiqua
cette requête au promoteur Rudemare. Celui-ci
observa que la requête contenait « un nouveau
moyen qui, dit-il, nous surprit beaucoup : le
défaut de consentement de la part de l'Empereur ».
Il est à remarquer, en effet, que, le 22 décembre,
Cambacérès, devant les membres de l'Officialité,
s'était borné à invoquer, comme moyen de nullité,
le défaut de présence du propre prêtre et des
témoins. Il n'avait fait qu'une simple allusion à la
façon dont l'Empereur s'était laissé entraîner à la
cérémonie nuptiale. Cette fois, c'était un argument formel. Les objections que les officiaux lui
avaient alors adressées l'avaient convaincu que ce
motif ne suffirait pas pour annuler le mariage

---

[1] Pièce écrite sur papier timbré de 75 centimes. Massé,
notaire. — Arch. nat. AF[IV] 1220.

religieux. Il avait donc employé huit jours à découvrir un autre motif, s'inspirant des idées mêmes de
l'Empereur, et prouvant ainsi que son observation
précédente : « *Il dépendra de vos gens d'affaires de
dire à ce sujet tout ce qu'il vous plaira* », avait été
écoutée. D'ailleurs, le défaut de consentement, une
fois admis, ne laisserait à qui que ce fût le moindre doute sur l'invalidité du mariage contracté le
1ᵉʳ décembre 1804. C'était désormais le but à
atteindre.

L'Officialité, qui redoutait de compter parmi ses
justiciables le chef de l'État, parce que la majesté
du trône lui paraissait inconciliable avec les attributions d'un simple tribunal diocésain, insista sur
le recours aux lumières de la commission assemblée chez le cardinal Fesch. Le 3 janvier, le promoteur Rudemare formula une adresse à cette
commission. Il y était dit qu'avant de faire droit
à la requête de l'archichancelier, la question de la
compétence devait être éclaircie et la réponse des
évêques attendue.

Elle ne se fit pas attendre longtemps. Le même
jour, M. Guieu apporta la décision de la commission ecclésiastique, signée par le cardinal Maury,
le cardinal Caselli, évêque de Parme; Mgr de
Barral, archevêque de Tours; Mgr Canaveri, évêque de Verceil; Mgr Boulier, évêque d'Évreux;
Mgr Mannay, évêque de Trèves; Mgr Duvoisin,

évêque de Nantes. « Nous soussignés, disaient les
prélats, en réponse aux questions qui ont été pro-
posées par S. A. S. le prince archichancelier de
l'Empire, déclarons, après une mûre délibération
et à l'unanimité, à la suite du rapport qui nous a
été fait par ce grand dignitaire de l'Empire, procureur fondé de Leurs Majestés :

« 1° Qu'à défaut de consentement, prouvé juridiquement par-devant le tribunal compétent, le
mariage contracté entre Sa Majesté l'Empereur et
Roi et Sa Majesté l'Impératrice Joséphine est nul
de plein droit;

« 2° Que cette cause est de la compétence ordinaire de l'Officialité diocésaine ;

« 3° Qu'après la sentence de l'official diocésain,
il sera nécessaire, pour épuiser les degrés de juridiction, d'en interpeller appel à l'Officialité métropolitaine et ensuite à l'Officialité primatiale de
Lyon [1]. »

Cette décision avait été rendue le 1er janvier, ce
qui prouve que Cambacérès, se conformant à la
demande formulée par le promoteur général le
26 décembre, avait lui-même soumis la question à
la commission ecclésiastique, faisant valoir devant
elle un motif qu'il n'avait invoqué devant l'Officialité que le 2 janvier. Aussi, pour laisser croire à ce

[1] La minute originale de la décision des prélats est écrite de
la main de l'évêque de Verceil. — AF^{IV} 1220.

tribunal que ses scrupules avaient été écoutés, ne lui apporta-t-on la décision des prélats que le 3 janvier. Ceux-ci, — il faut le reconnaître et le dire sans crainte, — avaient fait preuve de faiblesse et de soumission insignes[1]. Leur décision surprit beaucoup l'abbé Rudemare. « Elle statuait, remarquait-il, sur un point sur lequel la commission n'avait certes pas été consultée, c'est-à-dire *qu'à moins que le consentement ne fût bien prouvé, le mariage était nul de plein droit!* Et elle ne disait rien sur la forme de procédure à suivre[2]. »

L'abbé Rudemare prit de nouveau lecture de la requête de Cambacérès et observa qu'elle était

---

[1] Ce fait nous rappelle que dernièrement, au sujet du divorce pendant entre le roi et la reine de Serbie, le métropolite Théodore avait conseillé au roi Milan de rassembler un synode qui obéirait à ses volontés. Le synode a été plus ferme que l'Officialité. Mais le métropolite Théodore a été aussi complaisant que le cardinal Maury.

[2] Cette décision servile est analogue à la sentence rendue dans la cause matrimoniale de la comtesse Kinski. Il s'agissait d'une dispense de mariage ratifié et non consommé. Le Pape seul avait le droit de juger cette affaire. La délégation était donnée à l'archevêque de Prague pour informer le procès. La cause devait être ensuite jugée par le Pape, après le vote d'une congrégation cardinalice. « L'archevêque de Prague trahit indignement ses devoirs les plus sacrés. Il instruisit le procès et se déclara pour la nullité du mariage. Cet arrêt était sans valeur et très inique. La comtesse Kinski se maria de nouveau. Le Pape adressa un bref très sévère à l'archevêque de Prague. Il annula sa sentence et les secondes noces. Il écrivit encore au cabinet de Vienne, mais il parlait à des sourds... » (Voy. *Mémoires Consalvi*, t. II p. 289 à 293.)

« entortillée et presque inintelligible ». M. Guieu
ne se laissa pas décontenancer. « Les déclarations
des témoins, dit-il, mettront le tribunal au fait de
tout. » Alors il exposa l'affaire, à peu près comme
l'avait fait le prince archichancelier [1], « avec cette
différence que, laissant presque de côté le défaut
de présence de témoins et de curé, il insista beaucoup sur le défaut de consentement, qu'il repré-
senta *comme un consentement simulé, donné seulement pour contenter l'Impératrice* ». Il nomma les
témoins qu'il voulait faire entendre. C'étaient
Duroc, duc de Frioul, Berthier, prince de Neufchâtel, le prince de Talleyrand, vice-électeur, et
le cardinal Fesch, grand aumônier. L'official, d'accord avec le promoteur, se résigna à faire l'enquête nécessaire. Ils résolurent tous deux de se
renseigner, par titres ou par témoins, sur les deux
points suivants :

« 1° Que la bénédiction nuptiale départie à
Leurs Majestés n'avait été précédée ni suivie des
formalités prescrites par les lois canoniques et les
ordonnances;

« 2° Qu'il n'y avait pas eu de la part de Sa
Majesté l'Empereur et Roi consentement à ce mariage. »

Ils fixèrent l'enquête au samedi 6 janvier. Ce

---

[1] Narré de l'abbé Rudemare.

jour-là, à onze heures du matin, l'official Boilesve
et le greffier Barbié se transportèrent chez les
témoins. Ils commencèrent par le cardinal Fesch,
puis ils allèrent successivement chez Berthier,
Duroc et Talleyrand [1].

[1] Le procès-verbal signé par l'official Boilesve et le greffier
Barbié porte que c'est sur l'invitation de M. Guieu, autorisé de
S. A. S. le prince archichancelier de l'Empire, procureur fondé
de Leurs Majestés, qu'ils ont procédé à l'audition des témoins.

CHAPITRE VI

L'ENQUÊTE DE L'OFFICIALITÉ.

Le cardinal Fesch, déférant à la prière de l'official diocésain, lui remit une déclaration qu'il signa en sa présence. Sur la remarque faite par l'official qu'il ne voyait pas d'acte de célébration de mariage, Son Éminence répondit qu'il n'y en avait point, pour les raisons exposées dans sa dé-claration. Nous la donnons *in extenso,* — comme celle des autres témoins, — parce qu'elle consti-tue un document des plus précieux pour l'his-toire.

« Plusieurs fois, affirme le cardinal, Sa Majesté l'Impératrice m'avait engagé à m'intéresser auprès de Sa Majesté l'Empereur pour obtenir la béné-diction de leur mariage, mais ce ne fut que la veille du couronnement que l'Empereur, me fai-sant appeler vers une ou deux heures de l'après-midi, me dit que l'Impératrice voulait absolument recevoir la bénédiction nuptiale et que, pour la

tranquilliser, il s'était décidé à m'appeler. Mais il
me protesta qu'il ne voulait point de témoins et
qu'il exigeait sur toute cette affaire un secret aussi
absolu que celui de la confession. Je dus lui répondre : « Point de témoins, point de mariage. »
Mais voyant qu'il persistait à ne vouloir point de
témoins, je lui dis que je n'avais point d'autres
moyens que de me servir de dispenses, et montant
aussitôt chez le Pape, je lui représentai que très
souvent j'aurais besoin de recourir à lui pour des
dispenses, et que je le priais de m'accorder toutes
celles qui me devenaient quelquefois indispensables
pour remplir les devoirs de grand aumônier ; et le
Saint-Père adhérant à ma demande, je me rendis
à l'instant chez Sa Majesté l'Empereur avec un
rituel pour donner la bénédiction nuptiale à Leurs
Majestés, ce qui fut fait vers quatre heures de
l'après-midi [1]. Deux jours après environ, l'Impératrice me demanda un certificat de l'administration de cette bénédiction nuptiale, mais elle-même

---

[1] Voici quelle fut la formule du mariage religieux. Le cardinal
s'adressant à Napoléon, lui dit : « Sire, vous déclarez reconnaître
et jurez devant Dieu et en face de sa sainte Église, que vous
prenez maintenant pour femme et légitime épouse, Joséphine-
Rose Tascher de la Pagerie, veuve Beauharnais, ici présente ? »
Et l'Empereur répondit *oui*. L'officiant continua : « Vous pro-
mettez et jurez de lui garder fidélité en toutes choses, comme un
fidèle époux le doit à son épouse, selon le commandement de
Dieu ? »
Et l'Empereur répondit *oui*. Mêmes formules pour l'Impéra-

ne doutant pas qu'elle lui avait été accordée pour
calmer sa conscience et que cet acte devait rester
sous le plus inviolable secret, je lui fis connaître
l'impossibilité où j'étais de lui accorder ce qu'elle
me demandait.

« Néanmoins, m'ayant assuré que l'Empereur
consentait à ce que ce certificat lui fût donné, je
crus devoir acquiescer à sa demande ; mais quelle
fut ma surprise, lorsqu'ayant dit ce que j'avais
fait à l'Empereur, j'en reçus de très sévères reproches et qu'il me dévoila que tout ce qu'il avait fait
n'avait d'autre but que de tranquilliser l'Impératrice et de céder aux circonstances ! Il me déclara
qu'au moment où il fondait un Empire, il ne pouvait pas renoncer à une descendance en ligne
directe.

« En foi de quoi, j'ai donné la présente déclaration pour valoir ce que de droit.

« Paris, 6 janvier 1810.

« J'approuve l'écriture ci-dessus :

« † Cardinal FESCH.

« Parafé :

« BOILESVE, *official* [1]. »

---

trice. Après quoi l'officiant prononça solennellement le « *Ego
conjungo vos* ». — M. Lecoy de la Marche, dans son ouvrage *La
guerre aux erreurs historiques,* appelle cette bénédiction *une
bénédiction sommaire.* Le mot peut être piquant ; mais la bénédiction n'en est pas moins valable.

[1] AF[IV] 1220. — La déclaration est tout entière de la main

6.

Examinons un peu et de près cette déclaration.
Le cardinal reconnaît que sans témoins il n'y a
point de mariage, mais qu'il a demandé au Pape
toutes les dispenses qui lui étaient nécessaires pour
remplir les devoirs de grand aumônier, et que le
Pape les lui a accordées. Si cela est, — et c'est
l'histoire même, — comment le mariage pourrait-il
être reconnu non valable, puisque toutes les dispenses avaient été données au célébrant? Le Pape
avait concédé les dispenses en connaissance de
cause, car l'Impératrice lui avait révélé à lui-même
sa situation et l'avait supplié de faire bénir son
mariage. Donc la célébration s'est opérée en règle.
Le cardinal Fesch avoue qu'il a remis, deux jours
après, le certificat du mariage à l'Impératrice, et il dit
ensuite à l'official qu'il n'y a point d'acte de célébration!... Enfin il parle de son étonnement, lorsque l'Empereur « lui *dévoila* que tout ce qu'il avait
fait n'avait d'autre but que de tranquilliser l'Impératrice ». Mais il oublie qu'il a dit lui-même, au
début de sa déclaration, que l'Empereur s'était dé—

d'un scribe. La date et l'approbation sont du cardinal Fesch,
qui, troublé, avait écrit : « 6 janvier 1809. » Quelques observations sont à faire sur la matérialité de ce document si important.
Le « j'aurai besoin de recourir à lui (au Pape) » avait été mis pri-
mitivement au conditionnel. La phrase « je lui fis connaître l'impossibilité où j'étais de lui accorder ce qu'elle me demandait » a
été ajoutée après coup. On devine que cette addition a été faite
pour atténuer l'imprudence du cardinal dans la remise du certificat de célébration.

cidé à l'appeler, la veille du couronnement, « pour
tranquilliser l'Impératrice ». Il oublie qu'il a dit
lui-même que « cette bénédiction lui avait été
accordée pour calmer sa conscience... »

Le cardinal paraît fort surpris d'entendre
l'Empereur lui affirmer, après le mariage, « qu'il
a cédé aux circonstances, et qu'il ne pourrait pas
renoncer à une descendance en ligne directe » ;
or, il ne manifesta pas la même surprise lorsque,
la veille du sacre, l'Empereur lui déclara consentir à la bénédiction nuptiale, mais sans témoins[1].
Cette exigence lui avait cependant prouvé que
Napoléon voulait entourer l'acte d'irrégularités
majeures, afin de le faire invalider plus tard. Mais
encore une fois, le cardinal Fesch avait réclamé et
obtenu les dispenses nécessaires de la seule autorité qui pouvait les accorder, c'est-à-dire du Souverain Pontife lui-même. Alors, que signifiait la
déclaration ? Quelle valeur avait-elle ?... Elle se
ressentait des hésitations habituelles au cardinal.
Blâmait-il l'Empereur ? Certes non. L'approuvait-
il ? On ne le voyait guère. Jugeait-il le mariage

---

[1] Que devient donc l'affirmation du prince Napoléon qui a rapporté récemment que Napoléon et Joséphine furent unis par le cardinal Fesch, devant Talleyrand et Berthier ? M. Thiers, après avoir
cru aux témoins, a nié ensuite leur présence. (Voir tome XI de
l'*Histoire du Consulat et de l'Empire*.) Madame de Rémusat
parle de deux aides de camp qui assistaient au mariage secret.
C'est encore une fiction.

nul ? On ne pouvait le savoir... Il rejetait en somme
toute la responsabilité de la décision sur l'Officialité, alors qu'il aurait dû se prononcer en personne.

Le biographe du cardinal Fesch dit qu'il avait
cru être suffisamment autorisé par des pouvoirs
généraux, tandis qu'il fallait une délégation
spéciale aux termes de la jurisprudence canonique. Il est vrai que le cardinal n'a pas donné
ses motifs au Pape en réclamant les dispenses,
mais il savait que c'était chose superflue, puisque le Pape les connaissait à l'avance. Fesch a,
devant lui, invoqué sa charge et ses devoirs de
grand aumônier. C'était assez explicite. « Le cardinal se trompa-t-il ou ne se trompa-t-il pas?
dit l'abbé Lyonnet. C'est une question qu'il ne
nous appartient point de décider. La postérité n'a
pas encore commencé pour prononcer sur des
matières si délicates et si difficiles. Il faut attendre
que l'esprit de parti ne s'en mêle plus pour juger,
au point de vue de l'histoire, cette controverse
matrimoniale [1]. » Eh bien, sans le moindre esprit
de parti, avec le sentiment de la plus complète
impartialité, je dis qu'il ressort de la déclaration
du cardinal Fesch qu'il ne voulut pas procéder
au mariage sans avoir l'autorisation du Pape ; je
dis qu'il a cru la célébration si valable, qu'il en a

---

[1] *Le Cardinal Fesch,* par l'abbé Lyonnet, 1851, 2 vol.

délivré un certificat à l'Impératrice; je dis que ce
certificat avait une telle valeur, que les agents de
Napoléon employèrent toute leur habileté pour le
surprendre plus tard aux mains de Joséphine [1]; je
dis enfin que les précautions prises par l'Empereur
pour infirmer à l'avance son consentement étaient,
— ainsi que cela sera démontré plus loin, — des
précautions sans grande utilité. Je regrette que le
cardinal n'ait pas, en 1810, lors de sa déclaration,
montré la franchise et l'énergie qu'il déploiera,
deux ans plus tard, pour défendre la cause du Pape,
aux risques de sa fortune et de sa personne.

Les témoins se rendent ensuite chez le prince de
Neufchâtel, qui leur atteste, sans vergogne, qu'il n'y
a point eu d'acte de mariage.

« Nous déclarons en notre âme et conscience,
dit Berthier, et sous la foi du serment, qu'il est à
notre connaissance que, lorsque Leurs Majestés le
roi et la reine de Hollande reçurent la bénédiction nuptiale de M. le cardinal Caprara, Sa Majesté
l'Empereur ne voulut pas profiter de cette circonstance pour faire bénir le mariage civil qu'il avait
contracté avec Sa Majesté l'Impératrice Joséphine [2];

---

[1] Voy. Thiers, *le Consulat et l'Empire*, t. XI. — Madame de
Rémusat se trompe, quand elle affirme que Joséphine conserva
ce certificat.

[2] C'est ce qu'avait déclaré Cambacérès aux officiaux, le 22 décembre 1809.

« Que nous savons également qu'à l'époque du couronnement, Leurs Majestés avaient reçu la bénédiction nuptiale, sans que cette cérémonie eût été faite avec les solennités prescrites en présence des témoins nécessaires ;

« Que cette forme extraordinaire n'avait été suivie que par la volonté expresse de l'Empereur, qui n'avait pas voulu qu'on tînt acte de ladite bénédiction nuptiale ;

« Que nous avions eu plusieurs fois l'occasion d'entendre dire à Sa Majesté qu'il n'avait pas voulu s'engager et qu'il ne se croyait nullement lié par un acte qui n'avait ni le caractère ni les solennités prescrites.

« En foi de quoi, nous avons signé la présente déclaration pour servir et valoir ce que de droit.

« Fait en notre palais à Paris, le six janvier mil huit cent dix.

« *Le prince, vice-connétable de l'Empire,*

« ALEXANDRE.

« Parafé :

« BOILESVE, *official*[1]. »

Comment Berthier a-t-il pu écrire et signer une semblable déclaration ? Ne voyait-il pas qu'il por-

---

[1] AF^{IV} 1220.

tait ainsi le plus grand préjudice à l'Empereur?
Son zèle de courtisan lui fermait donc les yeux !...
Il affirmait, sur l'honneur, que Napoléon avait eu
soin d'exclure les témoins de la cérémonie religieuse pour rendre *volontairement* la cérémonie
nulle. Il affirmait que plusieurs fois l'Empereur
aurait attesté qu'il ne se croyait pas lié par cet
acte. Écrire cela, c'était soutenir que son maître
avait sciemment trompé et l'Église et l'Impératrice...
Mais, au fond, qu'importaient les scrupules à Berthier? On lui demandait de la complaisance, il en
donnait largement. Il faisait besogne de flatteur et
non œuvre de serviteur consciencieux et fidèle.
Quatre ans après, chargé d'honneurs par Napoléon
qui l'avait nommé maréchal de l'Empire, vice-connétable, grand veneur, prince de Wagram et de
Neufchâtel, chef de la première cohorte de la Légion d'honneur, duc de Valengin, major général
de la grande armée, il approuva la déchéance de
l'Empereur, prêta serment de fidélité à Louis XVIII
et entra dans Paris, cavalcadant à la portière de la
voiture royale, n'ayant d'autre souci que d'ajouter
à ses anciens titres ceux de capitaine des gardes et
de pair de France. Il étonna les Français par la
rapidité et l'étendue de son ingratitude[1]. Aux Cent-

---

[1] « J'ai été trahi, disait Napoléon, par Berthier, véritable oison
que j'avais fait une espèce d'aigle. » Cet oison touchait, grâce
aux libéralités impériales, plus de douze cent mille francs par an.

Jours, Napoléon s'attendait à quelques sollicitations de sa part : « Je ne veux, disait-il ironiquement, d'autre vengeance de cet imbécile de Berthier que de le voir dans son costume des gardes de Louis XVIII[1]!... » Il n'eut pas ce plaisir.

Le brave Duroc consentit à reconnaître, lui aussi, mais presque à son insu, le peu de scrupules de l'Empereur lors de la cérémonie religieuse du 1er décembre 1804.

« Je soussigné, dit-il, déclare en mon âme et conscience et sous le serment, qu'il est à ma connaissance que Sa Majesté l'Empereur et Roi a manifesté en diverses circonstances l'intention de ne point donner de formes canoniques à son mariage avec l'impératrice Joséphine ;

« Que depuis l'époque de décembre 1804, à laquelle on a prétendu qu'il avait été donné une bénédiction nuptiale, il nous a été dit par S. M. l'Empereur et Roi qu'il n'avait point entendu se lier par des formes clandestines et destituées de tout ce qui constitue un mariage régulier ; qu'il ne s'était prêté aux sollicitations qui lui avaient été faites à cette époque que parce qu'il avait considéré cette cérémonie comme un acte de pure circonstance qui devait être sans effet pour l'avenir.

[1] On sait que Berthier hésita cette fois entre l'Empereur et le Roi. Un accès de fièvre chaude le délivra deux mois après de ces perplexités. Il mourut le 1er juin à Bamberg.

« En foi de quoi, j'ai signé et délivré le présent.

« Aux Tuileries, le 6 janvier 1810.

« Duroc, *duc de Frioul,*

grand maréchal du palais impérial.

« Parafé :

« Boilesve, *offcial*[1]. »

La déclaration de Duroc ressemble à celle de Berthier, mais il n'y a rien de commun entre Berthier et Duroc. Le duc de Frioul était la fidélité même. Ce vaillant officier, intime confident de l'Empereur, ne sut pas refuser ce qui lui fut demandé en cette circonstance. Il crut, lui, avec une bonne foi réelle, qu'il n'y avait aucun mal à avouer que Napoléon avait considéré la cérémonie religieuse comme un acte sans conséquence pour l'avenir. Il laissa tranquillement sacrifier Joséphine, se rappelant peut-être qu'elle l'avait jadis refusé pour gendre. On ne peut donc lui reprocher qu'un excès de zèle motivé par un dévouement aveugle.

L'official se présenta ensuite chez Talleyrand. Celui-ci lui remit la déclaration qu'on va lire :

[1] AF[IV] 1220.

« Nous Charles-Maurice Talleyrand-Périgord, vice-grand électeur de l'Empire, prince de Bénévent, etc., etc.

« Déclarons en notre âme et conscience et sous la foi du serment, qu'il est à notre connaissance qu'avant le mois de décembre dix-huit cent quatre, Sa Majesté l'Empereur et Roi a plusieurs fois manifesté la résolution invariable qu'il avait prise de ne point ajouter le lien religieux au mariage civil qu'il avait contracté depuis quelques années avec Sa Majesté l'Impératrice Joséphine : cette résolution tenant à des circonstances éventuelles qui pouvaient l'obliger dans son opinion à sacrifier toutes ses affections personnelles;

« Que depuis le mois de décembre mil huit cent quatre, on avait répandu que la bénédiction nuptiale avait été donnée à Leurs Majestés Impériales et Royales [1]; mais que plusieurs fois, il a été dit devant nous par Sa Majesté l'Empereur que la bénédiction qu'il s'était laissé donner quelques jours avant le couronnement, ne pouvait être un obstacle à ce qu'il prévoyait devoir faire un jour dans l'intérêt de sa couronne; qu'il ne se croyait par conséquent autrement lié par une cérémonie qui n'avait été ni précédée ni accompagnée d'aucune des conditions substantielles du mariage prescrites par

---

[1] Par cette manière de raconter les faits, Talleyrand démontre qu'il n'assistait pas comme témoin au mariage religieux.

les lois canoniques, telles que la présence du
propre pasteur et l'assistance.requise des témoins;

« Déclarons en outre qu'il est à notre connaissance qu'il n'existe aucun acte de célébration de
mariage;

« En foi de quoi, nous avons signé la présente
déclaration pour servir et valoir ce que de droit.

« Fait à Paris, le six du mois de janvier dix-huit cent dix.

« Charles-Maurice TALLEYRAND-PÉRIGORD,
vice-grand électeur de l'Empire,
prince de Bénévent.

« Parafé :

« BOILESVE, *official*[1]. »

C'était en son âme et conscience que le subtil
diplomate certifiait tous ces faits. J'avoue que c'est
beaucoup, mais ce n'est point encore assez. Sur
quoi reposent ses assertions?... Sur des propos de
l'Empereur, sur un consentement forcé, sur l'absence du propre pasteur et des témoins; en
somme, sur les raisons qu'ont déjà données Fesch,
Berthier et Duroc. Mais le propre pasteur était inutile, puisque Fesch avait obtenu du Pape toutes
les dispenses. Talleyrand ne pouvait l'ignorer.

[1] AF[IV] 1220. — Cette pièce est tout entière de la main de
Talleyrand.

En sa qualité d'ancien évêque, il connaissait
l'étendue de la puissance spirituelle du Saint-Père.
Quant à l'acte de célébration, il avait existé, puisqu'on était parvenu à le retirer des mains de Joséphine. Enfin, il ne suffisait pas d'attester que l'Empereur n'avait point entendu se lier, la loi religieuse
et ses obligations étant naturellement au-dessus des
appréciations et des atteintes de l'Empereur [1].

En résumé, les dépositions des quatre témoins
cités par Cambacérès ne renfermaient pas ce qu'on
peut appeler des assertions irréfutables. Elles invoquaient toutes le défaut de consentement fondé
sur le dire de Napoléon. Mais ces quatre cer-
tificats avaient le malheur d'arriver après six
années de silence, ayant tout l'air d'avoir été fa-
briqués sur commande. Ils invoquaient à peu près
les mêmes faits et contenaient presque les mêmes
formules [2]. Et comment leurs auteurs auraient-
ils pu les refuser à un maître aussi impérieux et

---

[1] Les contemporains et les membres de la famille impériale
ont cru à la présence de Talleyrand et de Berthier à la cérémonie religieuse. Quoi qu'il en soit, Talleyrand, en cette circonstance comme dans nombre d'autres, avait été un ministre complaisant et intéressé. Il avait, en 1808, conseillé le mariage russe
et obtenu dans ses négociations la main de la princesse de Cour-
lande pour son neveu, Edmond de Périgord. En 1810, il conseil-
lera le mariage autrichien et il saura se concilier la reconnaissance de Metternich et de son auguste maître. — Voir Helfert,
Marie-Louise. App.

[2] Cela devient de la dernière évidence, lorsqu'on les place les
uns à côté des autres.

aussi redoutable que Napoléon? Que leur faisait
d'ailleurs Joséphine et ses doléances? Ils étaient
tout prêts à se montrer aussi empressés vis-à-vis de
la nouvelle impératrice, qu'ils s'étaient montrés
obséquieux et flatteurs vis-à-vis de l'ancienne. Puis
ils se retranchaient dogmatiquement dans l'intérêt
de la patrie, l'avenir de la dynastie, la raison
d'État.

Le 6 janvier, l'official diocésain fit réunir les dépositions et déclara qu'elles devaient être remises
au promoteur général pour donner ses conclusions.
Le lendemain, dimanche 7 janvier, à midi, un
commissionnaire apporta à l'abbé Rudemare une
lettre de M. Guieu. Le secrétaire des commandements de Madame Mère avertissait le promoteur
général que ses conclusions étaient attendues pour
le 8 janvier, à onze heures. M. Guieu le menaçait
en même temps de la colère de l'Empereur, si la
sentence n'était pas rendue au jour indiqué et à
l'heure dite. Cet ordre était le plus irrésistible des
arguments. De son côté, l'official métropolitain
Lejeas écrivait dans le même sens à l'abbé Rudemare. Le pauvre promoteur passa la nuit à travailler et fut prêt. Mais sans indiquer un seul motif,
M. Guieu fit remettre tout à coup la séance de
l'Officialité au mardi 9. L'abbé Rudemare profita
de ce répit pour communiquer ses décisions à
l'abbé Desjardins, docteur de Sorbonne, ancien vi-

caire général d'Orléans et curé des Missions étrangères; à M. Laget-Bardelin, avocat du clergé, et à
M. l'abbé Émery, docteur de Sorbonne et supérieur
du séminaire Saint-Sulpice. L'abbé Rudemare
affirme que ces messieurs approuvèrent ses conclusions. En ce qui concerne l'abbé Émery, nous
croyons que le savant et scrupuleux sulpicien a pu
reconnaître la régularité de la procédure suivie par
l'Officialité. C'est ce qui ressort d'une de ses lettres
à M. Girod de l'Ain, citée par l'abbé Gosselin [1]. Mais
il n'est pas établi pour cela que l'abbé Émery ait
approuvé toutes les conclusions de l'abbé Rudemare.
La lettre contient ces mots en provençal qui ont
été négligés jusqu'ici et qui en disent long dans
leur originalité : *No vezen ore ben des tiuses que nos
pares navion gen viu :* « Nous voyons maintenant
bien des choses que nos parents n'avaient jamais
vues [2]. »

Sous cette forme humoristique, l'abbé Émery
peignait toute la surprise où l'avaient jeté les nouvelles exigences de Napoléon.

Le mardi 9 janvier, à midi, le tribunal de l'Officialité se réunit en son prétoire installé dans l'ancienne chapelle haute de l'Archevêché. M. Guieu
était présent. Il prit la parole. « Après qu'il eut
extravagué pendant une demi-heure et plus,

---

[1] *Vie de M. Emery*, t. II.
[2] Papiers du séminaire de Saint-Sulpice.

rapporte l'abbé Rudemare, sur le non-consentement de l'Empereur, disant qu'il n'avait jamais eu l'intention de contracter *et faisant valoir, en faveur d'un homme qui nous fait tous trembler, un moyen de nullité qui ne fut jamais invoqué utilement que par un mineur surpris ou violenté,* je fis un rapport et donnai mes conclusions. »

La question portée au tribunal de l'Officialité, étant unique dans son espèce, paraissait au promoteur aussi difficile qu'importante. L'abbé Rudemare n'avait pour le guider ni l'autorité des précédents ni celle des jurisconsultes. Il faisait donc appel à sa conscience et à son dévouement pour Sa Majesté Impériale. Mais ce dévouement dont il faisait profession augmentait les difficultés, car il tremblait de surprendre en lui-même un mouvement de zèle pour la personne, là où il ne devait considérer que la cause spéciale. « Il ne craindrait pas d'avouer, disait-il, qu'il conclurait plus hardiment en faveur de Sa Majesté, s'il désirait moins de lui plaire. »

L'information de l'Officialité avait porté sur les deux faits relevés par la requête de Cambacérès :

« 1° Bénédiction nuptiale départie sans les formalités prescrites par les lois canoniques et les ordonnances ;

« 2° Défaut de consentement de l'Empereur à ce mariage. »

Le tribunal avait dû s'éclairer par des témoins.

Trois d'entre eux s'accordaient à dire que la « bénédiction nuptiale, si elle avait eu lieu entre Leurs
Majestés, avait eu lieu sans consentement véritable
de Sa Majesté l'Empereur, sans propre prêtre, sans
témoins et sans pièce authentique qui constatait
son existence ». Ces trois témoins étaient Berthier,
Duroc et Talleyrand.

L'abbé Rudemare fait alors observer que si l'on
s'en tient aux trois déclarations susdites, il n'y a
pas lieu de déclarer le mariage valablement ou non
valablement fait : il serait non avenu. Le promoteur conclurait qu'il n'y a lieu à jugement, puisqu'il
n'existe aucun monument ni écrit ni testimonial de
mariage entre Leurs Majestés.

Mais la déclaration du cardinal Fesch permet de
considérer la cause sous un autre aspect. « Ici, dit
l'abbé Rudemare, c'est un témoin et le ministre
même de la bénédiction nuptiale. Sa déclaration
est un monument qui l'établit incontestablement.
Il en a même délivré le certificat à l'Impératrice. »
La question se présentait donc tout entière, et
l'Officialité avait à examiner si la célébration avait
été revêtue des formalités prescrites sous peine de
nullité par les saints canons et les ordonnances, et
si le défaut allégué était tel qu'il pût motiver une
sentence de nullité. L'abbé Rudemare rappelle
alors que les lois de l'Église et de l'État prescri-
vent, sous peine de nullité du lien conjugal, que la

célébration ait lieu devant le propre prêtre et en présence de deux témoins. L'absence de ces témoins était attestée par les quatre déclarations. La bénédiction nuptiale donnée par le cardinal grand aumônier constatait par elle-même le défaut du propre prêtre. Mais pouvait-on oublier que le Pape avait accordé toutes les dispenses au cardinal Fesch?... Le promoteur général fait ici une distinction qu'il nous paraît difficile d'admettre. « Son Éminence n'ayant demandé que les dispenses qui lui devenaient quelquefois indispensables pour remplir ses devoirs de grand aumônier, et *n'ayant point particularisé et nominativement spécialisé les fonctions extraordinaires et curiales qu'il allait exercer auprès de Sa Majesté,* n'a pu recevoir et n'a reçu ni la dispense des témoins ni le pouvoir de se substituer au curé... » Si cette distinction était fondée, il faudrait supposer que le cardinal Fesch en réclamant « toutes les dispenses qui lui devenaient quelquefois indispensables pour remplir les devoirs de grand aumônier », et en ne spécialisant pas ces dispenses, a sciemment trompé le Pape. Sa conduite ultérieure a prouvé le contraire. Il faudrait supposer encore que Pie VII, qui avait reçu les confidences de Joséphine, aurait ignoré quelles dispenses il accordait à ce moment au cardinal Fesch. Or, il savait ce dont il s'agissait et n'avait pas besoin de questionner à ce sujet le cardinal. Il

7.

faudrait enfin admettre que le Pape et le cardinal
ont volontairement violé les lois religieuses pour
donner, d'une part, satisfaction à Joséphine et
permettre, de l'autre, à Napoléon de tourner en
dérision une cérémonie où s'administrait un sacrement. Est-ce croyable?... Contrairement à ce que
pense l'abbé Rudemare, l'Officialité ne pouvait
donc pas être convaincue sur le premier point de
l'enquête, c'est-à-dire sur l'absence des témoins et
du propre prêtre.

Arrivé au second point, — le défaut de consentement, — le promoteur général est encore
plus embarrassé. Il parle de difficultés et d'obscu-
rités. Il ne doute pas toutefois que l'Empereur ne
se soit prêté à la célébration qu'avec répugnance;
il reconnaît qu'il a cédé aux instances de l'Impératrice, sans vouloir cependant se lier par un engagement indissoluble. « Mais il est difficile, ajoute-
t-il, d'établir suffisamment qu'il y ait eu défaut du
consentement nécessaire à la formation du lien. La
question se réduit à savoir si l'intention formelle
de ne point se lier irrévocablement était un obstacle invincible à la formation du lien, ou si le
consentement donné à la célébration suffisait pour
en produire les effets essentiels, nonobstant toute
intention contraire... » Je conçois que le pauvre
abbé se soit écrié : « Question abstruse et très
difficile à résoudre en droit comme en fait!... » et

qu'il n'ait pas trop insisté sur ce moyen de nullité qui « ne pouvait être invoqué utilement que par un mineur surpris ou violenté » .

Comment s'en tirer? L'abbé Rudemare revient au défaut de témoins qui, par lui-même, constitue un vice emportant nullité. Alors une autre difficulté grave surgit. « Un défaut de formalités ne peut être favorable à celui qui l'a produit librement. » Ce qui veut dire : l'Empereur, ayant pris ses mesures pour empêcher les témoins d'assister à son mariage, devait en conscience appeler les témoins et renouveler devant eux son consentement. « Les tribunaux, établit le promoteur, ont coutume de juger en pareil cas que le mariage a été mal et non valablement contracté par défaut d'une formalité essentielle, mais d'enjoindre en même temps aux parties de couvrir incontinent ce défaut, en renouvelant légalement leur consentement. » L'abbé Rudemare ajoute avec une certaine malice : « Il se pourrait bien qu'il n'y eût pas lieu d'insister sur la réhabilitation » ; et, faisant allusion à des raisons majeures qui sortent de l'ordre commun, « à des raisons d'État par exemple » , il se demande si M. l'official ne doit pas admettre dans sa sagesse que les circonstances l'autorisent à s'écarter sur ce point des règles de son tribunal. Quant à lui, ne voulant pas fonder sa sentence sur le défaut de consentement, il préfère s'en rapporter à la déclaration du cardinal Fesch et lui laisser toute la responsabilité. Affirmant ensuite qu'il a vu la demande en nullité de mariage de Napoléon et de Joséphine, le sénatus-consulte du 16 décembre, la décision des sept prélats, la requête de Cambacérès, le procès-verbal d'enquête et les dépositions des témoins, il estime :

« 1° Que le mariage entre Leurs Majestés doit être regardé comme nul et non valablement contracté et nul *quoad fœdus,* faute de la présence du propre prêtre et de celle des témoins voulus par le concile de Trente et les ordonnances ;

« 2° Que les parties doivent cesser de se regarder comme époux jusqu'à réhabilitation ;

« 3° Que lui, promoteur, doit s'en rapporter, comme de fait il s'en rapporte, à la sagesse de M. l'official, pour prononcer, s'il y a lieu, dans les circonstances majeures où nous sommes et pour raison d'État, à déclarer Leurs Majestés libres de cet engagement avec faculté d'en contracter un autre. »

L'official diocésain, Pierre Boilesve, ayant reçu l'avis de l'abbé Rudemare, rendit, le mardi 9 janvier, une sentence par laquelle, ayant reconnu *« la difficulté de recourir au chef visible de l'Église, à qui a toujours appartenu de fait de connaître et de prononcer sur ces cas extraordinaires »*, il déclarait nul et de nul effet le mariage contracté

entre l'empereur et roi Napoléon, l'impératrice et
reine Joséphine, et les prononçait libres de cet
engagement avec la faculté d'en prendre un autre.
La sentence se terminait ainsi :

« Disons que Leurs Majestés ne peuvent plus se
hanter ni se fréquenter, sans encourir les peines
canoniques ;

« Déclarons en outre aux parties qu'à raison de
la contravention par elles commise dans la prétendue célébration de leur mariage, il est de leur
devoir, pour réparation de ladite contravention,
de faire aux pauvres de la paroisse Notre-Dame
une aumône dont nous leur laissons la libre appré-
ciation... »

Aussitôt et séance tenante, l'abbé Rudemare, qui
tenait à épuiser toutes les formalités, appela de
cette sentence à l'official métropolitain, « attendu,
disait-il, que M. l'official, qui a jugé selon sa
sagesse, n'en a pas moins jugé contre la pratique
ordinaire des tribunaux en pareil cas ».

CHAPITRE VII

LES SENTENCES DU PROMOTEUR ET DE L'OFFICIAL MÉTROPOLITAINS.

Le 11 janvier, l'abbé Corpet, promoteur métropolitain, rejeta l'appel du promoteur diocésain. « Sa Majesté Impériale, observait-il, et la gloire du nom de Napoléon exigeraient sans doute que la cause dont il s'agit, étant de la plus haute importance, fût présentée au tribunal du chef visible de l'Église ou à un concile provincial : ce fut dans tous les temps la marche suivie par les rois de France, en pareil cas. *Mais puisque les circonstances ne paraissent pas favorables,* plein de confiance dans la divine Providence et soutenu par la décision de sept de Nosseigneurs les évêques, annexée aux pièces qui reconnaissent unanimement la compétence de l'Officialité, j'aborde la question. » Deux moyens étaient présentés pour demander la nullité du mariage : le défaut des formalités nécessaires et le défaut de consentement.

Sur le premier moyen, l'abbé Corpet reconnaissait que s'il n'y avait point eu de témoins, il n'y
avait point eu de mariage, car cette formalité était
requise, soit par le concile de Trente, qui exigeait deux témoins, soit par les ordonnances du
royaume et par l'édit de 1697, qui en exigeaient
quatre. Il n'y avait point eu de propre prétre,
c'est-à-dire point de curé : autre cas de nullité
prévu par le concile de Trente. L'abbé Corpet
arrivait à la déposition du cardinal Fesch, qui
avait tant embarrassé l'abbé Rudemare. Pour lui,
elle ne l'embarrassait guère, et voici pourquoi.
« Quant aux pouvoirs accordés par le Saint-Père à
S. A. E. Mgr le cardinal Fesch en conséquence
de sa demande, le Pape n'a pu lui accorder que
ce qu'il lui demandait. Or, il ne lui a demandé
que les pouvoirs nécessaires pour exercer les fonctions de sa place de grand aumônier, qui ne
paraissent pas s'étendre aux fonctions curiales. »
Alors ce n'était pas la peine de solliciter ces pouvoirs, et si le cardinal l'avait fait, — ce que je ne
crois pas, — avec l'intention de ne point donner une bénédiction régulière, le cardinal aurait
trompé le Pape et commis un vrai sacrilège.
Mais la distinction du promoteur métropolitain
n'était qu'une subtilité inventée pour rassurer sa
conscience. L'abbé Corpet ajoutait : « Aussi
voyons-nous, depuis Louis XIV, les curés des

paroisses respectives assister aux fonctions curiales
faites par les grands aumôniers dans les maisons
royales. D'ailleurs, dans tous les cas, cette concession de pouvoirs n'est-elle pas de droit dévolue à
l'ordinaire? Je rends hommage à la foi et aux
vertus de S. A. E. Mgr le cardinal Fesch. Déjà il
avait préjugé les questions en disant : Point de
témoins, point de mariage. Mais l'empressement
de répondre aux désirs de S. M. l'Impératrice,
l'espérance peut-être de couronner un jour et per-
fectionner son œuvre, enfin, cette demande inattendue de la part de l'Impératrice, ont dû le frapper
tout à coup et écarter des réflexions qu'il aurait
faites avec quelques instances de plus. » Autant
de mots, autant d'hypothèses fragiles. La demande
de Joséphine n'était pas inattendue, le cardinal ayant avoué lui-même que « *plusieurs fois*
S. M. l'Impératrice l'avait engagé à s'intéresser
auprès de S. M. l'Empereur pour obtenir la bénédiction de leur mariage... » Le cardinal a eu le
temps de faire toutes les réflexions nécessaires,
puisqu'il a eu une conversation précise à ce sujet
avec l'Empereur, et qu'il s'est déterminé à se
rendre chez le Pape après cette conversation. Il
n'a point dit à Pie VII l'objet de sa requête, car il
avait promis à Napoléon le plus inviolable secret ;
mais il lui a expliqué qu'il avait besoin « *de toutes
les dispenses indispensables pour remplir les devoirs*

de grand aumônier » , et il les a obtenues. Le Pape
avait le droit de dispenser de la loi relative à l'empêchement de clandestinité comme de toutes les
lois ecclésiastiques. Le cardinal Fesch devenait à
la fois témoin et propre curé. Enfin, il n'avait pas
l'espérance « de couronner un jour et de perfec-
tionner son œuvre » , puisqu'il reconnaissait avoir
remis lui-même à l'Impératrice un certificat de
l'administration de la bénédiction nuptiale. Cette
pièce considérable attestait à elle seule la validité
de la bénédiction départie aux époux.

Arrivant au deuxième moyen, qui consistait à
dire que l'Empereur n'avait jamais eu l'intention
de donner librement son consentement, l'abbé
Corpet se borne à partager l'avis de l'abbé Rudemare, en termes presque audacieux :

« Par respect pour Sa Majesté Impériale et
Royale, remarque-t-il, je ne discuterai point ce dernier et second moyen, le premier me paraissant
suffisant. » Ces quatre lignes voulaient tout simplement dire que l'Officialité n'admettait pas le défaut
de consentement, moyen de nullité auquel les
témoins, Cambacérès et l'Empereur lui-même,
attachaient tant d'importance [1]. Le promoteur

---

[1] L'intention formelle de ne point se lier était-elle d'ailleurs
un obstacle invincible à la formation du lien conjugal ? Sans
doute, d'après la loi naturelle et d'après la loi de l'Église, le consentement n'est valide que s'il est intime et formel. Le prêtre
n'est que témoin dans la cérémonie religieuse, les conjoints sont

métropolitain concluait à ce que, sans s'arrêter à
l'appel du promoteur diocésain, la sentence de
l'official diocésain fût exécutée selon sa forme et
teneur, s'en rapportant sur le tout aux lumières et
à la prudence de l'official métropolitain, et désirant
voir *pour plus grande sûreté,* dans une affaire de
cette importance, la cause portée à l'Officialité
primatiale de Lyon, suivant la décision des prélats
susnommés [1]. Après les sentences de l'abbé Rudemare, de l'abbé Boilesve et de l'abbé Corpet, vint
la dernière sentence, celle de l'abbé Lejeas, vicaire
général capitulaire, administrateur de l'archevêché de Paris, official métropolitain. Celui-ci
alla plus loin que les précédents. Nous donnons la
plus grande partie de sa sentence, car elle forme
un document remarquable.

« Considérant, dit l'abbé Lejeas : 1° que le prétendu mariage de Leurs Majestés Impériales et
Royales est essentiellement nul dans les principes
du droit canonique sur les deux rapports qui ont
motivé la demande en nullité;

eux-mêmes les ministres du sacrement. Mais comment établir ici
ce défaut de consentement intime? Sur la seule parole de l'Empereur ?... Si l'on admet qu'une parole suffise, tout mariage religieux peut être déclaré nul, l'un des époux venant dire deux,
trois ou quatre années après le mariage : « J'ai dit oui du bout
des lèvres ; au fond du cœur je disais non. » Est-ce que tous les
mariages ne seraient pas ainsi menacés ? Est-ce admissible ?

[1] La cause n'y fut point portée. Il n'en existe aucune trace à
l'archevêché de Lyon.

« Que, d'une part, il est certain que le défaut
de présence du propre curé et des témoins requis
par le concile de Trente et par les ordonnances
royales présente un vice radical de l'acte de célébration du mariage, vice que rien dans l'espèce n'a
pu couvrir;

« Qu'il en résulte que la bénédiction nuptiale
donnée à Leurs Majestés n'a eu aucun des caractères qui devaient la rendre légale et constater ver-
balement son existence, soit aux yeux des ministres de la religion, soit à l'égard de la société;

« Que, d'autre part, il est non moins certain
que tout contrat religieux et civil, auquel l'une des
deux parties n'a pas donné un consentement formel et volontaire, ne renferme point la condition
substantielle qui est la source de tous les engagements et qui en constitue la validité et l'irrévocabilité;

« Que, dans les circonstances de la cause, le
défaut d'une volonté formelle de se lier par un
nœud spirituel et indissoluble résulte non seulement des déclarations réitérées sur ce point par
S. M. l'Empereur et Roi, et qui sont constatées
par l'information, mais qu'on peut l'induire surtout de la circonstance frappante de l'omission de
ces formalités essentielles dont on ne néglige point
d'environner des actes importants, lorsqu'on veut
en assurer les effets qui dérivent de leur régularité
dans les formes extérieures;

« Que, sous ces deux rapports, la sentence de
l'official diocésain qui prononce la nullité du prétendu mariage de Leurs Majestés, a fait une juste
application des principes du droit canonique et
de la jurisprudence des tribunaux ecclésiastiques;

« Considérant : 2° que l'appel du promoteur
diocésain, motivé sur ce qu'il n'a pas été prononcé
que les parties seraient tenues de réhabiliter leur
mariage, est mal fondé :

« D'abord, parce qu'en considérant la nullité
du mariage sous le rapport du défaut d'un consentement réel et positif, cette nullité est irréparable
et ne peut donner lieu à l'application des principes
sur la réhabilitation, attendu que ces principes
n'ont trait qu'aux mariages réellement consentis
par les parties contractantes, mais dans lequel
seulement toutes les formes légales n'ont pas été
ponctuellement observées;

« Ensuite, par la raison que, suivant toutes les
lois de l'Empire et notamment d'après l'art. 54 de
la loi du 18 germinal an X contenant les articles
organiques du Concordat, les ministres du culte
catholique ne peuvent donner la bénédiction nuptiale qu'à ceux qui justifient en bonne forme avoir
contracté mariage devant l'officier civil ;

« Or, le contrat civil de Leurs Majestés ayant
été solennellement dissous par le sénatus-consulte

du 16 décembre dernier, et cette dissolution ayant été dictée par des motifs de la plus haute importance qui sont nécessairement invariables, *il devient désormais impossible dans l'espèce actuelle de fonder la réhabilitation du lien religieux sur l'existence préalable d'un contrat civil qui ne peut plus avoir lieu ;*

« Considérant : 3° que si la sentence de l'official diocésain n'est pas susceptible de censure dans ses dispositions principales, il convient de la réformer pour le chef concernant l'aumône... etc., etc. [1]. »

- Par ces motifs, l'abbé Lejeas déclarait l'appel du promoteur diocésain non recevable et mal fondé, et la sentence de l'official diocésain valable relativement à la disposition principale, c'est-à-dire à la nullité du prétendu mariage de Leurs Majestés.

Bien des choses me choquent dans ce dernier arrêt. Il semble en résulter — sans que cela soit un objet de surprise ou de blâme pour l'official métropolitain — que le cardinal Fesch a trompé le Pape ou s'est grossièrement trompé lui-même, et qu'en tout cas, Napoléon ne s'est pas fait faute de duper le Pape, le Cardinal et l'Impératrice. L'Empereur a nié son consentement par des déclarations réité-

---

[1] Napoléon crut pouvoir remplacer l'aumône obligatoire par un secours considérable accordé aux pauvres de Paris le jour de son mariage. Je laisse de côté les petites anecdotes qui ont couru sur Napoléon et le cardinal Fesch à propos de l'aumône imposée par l'official diocésain.

rées, soit. Mais à quelle époque? Plusieurs années
après le mariage religieux et quand son ambition a
eu intérét à le nier. L'abbé Lejeas dit que la sentence de l'official diocésain a prononcé la nullité du
prétendu mariage de Leurs Majestés sous les deux
rapports. C'est méconnaître la vérité. L'abbé Rudemare a déclaré formellement « qu'il était difficile
d'établir suffisamment qu'il y ait eu défaut du consentement nécessaire à la formation du lien », et il
n'a invoqué comme moyen de nullité que « le défaut de la présence du propre curé et de celle des
témoins ». L'official diocésain, l'abbé Boilesve, a
visé les conclusions de l'abbé Rudemare, se les
appropriant en forme. L'abbé Corpet a dit, lui aussi,
que « par respect pour Sa Majesté, il ne discuterait
point ce second et dernier moyen ». Donc, l'official métropolitain a imprudemment invoqué l'autorité de ses collègues [1].

Il est un autre point que nous relevons dans
cette sentence extraordinaire. L'official métropolitain dit que l'appel du promoteur diocésain,
« motivé sur ce qu'il n'a pas été prononcé que les

---

[1] Le défaut de consentement a été mentionné dans la sentence
définitive, sur la volonté expresse de l'Empereur. Il tenait à ce
moyen de nullité, parce qu'il ne voulait pas qu'il pût être dit,
malgré l'absence du propre curé et des témoins, que le mariage
était encore valable aux yeux des catholiques. Il redoutait à cet
égard les scrupules de la cour de Vienne, dont il connaissait
bien le formalisme. (Voy. les *Mémoires* de Metternich.)

parties seraient tenues de réhabiliter leur mariage,
est mal fondé ». La réhabilitation, suivant l'abbé
Lejeas, ne peut avoir lieu que pour les mariages
réellement consentis par les parties contractantes
et dans lesquels seulement les formes légales n'ont
pas été observées. D'où il suivrait que le défaut
de consentement, manifesté même au mépris des
lois de l'Église, n'oblige pas à réhabilitation. Cette
affirmation nous paraît bien avancée et bien périlleuse.

Mais il y a mieux. L'official métropolitain affirme
que l'union de Joséphine et de Napoléon ne pouvait être réhabilitée par l'Église, puisque, d'après
le Concordat, les ministres du culte catholique
ne peuvent donner la bénédiction nuptiale qu'à
ceux qui justifient avoir contracté mariage devant l'officier civil. Or, le sénatus-consulte avait
brisé le contrat civil de Napoléon et de Joséphine;
donc Leurs Majestés étaient dans l'impossibilité
actuelle de se représenter devant les autels. A cette
subtilité ingénieuse, qui se réfute d'elle-même, on
reconnaît que Cambacérès a passé par là. Il a certainement guidé la plume de l'abbé Lejeas.

Est-ce que la réhabilitation n'était pas nécessaire du jour où l'Empereur avait avoué son défaut
de consentement et argué du manque voulu des
formalités indispensables ? Est-ce que même elle
n'aurait pas été obligatoire du jour de la célébra-

tion clandestine, si l'on admet, — ce que je ne puis admettre, — que le cardinal Fesch n'avait pas reçu du Pape toutes les dispenses utiles? Donc l'argument ne porte pas, et le sénatus-consulte du 16 décembre est survenu trop tardivement pour que le considérant de l'official métropolitain ait une valeur sérieuse.

Quant à l'aumône aux pauvres de la paroisse Notre-Dame imposée pour réparation de la contravention commise par les parties envers les lois de l'Église dans la prétendue célébration de leur mariage, c'est encore Cambacérès qui en exigea la suppression, parce que l'aumône obligatoire formait une clause offensante pour la dignité de l'Empereur et de l'Impératrice. L'abbé Lejeas y consentit, ne voyant pas qu'il mettait ainsi en doute le moyen de nullité invoqué, — défaut du propre curé et des témoins, — puisqu'il n'exigeait aucune réparation pour cette contravention commise volontairement[1].

Mais le maître avait menacé l'Officialité de sa colère. Il fallait obéir à ce justiciable impatient et omnipotent. Aussi l'official métropolitain, con-

[1] L'abbé Lejeas, pour sa récompense, obtint l'évêché de Liège. Il fit adhérer, le 12 janvier 1811, son chapitre à l'adresse du clergé métropolitain de Notre-Dame qui avait blâmé l'abbé d'Astros pour avoir fait connaître au clergé la lettre de Pie VII, qui défendait au cardinal Maury d'occuper l'archevêché de Paris. Deux de ses chanoines avaient refusé de signer l'adresse. L'évê-

cluant dans le sens que désiraient M. Guieu et
Cambacérès, admit-il, comme je viens de l'établir,
l'annulation du mariage impérial fondée à la fois
sur le défaut de la présence des témoins et du
propre pasteur, ainsi que sur le défaut de consentement de l'Empereur [1].

Le *Moniteur* du 14 janvier publia la note suivante :

« Son Altesse Sérénissime le prince archichancelier de l'Empire, en conséquence de l'autorisation qu'il a reçue de Sa Majesté l'Empereur et Roi
et de Sa Majesté l'Impératrice Joséphine, a pré-

que Lejeas s'en plaignait et invoquait l'approbation du préfet
de Liège « qui est mon soutien, disait-il, mon consolateur dans
les peines que j'éprouve avec *ces têtes pleines d'idées ultramon-
taines !* » Après cette citation, on ne doit plus s'étonner de la
sentence qu'il a rendue comme official métropolitain.
(Archives nationales.)

[1] « Il paraîtrait, dit l'abbé Rohrbacher, qu'il y avait une cause
réelle de nullité, mais dont on ne voulut pas faire mention :
l'impuissance relative entre les deux époux, empêchement dont
Napoléon parla lui-même un jour au conseil d'État et que l'on
connaissait à Vienne ; ce qui n'empêche pas que les motifs allé-
gués par l'Officialité parisienne ne soient controuvés. » Mais
Cambacérès avait dit nettement devant le tribunal de l'Officialité,
le 22 décembre 1809 : « L'Empereur ne peut espérer d'enfant
de l'impératrice Joséphine. » (Voy. *Histoire universelle de l'É-
glise catholique*, t. XIV. — Voy. Thiers, *le Consulat et l'Empire*, t. XI.) — L'illustre historien affirme de son côté que l'annulation du mariage, fondée sur une raison de forme ou sur une
raison de grand intérêt public, avait été préférée au divorce ordinaire comme plus honorable pour Joséphine et plus conforme
aux idées religieuses qui dominaient.

8

senté requéte au tribunal diocésain de l'Officialité
de Paris. Ce tribunal, après une instruction et les
formalités conformes aux usages [1], et après avoir
entendu les témoins, a déclaré, par sentence du
9 courant, la nullité, quant au lien spirituel, du
mariage de Sa Majesté l'Empereur Napoléon et de
Sa Majesté l'Impératrice Joséphine. L'Officialité
métropolitaine a confirmé cette sentence le 12 de
ce mois. »

L'abbé Rudemare trouva ce compte rendu
inexact. Il alla trouver Cambacérès et lui dit que
le tribunal ne distinguait pas dans le mariage le
lien civil et le lien spirituel, qu'il ne connaissait
que le lien purement et simplement aux termes des
saints canons, le *fœdus* dont la requête demandait
qu'on prononçât l'annulation. L'abbé Rudemare
semblait ignorer que cette distinction avait été souvent faite par les jurisconsultes et par des théolo-
giens érudits. Sans vouloir discuter, l'archichancelier répondit, avec un sourire, que les rédacteurs
de journaux n'étaient pas des canonistes. Il se tirait
d'un mauvais pas par une plaisanterie, n'avouant
point que la note insérée au *Moniteur* était une
note officielle émanée de son cabinet, et que lui,
Cambacérès, avait la prétention de connaître à fond
les canons et les règlements de l'Église.

---

[1] Pas toutes, puisque tous les degrés de juridiction n'avaient
pas été épuisés.

« Mais, ajouta l'abbé Rudemare, comment concilier le silence que vous nous avez recommandé
avec la publicité que vous venez de donner à notre
sentence ? Ne trouvez-vous pas qu'on est en droit
de lui faire le même reproche que nous avons fait
au mariage et que, s'il n'en reste aucun vestige
dans notre greffe, on est justifié d'en contester la
régularité et même l'existence? »

Alors le prince consentit que les conclusions,
sentences et appel fussent portés sur les regis-
tres de l'Officialité, comme d'usage. Les pièces
originales demeurèrent déposées dans la cassette
de l'Empereur, puis furent versées plus tard aux
Archives [1].

Après la note du *Moniteur* parut la note suivante, mise d'office dans le *Journal des curés*
et relative à l'approbation de la sentence de
l'Officialité par le comité ecclésiastique. « Ce
comité, disait-elle, a été unanimement d'avis des
motifs et des conclusions de la sentence de l'Officialité qu'il a trouvés conformes aux coutumes de
l'Église gallicane et aux différents décrets et canons
des conciles.

«.Nous sommes bien aises de pouvoir donner
ces détails qui sont faits pour satisfaire les fidèles,
soit par l'importance qui a été mise à se confor-

[1] AF^{IV} 1220.

mer aux lois de l'Église, soit par le poids, le caractère et la science des hommes qui ont été consultés
et qui en ont décidé. » Le *Journal de l'Empire* s'empressa de publier cette note rassurante dans son
numéro du 16 janvier. Elle était destinée à être
reproduite à l'étranger et à dissiper les derniers
scrupules de la cour de Vienne. Toutefois si l'on
se rappelle comment, entre autres, l'abbé Émery,
qui faisait partie du comité ecclésiastique, s'était
montré prudent et réservé en cette affaire, il est
difficile d'admettre l'unanimité dont parle la note
officieuse [1].

Vers le milieu de janvier, dans un dernier rapport, M. de Laborde annonça au ministre des relations extérieures que l'ambassadeur autrichien avait
tout pouvoir pour conclure l'affaire du mariage de
l'archiduchesse Marie-Louise avec Napoléon, mais
qu'il insistait particulièrement sur l'annulation canonique régulière du mariage religieux de Napoléon
et de Joséphine.

« Janvier 1810.

« Le courrier autrichien, arrivé hier soir, était

---

[1] « Vous avez vu mon nom, — écrivit l'abbé Émery à son
parent M. Girod de l'Ain le 14 février 1810, — au bas d'une
pièce à laquelle je n'ai eu aucune part. L'affaire a été discutée en
mon absence, et il n'a été question dans la commission que de la
compétence. » (Papiers du séminaire Saint-Sulpice. — Cité par
M. d'Haussonville, *L'Église romaine et le premier Empire*,
t. III.)

parti de Vienne le 3 de janvier. Il apporte au
prince de Schwarzenberg une longue dépêche de
M. de Metternich en réponse à toutes ses lettres,
depuis le 19 jusqu'au 22.

« Elle est confirmative des premières instructions envoyées par le précédent courrier à l'égard
du mariage et porte, de plus, autorisation au prince
de Schwarzenberg d'agir comme il le jugera à
propos selon les circonstances, et assurance que
tout ce qu'il fera sera approuvé, puisqu'il connaît
le désir que l'on a que cette alliance ait lieu. On
suppose cependant qu'il est en mesure de rassurer
la conscience de l'Empereur d'Autriche en ce qui
concerne la dissolution du mariage devant l'Église.

« Le comte de Metternich ajoute qu'il a vu avec
plaisir les relations du prince avec moi, et qu'il
l'engage fort à les suivre. »

La dernière partie des dépêches portait sur les
difficultés soulevées pour la délimitation des frontières du côté de Cracovie, sur la manière dont
on avait fait sauter les fortifications de Klagen-
furt, sur la réception favorable du comte Otto, que
l'empereur d'Autriche croyait cependant peu disposé en sa faveur, sur l'acquisition pour l'ambassadeur français d'un des plus beaux hôtels de
Vienne, etc.

« Le prince de Schwarzenberg, continuait Laborde, a eu hier, avec M. de Champagny, une

8.

conversation qui l'a confirmé dans l'idée que les arrangements relatifs à une alliance avec la Russie n'étaient pas si avancés qu'il l'avait cru. M. de Champagny lui a communiqué la circulaire qu'il a envoyée aux différents ambassadeurs dans les cours étrangères, où il est dit que le divorce est principalement fondé sur le désir de l'Empereur d'avoir un héritier et de céder à cet égard aux vœux de ses peuples, etc. Le prince de Schwarzenberg a cru voir par là que si M. Otto avait été à Vienne, il aurait été chargé de faire à peu près les mêmes communications que M. de Caulaincourt à Saint-Pétersbourg, ce qui lui fait juger que la situation dans laquelle on se trouve avec la Russie est moins inquiétante pour lui. M. de Champagny a saisi cette occasion pour lui demander quel était l'effet qu'avait produit la nouvelle du divorce. A quoi il paraît que le prince a répondu, sans explication, qu'elle avait produit fort bon effet, que depuis longtemps on regardait cet événement comme très probable. M. de Champagny ayant demandé des nouvelles de l'empereur d'Autriche et principalement de l'archiduchesse Marie-Louise, le prince de Schwarzenberg a parlé de cette princesse avec éloge, mais sans affectation et voulant se tenir sur la réserve, en attendant les insinuations qui pourraient lui être faites.

« Il m'a dit avoir annoncé à la Cour, le même
jour où je lui avais parlé de la nullité du mariage
religieux, que toute satisfaction serait donnée à
cet égard, sans sacrifier la nature des formalités
qu'on devait remplir, puisqu'à cette époque, je les
ignorais moi-même. Je les lui ai racontées aujour-
d'hui succinctement, et il m'a paru tout à fait persuadé que la marche qu'on avait suivie levait
tous les scrupules.

« Je suis convaincu, par ce qu'il m'a dit de
vingt manières, qu'il a tout pouvoir pour conclure,
pour signer, et pour que les engagements qu'il
prendra n'aient plus besoin que d'une simple
ratification à Vienne qui n'éprouvera aucune difficulté. Madame de Metternich m'a parlé dans
le même sens.

« Le prince de Schwarzenberg m'a paru désirer
connaître d'une manière plus détaillée les formalités
qui ont eu lieu pour la dissolution du mariage par
l'autorité ecclésiastique [1]... »

Les hésitations et les restrictions du promoteur
général et de l'official diocésain, les différentes
pièces qui précèdent, combattent les assertions de
Cambacérès relatives à l'unanimité du comité
ecclésiastique en faveur de la sentence de l'Officia-

----

[1] Archives nationales.

lité. Le narré de l'abbé Rudemare montre combien
le promoteur général doutait de la bonté de sa
cause et quelle pression fut exercée sur les membres de l'Officialité pour en obtenir une sentence
favorable, pression d'autant plus intense qu'on
était impatient de satisfaire à ce sujet les exigences
réitérées de la Cour de Vienne.

L'abbé Rudemare crut nécessaire de fournir aux
historiens des explications détaillées sur ce qui
s'était passé sous ses yeux, afin de détruire « les
jugements hasardés », portés par certains historiens sur la question si grave de l'annulation canonique du mariage de Napoléon et de Joséphine.

L'abbé Rudemare avait eu une autre raison
pour mentionner le détail de cette procédure. « Je
me suis réservé ce mémorial, a-t-il dit, pour
m'aider à me laver au besoin devant l'Église, —
dont je fais profession de craindre plus les censu-
res que la colère de Sa Majesté, — du reproche
d'usurpation de juridiction, de précipitation et de
prévarication. » En ce qui touche le promoteur
diocésain, ses explications ont prouvé toute sa
bonne volonté, je dirai même sa candeur, mais
elles n'ont pu excuser la conduite par trop complaisante de ses trois autres collègues.

En réalité, quoi qu'en ait décidé l'Officialité de
Paris, le mariage religieux contracté entre Napoléon et Joséphine était valable, pour les raisons

que j'ai exposées et discutées plus haut[1] . En réalité
aussi, l'Officialité de Paris était incompétente pour
prononcer l'annulation du mariage impérial, et
cela malgré l'avis des sept prélats. Le Pape,
retenu indignement à Savone, se borna à protester
auprès de quelques cardinaux fidèles contre l'illé-
galité commise et le nouvel affront qui lui était
fait. C'est ce qui décidera deux mois plus tard, —
comme nous le verrons, — treize membres du Sacré
Collège (ceux qu'on appellera les cardinaux noirs)
à ne pas assister au mariage religieux de Napoléon
et de Marie-Louise.

Étudiant la sentence de l'Officialité, le cardinal
Consalvi s'exprime ainsi : « Il en résulta l'indu-
bitable démonstration que les causes matrimo-
niales entre souverains appartenaient exclusivement au Saint-Siège, sur lesquelles il prononçait
lui-même ou par l'intermédiaire de ses légats,
juges immédiats et présidents des conciles chargés
d'instruire l'affaire. Ce droit du Saint-Siège était
reconnu par l'Église de France elle-même. Bien
plus, l'Officialité de Paris le mentionnait d'elle-
même dans sa sentence sur la nullité du mariage

---

[1] Le Pape avait lui-même annoncé à la chrétienté, le 26 juin
1805, qu'il avait procédé « à la consécration et au couronnement de l'Empereur et de sa très chère fille en Jésus-Christ, excellente épouse de ce prince » (Voy. M. Émery, par l'abbé
Méric, t. II, et les Mémoires du cardinal Pacca, t. Ier, p. 340.)

de l'empereur Napoléon [1]. Après que l'Officialité
eut refusé d'intervenir dans cette cause qu'elle ne
croyait pas de son ressort, l'Empereur la fit se
déclarèr compétente par un comité ecclésiastique
formé de plusieurs évêques réunis à Paris... L'Officialité, dans sa frayeur, se prêta à la volonté de
Napoléon. Elle n'osa pas toutefois insérer dans sa
sentence les mots « déclarée compétente », montrant de la sorte que, quant à elle, elle ne s'était
pas jugée ainsi. » Le cardinal Consalvi ajoute que
l'Officialité a fait suivre la déclaration du comité
d'un argument sans valeur, en alléguant que l'accès
près du Pape n'était point possible. « Il n'était
pas complètement exact de dire que cet accès eût
été refusé, puisque le Pape répondait à toutes les
demandes qui lui parvenaient, et on en eut des
preuves nombreuses alors même. Si l'empêchement subsistait, c'était par le fait de la personne
en cause, c'est-à-dire de l'Empereur qui pouvait
le faire cesser, s'il l'eût désiré. La prétendue impuissance du Saint-Siège d'exercer ses droits en
cette affaire était donc fausse et ne prouvait
rien. »

Mais qu'importait à l'Empereur le plus ou moins

---

[1] « Attendu, dit la sentence de l'official diocésain, la difficulté
de recourir au chef visible de l'Église, à qui a toujours appartenu de fait de connaître et de prononcer sur ces cas extraordinaires. » (Voy. aussi : *Histoire universelle de l'Église catholique*, t. XIV, p. 479-480.)

de légalité dans la sentence de l'Officialité!... L'essentiel était d'avoir obtenu l'annulation canonique de son mariage. Il allait pouvoir maintenant contracter une nouvelle alliance, puisque tous les liens qui l'attachaient à Joséphine avaient été brisés.

CHAPITRE VIII

Le 21 janvier 1810, Napoléon, résolu à terminer
ouvertement la question de son mariage avec une
princesse de sang royal, assemblait un conseil
composé des principaux personnages de l'Empire.
L'architrésorier Lebrun et le président du Sénat
Garnier, consultés sur l'alliance la plus favorable
aux intérêts français, opinèrent pour la Saxe ; Talleyrand, Fontanes, Champagny et le prince Eugène,
pour l'Autriche ; Murat et Cambacérès, pour la
Russie. C'était un conseil d'apparat, car, depuis les
avances de Metternich et de Schwarzenberg, on
connaissait le choix de Napoléon. Le mariage
autrichien avait réuni le plus grand nombre de
voix, parce qu'on savait qu'il flattait davantage la
vanité de l'Empereur. La plus vieille maison de
l'Europe après la maison de France donnait une
de ses princesses, nièce de Marie-Antoinette, au

représentant attitré de la Révolution [1]. Ce mariage
pouvait être envisagé comme un acte politique
d'une immense portée, puisqu'il effaçait d'un trait
les souvenirs révolutionnaires les plus déplorables.
Au fond, Napoléon ne satisfaisait qu'une chose :
son orgueil, et l'Autriche n'obéissait qu'à un mo-
bile : la crainte de son vainqueur. Il ne pouvait
y avoir réellement d'union intime entre Napoléon
et François II. Le représentant des Habsbourg
n'avait oublié ni les batailles perdues, ni les traités
humiliants, et son cœur n'avait pour la France que
haine et jalousie.

Le traité de Vienne, ratifié par François II le
19 octobre 1809, avait été désastreux, car il
enlevait à l'Autriche sa situation de puissance de
premier ordre. Elle cédait : à la France pour être
réunis à la Bavière, le pays de Salzbourg et de
Berchtesgaden, toute la haute Autriche avec Braunau; à l'Italie, Goritz, la Carniole, la haute Carin-
thie, la partie orientale de la Croatie avec Trieste
et Fiume ; au roi de Saxe, les enclaves dépendantes
de la Bohême et situées dans son royaume, la Galicie occidentale et le cercle de Zamosc, et au Tzar
la partie la plus orientale de l'ancienne Galicie.

---

[1] C'était à la date du 21 janvier qu'on avait voté une alliance
de famille avec l'Autriche. Il n'est pas impossible d'admettre que
Napoléon ait choisi à dessein cette date pour se décider officiellement.

9

Enfin l'Autriche s'était engagée à réduire de
moitié son armée, à abolir la landwehr, à ne faire
aucun rassemblement de troupes et aucune fortifi-
cation de nature à inquiéter la France, à n'entretenir aucun corps dans la Styrie et au delà du Sem-
mering, à renvoyer les émigrés français et à payer
quatre-vingt-cinq millions d'indemnité de guerre[1].

François II cachait ses sentiments de tristesse
sous un air de satisfaction affectée. S'il s'incli-
nait, comme son ministre Metternich, devant
la puissance de l'empereur des Français, c'est
parce qu'il avait le secret espoir de venger tôt ou
tard les affronts et les revers. Napoléon, qui déclarait que son trône, « le plus élevé de l'Europe,
avait été l'objet de l'ambition de toutes les maisons
régnantes », était heureux de montrer au monde
que la puissance si souvent vaincue par lui abais-

[1] De plus, Napoléon avait fait, après son départ, sauter les
remparts de Vienne. Et cependant certains Autrichiens avaient
cru à de plus dures exigences. « L'idée de la paix, d'une
paix quelconque, me fait frémir, observait Gentz le 16 septembre 1809 ; mais l'idée de la destruction finale de cette monarchie — événement qui peut se réaliser en moins de deux mois,
qui nous enlèverait la totalité de l'avenir après lequel la résurrec-
tion même deviendrait impossible, — voilà ce qui me bouleverse,
me déchire, m'anéantit. » Une fois la paix signée, Gentz écrit
le 1er novembre 1809 : « Je vous certifie, en pleine connaissance de cause, que ce qui a été sauvé dans cet orage m'étonne
bien plus que ce que nous y avons perdu. » (Cité par Helfert,
Marie-Louise.) Mais il convient d'ajouter que tous les Autrichiens
ne partageaient pas l'avis de Gentz, et entre autres les personnes
de la Cour.

sait sa fierté légendaire jusqu'à solliciter humble-
ment l'alliance française. Il croyait pouvoir dire que
cet acte politique « donnerait un motif incontestable à la confiance, et serait le gage d'une paix
durable ». Un avenir prochain allait lui révéler son
erreur [1]. L'Autriche avait compté rentrer en possession de ses provinces perdues; cette espérance
devait être trompée. Aussi s'arrangea-t-elle de
façon à comploter avec les adversaires de Napoléon et à le trahir au jour de la défaite. Il était d'ailleurs facile de s'entendre avec les diverses puissances. La Russie ne pardonnait pas à l'Empereur
la menace du rétablissement du royaume de Pologne; l'Italie, la prise de la Toscane, des Léga-
tions et des États romains; la Prusse, son écrasement; l'Espagne, une guerre injuste. L'Angleterre
demeurait l'ennemie irréconciliable. Donc, en ce
moment, la coalition n'était tout simplement
que retardée [2].

L'impératrice douairière de Russie, Marie de
Wurtemberg, mère d'Alexandre, s'était donné la

[1] Voir sur les pressentiments de Cambacérès et de Lebrun les détails très complets et très exacts donnés par M. Thiers (liv. XXXVII,
tome XI du *Consulat et de l'Empire*). — Voir aussi la conversation de Cambacérès et de Pasquier, citée par le comte d'Haus-
souville. (*L'Église romaine et le premier Empire.*)

[2] Voir pour le détail des négociations qui amenèrent le traité
de Vienne et le mariage franco-autrichien, les tomes IV et V de
l'*Histoire des cabinets de l'Europe* (1810-1815), par Lefebvre de
Béhaine (1869, Amyot).

secrète satisfaction de pousser son fils à tergiverser
avec Napoléon et à froisser son amour-propre. En
vain Caulaincourt avait-il pressé le cabinet de Pétersbourg et le Tzar lui-même ; il n'avait obtenu que
des réponses vagues. La question préliminaire à
vider était toujours celle du royaume de Pologne.
L'ambassadeur français, persuadé que son maître
tenait avant tout à l'alliance russe, crut pouvoir
signer un projet de traité portant en substance que
le royaume de Pologne ne serait jamais rétabli.
Napoléon fut mécontent de cette concession par
trop absolue. Il fit répondre qu'il y substituait
un contre-projet qui contenait l'engagement de ne
favoriser aucune entreprise tendant à rétablir le
royaume de Pologne. Cette réponse irrita le Tzar,
et tout espoir d'alliance fut désormais perdu. Cinq
mois de négociations avaient été employés inutilement [1].

Metternich était fier de lui-même. « Il est ivre
de joie, disait Gentz. Voyant à quel point la grande

---

[1] Le 31 décembre 1809, Napoléon, agacé de l'insistance du
chancelier Romanzoff, écrivait directement au Tzar : « Pourqnoi
revenir sur des affaires que ma lettre de Vienne a terminées?
J'ai déclaré à la face de l'Europe mes sentiments non seulement
sur le duché de Varsovie, mais même sur la Valachie et la Moldavie. Après tout cela, je ne sais plus ce que l'on veut ; je ne
puis détruire des chimères et combattre des nuages. Je laisse
Votre Majesté juge qui est le plus dans le langage de l'alliance
et de l'amitié, d'Elle ou de moi. Commencer à se défier, c'est
avoir déjà oublié Erfurt et Tilsitt... »

nouvelle réussit, il ne craint pas d'attribuer à son
art et à son mérite la totalité de cet événement,
peut-être même ce qui est dû au hasard ou à des
causes étrangères à notre Cour. » Sa politique
allait triompher. Du jour où il avait eu le pres-
sentiment du divorce de Napoléon, il avait pensé,
comme je l'ai démontré, à en faire profiter son
gouvernement et son pays. Il savait qu'un parti
à Paris s'emploierait en faveur de cette idée.
« C'est celui, avait-il écrit à Schwarzenberg, qui
depuis longtemps vise à mettre des bornes aux
bouleversements de l'Europe. » Metternich indiquait ainsi Talleyrand, qui affectait, depuis un certain temps, de s'opposer plus ou moins directement
aux vues ambitieuses de Napoléon [1].

Il s'était passé à la fin de l'année 1809 des incidents fort curieux que M. de Metternich relate
dans ses Mémoires et qu'il convient de placer ici,
en faisant à cet égard les réserves nécessaires.
Napoléon avait reçu à sa cour la comtesse de
Metternich et lui avait témoigné ouvertement sa
satisfaction de la revoir. Il lui parla en termes aimables de son mari : « M. de Metternich, lui dit-il,
a la première place de la monarchie. Il connaît
bien ce pays-ci; il pourra lui être utile. » Que se
cachait-il sous cette phrase? Le voici. Le lendemain

---

[1] Nous verrons dans un rapport ultérieur de Laborde à Metternich les services que rendit alors M. de Talleyrand.

de l'audience impériale, madame d'Audenarde
vint prier madame de Metternich de se rendre à la
Malmaison auprès de l'impératrice Joséphine.
Madame de Metternich y alla — c'était le 2 janvier 1810 — et rencontra dans les salons le prince
Eugène. Celui-ci, la prenant à part, lui dit : « Vous
savez que nous sommes tous Autrichiens dans
l'âme; mais vous ne devineriez jamais que ma
mère a eu le courage de conseiller à l'Empereur de
demander votre archiduchesse! » Sur cet aveu,
Joséphine entra et, après une causerie intime qui
portait sur les derniers événements, elle ajouta :
« J'ai un projet qui m'occupe exclusivement et
dont la réussite seule me fait espérer que le sacrifice que je viens de faire ne sera pas de pure perte ;
c'est que l'Empereur épouse votre archiduchesse.
Je lui en ai parlé hier, et il m'a dit que son choix
n'était point encore fixé, mais je crois qu'il le serait, *s'il était sûr d'être accepté par vous*[1]. » Madame de Metternich fit quelques objections pour la
forme. Il pouvait paraître pénible à une archiduchesse de venir s'établir en France. Mais Joséphine,
stylée par Napoléon, répondit nettement : « Il

---

[1] Ce dernier membre de phrase semble avoir été ajouté par
M. de Metternich. On en a pour preuve les confidences faites
par Schwarzenberg à Laborde et les aveux de Metternich lui-
même. N'a-t-il pas écrit dans ses Mémoires qu'en apprenant les
vues de Napoléon sur Marie-Louise, il avait cru « être le jouet
d'un rêve »!

faut faire envisager à votre empereur que sa ruine
et celle de son pays est certaine, s'il n'y consent
pas, et que c'est peut-être aussi le seul moyen
d'empêcher l'Empereur de faire un schisme avec le
Saint-Siège. [1] » Ces arguments firent impression
sur l'esprit de la comtesse. La résistance de l'Autriche n'était d'ailleurs pas difficile à vaincre. Metternich, qui aime les scènes mystérieuses et pi-
quantes, a raconté que Napoléon, dans un bal
masqué donné par Cambacérès, aurait, sous un
domino, pris le bras de madame de Metternich et,
la conduisant dans un petit salon secret, lui aurait
demandé lui-même si François II consentirait à son
mariage avec Marie-Louise. Et la fière comtesse, refusant de répondre à cette question, lui aurait indiqué le prince de Schwarzenberg comme étant le seul
capable de consulter à cet égard la cour impériale
et d'en obtenir réponse [2]. Quoi qu'il en soit de cette
anecdote, les ouvertures faites à sa femme par Joséphine enchantèrent Metternich. Il lui écrivait,
six jours après la décision du conseil impérial qui
avait voté l'alliance autrichienne : « C'est avec un

---

[1] « — Je fis une grande faute après Wagram, disait l'Empereur en 1816, celle de ne pas abattre l'Autriche davantage. Elle
demeurait trop forte pour notre sûreté. C'est elle qui nous a
perdus. » Napoléon avait eu un moment la pensée de séparer les
trois couronnes d'Autriche, de Hongrie et de Bohême. (*Mémorial.*)

[2] Madame de Metternich fut plus explicite avec le comte A. de

intérêt bien vif que j'ai lu les renseignements que
renferme votre dernière lettre sur l'entrevue que
vous avez eue avec l'Impératrice. Cette princesse
a fait, dans les derniers temps, preuve d'une force
de caractère qui doit bien augmenter les sentiments
de vénération que lui ont voués la France et l'Europe entière. » Du moment où Joséphine appuyait
elle-même le mariage de Napoléon avec Marie-
Louise, elle passait pour vénérable aux yeux de
Metternich. Je ne conteste certainement pas le dévouement et le courage de Joséphine, mais je suis
contraint de reconnaître qu'ici Metternich force un
peu la note, emporté qu'il est par sa reconnaissance. Abordant aussitôt la question spéciale, le
diplomate autrichien conseille à sa femme de répondre sans détour à la preuve de confiance qui
lui a été donnée : « Je regarde cette affaire, dit-il,
comme la plus grande qui puisse dans ce moment
occuper l'Europe. Je vois dans le choix que fera
l'empereur Napoléon la possibilité du gage d'un
ordre de choses non moins conforme aux intérêts
généraux de tant de peuples qui, après des secousses
aussi affreuses et aussi multipliées, aspirent à la
paix, qu'aux intérêts particuliers de ce prince. »
Il lui rappelle *qu'aussitôt le divorce prononcé,* il a
tourné ses regards vers l'archiduchesse Marie-

Laborde. Quant à Schwarzenberg, il y avait longtemps qu'il était
au courant des choses.

Louise et qu'il a consulté l'Empereur son maître [1].
François II lui avait répondu comme un souverain
sans préjugés, droit et loyal. Aussi Metternich
ajoute-t-il avec satisfaction : « J'ai entrevu dès ce
moment la possibilité de m'abandonner avec confiance à mes calculs. Deux obstacles devaient toutefois s'offrir à ma pensée : le premier, le plus
insurmontable, celui de la religion, semble ne plus
exister [2]. » Quant au second obstacle, le refus possible de l'archiduchesse, il faisait cette observation :
« Nos princesses sont peu habituées à choisir leurs
époux d'après les affections du cœur, et le respect
que porte à la volonté d'un père une enfant aussi
bonne et aussi bien élevée que l'archiduchesse, me
fait espérer de ne pas rencontrer d'obstacles auprès
d'elle. »

A cette même époque, Marie-Louise, qui avait été
évidemment pressentie, écrivait à son ancienne maî-

[1] Dans une conversation avec M. de Narbonne, gouverneur de
Trieste, que j'ai rapportée plus haut, M. de Metternich prononça
le nom de Marie-Louise, et dit en propres termes : « Cette idée
est de moi seul. Je n'ai point sondé les intentions de l'Empereur
à cet égard ; mais outre que je suis certain qu'elles seraient favorables, cet événement aurait tellement l'approbation de tout ce
qui possède ici quelque fortune et quelque nom, *que je ne le
mets pas un moment en doute, et que je le regarderais comme
un véritable bonheur pour mon pays, et une gloire pour l'é-
poque de mon ministère.* » (Voir Wertheimer, *Archiv für österreichische Geschichte*; 1882, *Vd Band.*)

[2] L'Officialité venait d'annuler le mariage religieux contracté
par Napoléon et Joséphine la veille du sacre (voy. p. 133).

9.

tresse, la comtesse de Colloredo : « Depuis le divorce de Napoléon, j'ouvre chaque gazette de
Francfort dans l'idée d'y trouver la nomination de
la nouvelle épouse, et j'avoue que ce retard me
cause des inquiétudes volontaires. Je remets mon
sort entre les mains de la divine Providence. Elle
seule sait ce qui peut nous rendre heureux. Mais
si le malheur le voulait, je suis prête à sacrifier
mon bonheur particulier au bien de l'État, persuadée que l'on ne trouve la vraie félicité que dans
l'accomplissement de ses devoirs, même au préjudice de ses inclinations. Je ne veux plus y penser,
mais, s'il le faut, ma résolution est bien prise,
quoique ce serait un double et bien pénible sacrifice. Priez pour que cela ne soit pas[1] ! » On lui avait
fait une telle peur de l'homme qui avait infligé de
si fréquentes défaites aux Autrichiens, que, le 8 juillet 1809, elle avait écrit à la comtesse de Colloredo:
« J'ai déjà eu plusieurs fois envie de croire que
nous approchons de la fin du monde, et que celui
qui nous opprime est l'Antechrist. » Mais elle revient sur cette impression. Dès la fin de cette
même année, qui avait été signalée par l'entrée

---

[1] *Lettres intimes de Marie-Louise*, Vienne, Ch. Gerold fils,
1887, in-8°. — Le duc de Modène avait eu un instant l'espoir
d'épouser Marie-Louise. Il en voulut longtemps à Metternich
d'avoir détruit cet espoir. (Voir *la Jeunesse de Charles-Albert*,
par M. Costa de Beauregard. — Librairie Plon, 1888.)

des Français à Vienne, on lui avait fait comprendre
à quelle destinée elle était probablement réservée.

« Je vois Koczloch, écrivait-elle le 10 janvier 1810,
parler sur la séparation de Napoléon et de son
épouse. Je crois même entendre qu'il me nomme
pour celle qui la remplacera, mais dans cela il se
trompe, car *Napoléon a trop peur d'un refus* et
trop envie de nous faire encore du mal pour faire
une pareille demande, et papa est trop bon pour me
contraindre sur un point d'une telle importance. »
Encore une fois, François II n'avait pas besoin de
recourir à la contrainte, parce qu'il savait toute la
déférence de sa fille pour le moindre de ses désirs.
Cette dernière lettre prouve qu'au moment où
Metternich faisait tant le mystérieux auprès de
Schwarzenberg, on ne se gênait ni à Vienne ni à
Buda-Pesth pour parler du mariage de Marie-
Louise avec Napoléon comme d'une chose faite.
Le 23 janvier, l'archiduchesse confirmait elle-
même ces bruits : « Je sais, disait-elle, que l'on
me marie déjà à Vienne avec le grand Napoléon.
J'espère que cela en restera aux discours... Je
forme des contre-vœux afin qu'il ne s'exécute pas,
et si cela devait se faire, je crois que je serais la
seule qui ne s'en réjouirait pas [1]... »

---

[1] *Lettres intimes.* — Trois mois après, le 24 avril 1810, elle
écrivait à mademoiselle de Pontet : « Je vous suis bien sincèrement reconnaissante pour les vœux que vous me faites dans votre

Metternich comptait s'en réjouir, et avec lui tous ceux qui avaient tremblé pour la ruine de l'Autriche. Il écrivait à Schwarzenberg, dans la lettre mentionnée plus haut, que Sa Majesté Impériale ne ferait point de difficultés de faire servir son auguste fille de gage à des relations qui assureraient le repos et la prospérité de la monarchie autrichienne. Il le priait de révéler à l'occasion les véritables intentions de François II, toutes généreuses et loyales. « Nous croyons, déclarait-il avec une certaine solennité, par une attitude aussi correcte, nous établir de nouveaux droits à l'estime de l'empereur des Français. Elle doit nous servir même dans la supposition où ce prince contracterait d'autres nœuds. Le reproche, si souvent mis en avant, d'une prévention particulière que nourriraient notre auguste maître et son cabinet contre le souverain de la France, ne peut assurément que tomber dans le néant après des preuves aussi évidentes[1]... » Comme s'il n'était pas manifeste que le désir ardent de l'Autriche de voir Napoléon sol-

lettre du 26 mars à l'occasion de mon mariage. *Le Ciel les a exaucés. Puissiez-vous jouir bientôt d'un bonheur pareil à celui que j'éprouve!* »

[1] Des preuves de soumission, l'Autriche ne demandait qu'à en fournir. Au premier Consul elle avait déjà accordé l'expulsion des émigrés après l'exécution du duc d'Enghien, et au nouvel empereur, le 28 thermidor an XII, l'incinération de la lettre de Louis XVIII qui protestait contre l'établissement du régime impérial. (Voir aux pièces justificatives.)

liciter la main d'une archiduchesse n'indiquait pas avant tout la crainte d'une alliance franco-russe dirigée contre elle! Est-ce que Napoléon ignorait l'état de la puissance qu'il avait si complètement vaincue? Est-ce qu'il ne prévoyait pas l'acceptation immédiate de sa demande, alors qu'il fallait à François II et à son ministre une détermination énergique pour sauver ce qui restait de la puissance autrichienne « serrée comme dans un étau [1] » ? Le temps et la dissimulation étaient indispensables aux Autrichiens pour se relever de leur déchéance. Ils surent en user, comme ils l'avaient déjà fait plusieurs fois dans le cours de leur histoire.

[1] Mémoires de Metternich.

CHAPITRE IX

Les calculs de Metternich s'étaient réalisés.
Après la décision du conseil impérial rendue le
21 janvier, des ouvertures définitives furent faites
auprès de Schwarzenberg, qui en référa aussitôt à
sa cour. Le 7 février, le ministre des affaires étrangères Champagny informait officiellement notre
ambassadeur à Vienne de la demande en mariage
et de l'envoi de Berthier, prince de Neufchâtel,
comme ambassadeur extraordinaire de Sa Majesté.
Celui-ci devait quitter Paris le 22 février, parvenir
le 28 à Vienne, présenter la demande le 29 et faire
procéder au mariage par procuration le 4 mars.
L'archiduchesse Marie-Louise achèverait le carna-
val à Vienne et partirait le 7, jour des Cendres.
Elle arriverait le 26 à Paris. Pour légitimer le choix
du prince de Neufchâtel, Champagny rappelait que
le duc de Lerme avait épousé Anne d'Autriche au
nom de Louis XIII, et don Louis de Haro la prin—

cesse d'Espagne au nom de Louis XIV. « Le
prince de Neufchâtel, disait le ministre, est d'un
rang bien supérieur à celui de ministre, et l'amitié dont l'honore l'Empereur, le place presque à
côté des princes du sang impérial. D'ailleurs,
l'âge a paru à Sa Majesté une considération très
importante[1]. » Berthier avait alors quarante-sept
ans. Grâce à l'affection que lui portait Napoléon,
il était parvenu à une très haute fortune. Fils
d'un ingénieur géographe, il avait choisi la carrière militaire et servi en Amérique sous Rocham-
beau et Lafayette. En 1789, major général de la
garde nationale de Versailles, il eut l'occasion de
rendre d'importants services à la famille royale;
il lui témoigna un zèle qu'elle sut apprécier. En
1791, il protégea le départ de Mesdames, tantes
du Roi. Ces souvenirs furent au nombre des motifs
qui déterminèrent l'Empereur à l'envoyer à Vienne.
Berthier s'était distingué à l'armée d'Italie comme
chef d'état-major. Depuis, ses qualités militaires,
ses connaissances et son activité le maintinrent à
un poste élevé. Dans toutes les campagnes, il avait
conservé le titre de major général de la grande
armée. Le choix de cet ambassadeur fut ratifié par
la cour de Vienne.

Or, au lendemain de cette lettre, le 7 février,

---

[1] Archives des Affaires étrangères. *Correspondance de Vienne,*
f° 386.

Champagny était tombé d'accord avec Schwarzenberg sur le contrat de mariage. Les deux premiers
articles de ce contrat étaient ainsi conçus :

ARTICLE PREMIER.

« Il y aura mariage entre Sa Majesté l'Empereur Napoléon, roi d'Italie, protecteur de la Confédération du Rhin, médiateur de la Confédération
suisse, et Son Altesse Impériale et Royale Madame
l'archiduchesse Marie-Louise, fille de Sa Majesté
l'Empereur François, roi de Hongrie et de Bohême.

ARTICLE SECOND.

« Sa Majesté l'Empereur des Français enverra
à Vienne un grand de sa Cour pour faire solennellement la demande en mariage de la Sérénissime
archiduchesse Marie-Louise. Sa Majesté l'Empereur d'Autriche l'accordera sur-le-champ, et, dans
les huit jours qui suivront la demande, le mariage
sera célébré par *paroles de présent* et conformément
à l'usage et étiquette de la cour de Vienne [1]. »

---

[1] Ce contrat fut signé à Vienne le 16 février. On y ajouta un
article spécial sur la demande de Napoléon. Le voici :

« Article séparé.

« S. M. l'Empereur d'Autriche ayant voulu déférer au désir
que Sa Majesté l'Empereur des Français lui a fait témoigner que
les articles du mariage fussent rédigés en français comme étant
la langue du pays que la future épouse doit habiter, et de la maison impériale dans laquelle elle entrera, il a été néanmoins con-

Le comte de Laborde, qui devait faire partie de
l'ambassade extraordinaire en qualité de premier
secrétaire, avait écrit le 6 février au comte de
Metternich une lettre confidentielle qui nous
révèle le dessous des cartes. Il commençait par se
féliciter d'avoir pu contribuer, par sa position et
ses relations, à l'un des événements les plus considérables de cette époque. « Les hommes qui ont
le plus contribué à faire avancer l'alliance importante qui va se faire, ajoutait-il, sont Maret,
Sémonville *et notre ami de la rue de Varennes,* dont
l'opinion, demandée en secret et prononcée haut, a
ébranlé la velléité qui faisait pencher pour la
Russie [1]. » Laborde se répandait en compliments
et en promesses. « Je me félicite, et la monarchie
doit être heureuse du changement de système que
nous allons voir se développer. Il me paraît important que nous reprenions nos relations. Nous

venu que cet exemple ne pourrait jamais tirer à conséquence ni
être cité en d'autres ni en de semblables cas. » Pour qui connaît
l'étiquette autrichienne, c'était une grande concession ; mais que
pouvait-on refuser alors à Napoléon?

(Affaires étrangères. — *Vienne.*)

[1] M. de Talleyrand, quoique en disgrâce, avait conservé beaucoup de crédit. Il avait, comme on l'a vu, poussé de son mieux
à l'alliance autrichienne, sachant qu'à l'occasion Metternich et
François II lui en tiendraient compte. L'Autriche lui était déjà
fort reconnaissante d'avoir, en 1805, persuadé à Napoléon de
contracter avec elle paix et amitié. (Voir *Revue historique* de
janvier-février 1889. — Talleyrand à Napoléon, le 17 octobre
1805. Document publié par M. Pierre Bertrand.)

marchons vers un même but. Il y aura beaucoup
de choses à vous dire, et ma position me met à
même de vous être utile. Je le ferai avec chaleur et
intérêt. Je vous ai certainement voué l'attachement le plus sincère. Votre ambassadeur est un
homme excellent. Floret l'est également... Comp-
tez que tout ce que vous me direz passera, — si
vous le voulez, — à *l'Homme,* et ce que vous voulez
qu'il ne sache pas restera au fond d'une cheminée
ardente. » On trouvera, avec raison peut-être,
que M. de Laborde se mettait trop facilement à la
disposition de l'Autriche. Mais continuons à lire
cette lettre si instructive. « Il y a un grand mouvement parmi les jacobins et le faubourg Saint-
Germain. Les uns clabaudent, l'autre est hors de
mesure. On sera sévère pour les uns et les autres.
Mais voici des avis et des demandes même que je
vous fais. On proposera un échange d'ordres et
de cordons. » Nous touchons au point sensible.
M. de Laborde prie Metternich, « pour faire
marque d'oubli et marque de bons souvenirs au
parti raisonnable des jacobins ou des constitution-
nels », d'accorder : « 1° à Maret le cordon de
Saint-Étienne ou de Saint-Léopold, en diamants,
de la valeur de 300,000 liv., avec la ganse et l'épau-
lette, et 2° l'autre de ces ordres à Sémonville et à
Beurnonville, membres du Sénat et vos prison-
niers d'Olmütz ». Il estime que cela fera l'effet le

plus heureux. D'ailleurs, « Maret et Sémonville ont
été dans cette circonstance *tout ce qu'on peut être* ».
Mais pour lui-même n'y aura-t-il rien? « Vous
pourriez également, insinuait-il, me faire donner
la décoration de Saint-Étienne ou de Léopold, ce
qui me placera à l'égard de notre souverain dans
une position avantageuse et me vaudra, par l'effet
des circonstances, plus d'influence et plus d'égards.
Je laisse à votre amitié pour moi de faire ce que
vous pourrez. » En attendant, il faut prouver à
l'Autriche qu'on est un ami utile. « Je joins, dit
Laborde, à toutes ces demandes quelques observations politiques et quelques notions importantes.
On bavarde avec l'Angleterre. On donnera le
Portugal pour la Sicile. On laissera la maison
d'Orange en Hollande, en occupant et en réunissant le pays jusqu'au Wahal. On rendrait le
Hanovre, etc. » Suivait une prédiction qui, à
quelques mois près, s'est réalisée : « Ce dont
vous pouvez être sûr, c'est qu'en moins de cinq
mois, nous sommes en froid avec la Russie, et en
moins de dix-huit mois en guerre avec elle. On
continuera à viser sur Constantinople et l'Orient.
L'Égypte tient à notre cœur. Montez vos combinaisons sur ce pied et tâchez que votre princesse
ait bientôt des enfants, ce que cependant vous ne
vous aviserez pas de diriger là où vous êtes. »
Laborde ne pensait pas qu'il fût bon que François II

vînt immédiatement en France, mais qu'il annon-
çât seulement sa visite en bon père qui veut voir
sa fille. « Notre ami de la rue de Varennes, conti-
nuait-il, est consulté en secret, mais pas admis.
Je doute qu'il reprenne le timon ; mais le parti
pour lequel je vous demande des faveurs *est tout
ce qu'on peut être* et le sera par mille rapports que
je vous développerai, lorsque j'aurai plus de mo-
ments à moi. » Ceux qui ont cru au désintéresse-
ment des conseillers de Napoléon avoueront, après
la lecture de cette lettre, qu'ils se sont bien trom-
pés. Le *post-scriptum* les désabusera davantage.
« On vient dans ce moment me dire qu'au lieu de
l'ordre en diamants, Maret préfère — parce que sa
femme le préfère — une belle tabatière très ostensible et là *trois cent mille francs en billets*. Elle dit
que cela établira l'enfant qu'elle porte sous son
sein. » Et parlant du ministre des relations extérieures, Laborde disait ironiquement : « A ce
niais de Champagny, une tabatière sans billets. Je
crois que son heure sonne! » Il n'était pas plus
tendre pour notre ambassadeur à Vienne : « Otto
a été et sera toujours mauvais pour vous autres. Il
ne vous restera pas, et il dépendra assez de vous de
le faire changer [1]. »

---

[1] Voy. Helfert. App., pages 354 à 358. — Metternich avait conservé cette précieuse lettre dans les Archives d'État, malgré le désir
de Laborde, qui lui avait écrit : « Brûlez ma lettre. J'y compte. »

Mais Laborde avait beau multiplier les préve-
nances et les compliments, Metternich s'en défiait.
Il avait averti, le 25 décembre 1809, le prince de
Schwarzenberg de se garder « de cet homme dont
le rôle a été entièrement double dans le cours de la
négociation... Il tiendra sans doute, ajoutait-il, un
langage différemment nuancé à Votre Altesse.
Elle ne peut le regarder que comme un faux frère
et ne s'en servir que pour confronter les notions
qu'il peut vouloir vous inculquer, mon prince,
avec des données puisées dans des sources différentes... Je la prie de ne jamais perdre de vue le
caractère personnel d'un homme qui, après avoir
été accueilli à notre service, s'est laissé employer
activement dans un sens entièrement opposé à nos
intérêts, et qui, comblé des bienfaits de l'ancienne
cour d'Espagne, n'a rien eu de plus pressé que de
sacrifier la reconnaissance à son envie de parvenir
à des grades avancés au service de Napoléon... »
Schwarzenberg était déjà prévenu. « Je ménagerai
soigneusement, avait-il écrit à Metternich, mes
relations avec Laborde, qui me mettent dans la
possibilité d'agir sur l'Empereur par la voie de
M. Maret, dont l'esprit conciliant pourrait être de
quelque utilité, du moins dans les petites affaires.
Cependant, je me méfierai toujours jusqu'à un certain point de cette ancienne connaissance, car, en
homme d'honneur, il faut qu'il serve fidèlement la

cause qu'il a embrassée, et il doit l'avoir bien ser-
vie, parce qu'on vient de lui accorder trois ré -
compenses. Il fut créé à la fois chevalier de la
Légion d'honneur, maître des requêtes et comte [1]. »

Si Schwarzenberg se défiait de Laborde et en
informait Metternich, Laborde ne se gênait pas
pour écrire quelque temps après au premier ministre de François II, à propos de l'alliance franco-
autrichienne : « Schwarzenberg n'a pas été adroit
en cette affaire. »

Metternich, qui cependant avait donné tous
pouvoirs à Schwarzenberg, parut s'étonner de la
rapidité avec laquelle le contrat avait été rédigé.
L'ambassadeur autrichien lui répondit : « En si-
gnant le contrat de mariage, tout en protestant que
je n'étais aucunement muni de pouvoirs *ad hoc,* je
crois avoir uniquement signé un acte qui pût
garantir à l'empereur Napoléon la résolution prise
par mon auguste souverain de venir au-devant de
toute négociation sur cet objet important. Les
dépêches que vous me fîtes l'honneur de m'adresser, Monsieur le comte, ne me laissèrent plus
aucun doute sur la marche que j'avais à tenir.
Sa Majesté, à ce que m'assure Votre Excellence,
approuve ma conduite en m'enjoignant de conti-

[1] Helfert. App., p. 395.

nuer à travailler dans le même sens. Le mariage
est donc une affaire que mon gouvernement juge,
comme de raison, être du plus grand intérêt, et
dont la réalisation lui paraît être bien désirable [1]. »
L'ambassadeur justifie son empressement par une
raison très naturelle. « Quand on connaît le caractère de l'empereur Napoléon, il ne semble pas
douteux que si j'avais mis de mon côté de la mauvaise grâce, il eût quitté ce projet pour en chercher un autre. Si cette affaire fut brusquée, c'est
que Napoléon n'en fait guère d'autres, et il me
parut qu'il fallait profiter d'un moment favorable. »
Schwarzenberg ajoute que, s'il a eu le malheur de
déplaire à son souverain, il demande instamment
son rappel. On ne fit pas la faute de le rappeler.

Dans une autre dépêche du 8 février, Schwarzenberg explique encore sa conduite. « Si j'avais
insisté à ne pas signer, dit-il, *il* aurait rompu pour
en finir ou avec la Russe ou avec la Saxonne...
Je vous conjure, cher ami, de faire en sorte que
cette grande affaire ne souffre aucune difficulté et
qu'elle se fasse de bonne grâce... Je plains la prin-

[1] Helfert, qui publie cette dépêche, reproche ailleurs à
M. Thiers de n'avoir pas pris la peine de jeter un coup d'œil sur
les sources autrichiennes. « Autrement, déclare-t-il, il lui aurait
été impossible d'écrire que les représentants de la cour de Vienne
avaient insinué en cent façons que cette cour ne demandait pas
mieux que de s'unir à Napoléon. » Les documents cités par Helfert lui-même, les dépêches officielles et les Mémoires de Metternich combattent victorieusement la thèse d'Helfert.

cesse, il est vrai, mais qu'elle n'oublie pas cependant qu'il est bien beau de rendre la paix à de si
bons peuples et de s'établir le garant de la tranquillité et du repos général... Faites terminer cette
affaire noblement, et vous aurez rendu un service
immense à la patrie!... »

Metternich se garda bien de contrecarrer Schwarzenberg. Son zèle avait trop merveilleusement
servi ses plans. A toutes les demandes venues des
Tuileries, il s'empressa, lui aussi, de répondre « de
bonne grâce et l'esprit content ».

Les moindres détails étaient étudiés avec un soin
extrême. Ainsi le ministre des relations extérieures
priait le comte Otto de lui envoyer par le premier
courrier une robe et un soulier de l'archiduchesse
pour qu'ils servissent de modèle. Le 9 février, il
réclamait le portrait de la princesse et des renseignements détaillés sur sa personne, afin de satisfaire à l'impatience de Napoléon. Il avertissait
l'ambassadeur que l'Empereur accepterait volon-
tiers un échange d'ordres, mais non la Toison d'or,
parce qu'il la tenait déjà de l'Espagne et parce
que la France conservait des prétentions sur cet
ordre d'origine française. Il l'engageait à avertir
le ministère autrichien que la moitié des troupes
était rentrée en France, que le pays de Salzbourg
et d'Inn devait être réuni à la Bavière, que les
travaux des fortifications de Passau étaient inter-

rompus, que l'armée d'Illyrie allait être réduite
au tiers, et qu'au 1ᵉʳ mars tout serait mis sur le
pied de paix : « Vous ajouterez, concluait Champagny, qu'on verrait avec plaisir que l'Autriche fît
de pareilles propositions pacifiques. » Dans une
lettre qui suivit celle-ci, le ministre fit parvenir au
comte Otto, sur la demande même du prince de
Schwarzenberg, les sentences de l'Officialité, pour
prouver qu'il n'existait plus d'empêchement canonique au second mariage de Sa Majesté[1].

« Vous êtes autorisé, mandait Champagny au
comte Otto, notre ambassadeur, le 9 février 1810,
à les communiquer. *Il ne serait pas convenable
qu'on en prît copie.* J'aurais pu vous envoyer toutes les pièces de la procédure qui sont relatées
avec soin dans la sentence de l'Officialité métropolitaine, mais cela m'a paru inutile. Cette sentence indique très bien la marche qui a été suivie
et les motifs de nullité. La compétence des Officialités diocésaine et métropolitaine est mise hors
de doute par l'avis de sept prélats distingués par
leurs lumières autant que par leur attachement à
leurs devoirs.

« Le recours était difficile dans le moment
actuel, et il n'était pas nécessaire, puisqu'il est

---

[1] L'Empereur fit adresser également à son ambassadeur extraordinaire Berthier une attestation du cardinal Fesch. (Voir aux
pièces justificatives.)

10

reconnu que l'Officialité peut déclarer la nullité du
mariage entre particuliers. Pourquoi n'aurait-elle
pas le même droit à l'égard des têtes couronnées?
Le sacrement n'est-il pas le même pour les uns
comme pour les autres? La dissolution du mariage de Henri IV n'a été prononcée par le Pape
que parce que Marguerite de Valois s'était adressée au Souverain Pontife. Le Pape, qui a annulé le
mariage de Louis XII, avait été l'instigateur de
cette séparation. C'est par cette raison qu'il s'était
empressé d'en être l'instrument. Vous ne montrerez ces pièces qu'autant qu'il existerait quelque
scrupule que cette communication ferait disparaître, et vous ne devez employer les réponses que
je vous fournis à quelques objections, qu'autant
que ces objections seraient faites. Vous aurez soin
de me renvoyer ces sentences, aussitôt que vous
n'en aurez plus besoin. »

Cette prudence du ministre de Napoléon montre
à elle seule combien l'on redoutait l'examen minutieux des sentences de l'Officialité. Vues de près,
elles auraient en effet aggravé les difficultés.

L'archevêque de Vienne, avant de procéder au
mariage religieux par procuration, souleva plusieurs difficultés. Voici les points minutieux sur
lesquels il demandait à être éclairé et à recevoir
une solution satisfaisante :

« — En quel temps, en quelle année le contrat civil avec Joséphine a-t-il été fait et célébré?

« — Les lois anciennes, données par les rois, étaient-elles abolies à cette époque ?

« — Le propre prêtre ou curé fut-il présent à ce contrat? Se fit-il devant des témoins? Qui furent ces témoins ?

« — Quelle fut la formule employée dans le contrat civil? Ce contrat portait-il sur une société indissoluble ou sur une société qui ne serait telle que jusqu'à la fin de l'éducation des enfants qui pourraient provenir de cette union ?

« — Devait-elle être à perpétuité ou ne durer qu'un certain nombre d'années, et sous quelles conditions?

« — Quel est le motif pour lequel le contrat civil a été dissous?

« — Par quels juges l'a-t-il été? Devant quels témoins? Cela s'est-il fait sans qu'il y ait eu aucun défenseur du mariage?

« — Avant le couronnement, le contrat civil a-t-il été renouvelé ou prorogé en présence du propre prêtre ou du Pontife?

« — Le for ecclésiastique a-t-il déclaré ce contrat civil comme n'étant pas naturel et comme nul par conséquent, à défaut de toute légitimité?

« — Sur quel fondement et par quel motif l'aurait-il déclaré tel? A-t-on établi un défenseur du mariage? Dans le jugement ecclésiastique, a-t-on observé tout ce que prescrit la bulle de Benoît XIV?

« — Quels ont été les juges? En combien d'instances la cause a-t-elle été décidée?

« — A-t-il été interjeté appel à la seconde instance? Conformément aux lois ecclésiastiques aujourd'hui en usage, le Pape a-t-il dû établir et nommer des évêques de France pour décider en dernier ressort?

« — Tout ce qui est relatif à cette affaire se trouve-t-il réellement consigné par écrit dans des documents publics?

« — Les témoins les ont-ils signés et certifiés sous la foi du serment [1]? »

Le pauvre comte Otto répondit de son mieux à ces questions qui lui semblaient fort indiscrètes. Mais l'archevêque de Vienne voulait davantage. Il tenait essentiellement à examiner par lui-même les sentences de l'Officialité de Paris. Le comte Otto s'y refusait, ayant donné sa parole d'honneur à Metternich que le mariage était annulé. Ce n'était pas au jugement d'un prélat étranger que le clergé de France devait soumettre ses sentences. Les négociations étaient arrêtées par cet incident fâcheux ; sept jours furent employés à compulser la collection du *Moniteur* et du *Bulletin des lois*

[1] Helfert. App.

pour attester la nullité du premier mariage de
l'Empereur. Rien ne pouvait vaincre la conscience
timorée de l'archevêque de Vienne. Pour lever ces
scrupules, le comte Otto finit par rédiger une
attestation personnelle, destinée à l'archevêque
seul. « Je soussigné, disait-il, ambassadeur de
Sa Majesté l'Empereur des Français, atteste que
j'ai vu et lu les originaux des deux sentences des
deux Officialités diocésaines de Paris concernant le
mariage entre Leurs Majestés l'Empereur et l'Impératrice Joséphine, et qu'il résulte de ces actes que,
conformément aux lois ecclésiastiques catholiques
établies dans l'Empire français, ledit mariage a
été annulé de toute nullité... » Le comte Otto
déclara avoir consenti à ce biais « pour ne pas
livrer les deux sentences au caprice d'un vieillard
influencé par deux prêtres émigrés [1] ». Elles étaient
déjà revenues à Paris.

L'archevêque Sigismond en avertit François II.
Il lui écrivit le 28 février qu'à cette date il n'avait
aucune preuve légale et sûre de la dissolution des
liens qui unissaient Napoléon et Joséphine. Il sup-
pliait l'Empereur de lui faire donner communica-

[1] Le comte Otto au comte de Cadore, 28 février 1810. (Archives des Affaires étrangères.) — Au sujet des deux prêtres
émigrés, le comte Otto ne nomme que le ci-devant évêque de
Carcassonne. Il accuse aussi le nonce d'avoir en cette occasion
abusé de son influence.

10.

tion des sentences de nullité et de publier officiellement tous les actes qui constataient la rupture
du lien civil et du lien religieux. Ces formalités
lui étaient nécessaires « pour accomplir sûrement
son œuvre, disait-il, et n'exposer ni lui, ni le nouveau mariage à aucun péril ». Le comte de Metternich, sur l'ordre de son souverain, informa de ce
désir le comte Otto. Celui-ci lui répondit que les
deux sentences des Officialités diocésaine et métropolitaine de Paris, qu'il avait eues entre les
mains pendant quatre jours et qu'il avait renvoyées
en France, se fondaient principalement sur le
manque total des formalités prescrites par les lois
de l'Église ; que la nullité du premier mariage de
S. M. l'empereur Napoléon y était reconnue par les
sept prélats respectables qui avaient signé ces
sentences d'après le texte des Saints Canons et
d'après des pièces probantes et originales relatées
dans lesdites sentences.

« Le soussigné déclare en outre qu'il est de no-
toriété publique en France qu'à l'époque où ce
premier mariage a été contracté, il n'existait aucun
curé qui eût pu intervenir dans un acte semblable,
tous les mariages étant considérés alors comme de
purs engagements civils que la moindre incompa-
tibilité d'humeur pouvait dissoudre légalement.

« Ce n'est qu'à l'avènement de l'Empereur Napoléon que des principes plus analogues à l'esprit

de notre sainte religion ont été établis en France,
et que la plupart des mariages contractés auparavant ont été renouvelés et consacrés par des
formes canoniques ; mais le mariage de Sa Majesté
Impériale n'ayant pas été confirmé de cette manière,
les sept prélats qui en ont prononcé la nullité ont
principalement insisté sur ce défaut de forme,
qu'il importait bien plus à la France qu'à toute
autre nation de constater, puisque c'est sur cette
considération importante que se fonderont dans la
suite les droits des descendants de Sa Majesté... »

Metternich trouva le procédé employé vis-à-vis
de la cour d'Autriche un peu léger. Il se plaignit
que le comte Otto lui eût refusé les papiers de
l'Officialité. Il regretta une finesse peu conforme
aux engagements pris par l'ambassadeur et tout
opposée à la manière franche dont il avait lui-
même abordé une question très délicate. Le
comte Otto répondit par une courte note à ces
observations :

« L'attention scrupuleuse, dit-il, avec laquelle
j'ai eu soin d'énoncer mes assertions, doit être le
plus sûr garant de leur exactitude. J'ai dû affirmer,
dans un paragraphe séparé, ce qui concerne la
faculté de dissoudre le mariage au gré des contractants, parce que je ne suis pas bien sûr d'avoir vu
ce motif de nullité exprimé dans les mêmes termes ; mais je puis répondre qu'il est implicitement

compris dans les deux sentences dont il s'agit[1]. »
Le comte Otto ne satisfaisait pas à la demande
de Metternich qui avait réclamé les sentences.
L'archevêque Sigismond insistait plus que jamais.
Pour lever ses scrupules, le cardinal Fesch lui fit
porter une missive particulière par un page de la
Cour. Dans cette missive, le cardinal, en sa double
qualité de grand aumônier et d'archevêque de
Paris, accordait la dispense des bans et faisait la
remise nécessaire pour autoriser le prêtre chargé
de la célébration du mariage. « En donnant cette
pièce, observait Champagny qui était au courant
de l'envoi, le cardinal atteste, par le fait même,
qu'il n'y a pas d'empêchement provenant d'un
autre engagement, et le métropolitain de Vienne
n'a plus besoin de s'enquérir de la légalité du divorce religieux. Le véritable juge, l'évêque de
l'Empereur, a prononcé. » Mais l'archevêque de
Vienne ne voulut pas se contenter de la missive
de l'archevêque de Lyon. Le désarroi était grand
parmi les diplomates.

Napoléon, qui en fut informé, fit écrire à Otto
par Champagny : « L'Empereur m'a chargé de vous
dire que le cardinal Fesch prétend que l'envoi des
sentences de l'Officialité est chose inutile, puisque
la pièce émanée de ce prélat a porté au métropo-

[1] Helfert. App., p. 401.

litain de Vienne la permission de procéder au
mariage en même temps que la promulgation des
bans, ce qui finit tout. Cependant, Sa Majesté veut
toujours que je vous fasse l'envoi des deux sentences. Vous ne les montrerez pas, s'il n'est pas
nécessaire de les faire voir, et vous pourrez faire
sentir que l'Empereur n'a rien à démêler avec
l'Officialité de Vienne, son juge étant l'Officialité
de Paris. Mais, s'il le faut, montrez les pièces pour
n'être arrêté par aucune difficulté. » Ainsi l'insistance de l'archevêque Sigismond semblait avoir
vaincu tous les obstacles. Mais dans l'intervalle,
M. de Metternich lui avait fait entendre de la part
de François II que l'attestation écrite du comte
Otto suffisait. L'archevêque s'inclina, et les deux
sentences de l'Officialité revinrent à Paris sans
avoir été vues par lui. Metternich laissa croire que
s'il avait cédé, c'est que, d'après le cardinal
Consalvi qui l'avait affirmé au chevalier Louis de
Lebzeltern, le Pape avait été trompé, la veille du
sacre, sur la nature des liens qui unissaient Napoléon et Joséphine. Il reproduit cette assertion dans
ses Mémoires et prétend que l'Empereur avait
abusé de la bonne foi de Pie VII, lequel lui adressa
itérativement des remontrances à ce sujet. Ce sont
là des bruits sans portée, et les faits, comme on l'a
vu, les ont démentis. Ce qui est vrai, c'est que
l'Officialité de Vienne comme l'Officialité de Paris,

la cour de Vienne comme la cour des Tuileries
obéirent à la volonté de Napoléon. Lui-même, devançant audacieusement l'avenir, décrétait, à cette
époque — un an avant la naissance de son héritier
— que le prince impérial porterait le titre et recevrait les honneurs de roi de Rome.

Le 14 février, Metternich avait répondu officiellement que l'empereur d'Autriche et l'archiduchesse
Marie-Louise consentaient au mariage projeté.
« Cette situation des affaires, disait-il à Schwarzenberg, nous permet maintenant d'attendre avec
calme que la demande officielle du souverain de la
France nous soit présentée. » Le ministre autrichien
tenait sa proie. De son côté, Schwarzenberg, qui
redoutait quelque retard malencontreux, lui écrivait : « Je suis persuadé que cet événement nous
assure un repos momentané qui nous est indispensable, et qu'un refus ou quelque mauvaise volonté
attireraient indubitablement sur nous la haine implacable du souverain et de tout son peuple... Tous
les préjugés doivent disparaître, quand il y va de
l'existence de la patrie. Nulle considération secondaire ne peut détourner le point de vue principal,
et quand le désir se fait entendre, il faut obéir sans
hésiter[1]. » C'était la pensée même de Metternich.
Mais il craignait toujours que son ambassadeur ne

[1] Helfert. App., p. 399.

manifestât une joie immodérée, — ce qui était im-
prudent à Paris, — et il l'engageait à ne pas mettre
à cette affaire un air d'empressement qui les pri-
verait des moyens précieux de placer, au moment
même où la demande officielle leur serait faite,
plusieurs questions de la plus haute importance. La
première était la reprise de l'Illyrie. On aurait bien
voulu aussi enlever au Tzar la Valachie et la Moldavie. Mais l'Autriche allait bientôt voir que l'Empereur ne lui ferait pas la guerre pour ce simple
motif. La seconde question était la paix générale.
Il fallait « gagner quelques années de repos et gué-
rir bien des plaies causées par les luttes toujours
renouvelées des dernières années ». Cependant
Metternich paraissait ne pas trop s'abuser sur l'avenir. « Nous sommes loin, mandait-il à Schwarzenberg, de trouver dans une alliance de famille avec
un prince dont le système indépendant de toute
considération particulière n'est journellement que
trop démontré, une garantie suffisante pour com-
penser le sacrifice que fait, sous tant de rapports,
le chef de la première maison souveraine de l'Europe en accédant à cet arrangement... » Mais ceci
était écrit pour la galerie. Car, si le sacrifice résul-
tait de la mésalliance — c'était au fond le vrai grief
— on peut dire que Marie-Louise n'a pas craint de
contracter plus tard, sans être blâmée par les siens,
une seconde union singulièrement inférieure avec

le général de Neipperg. Si Bonaparte n'avait pour
attester sa noblesse que ses incomparables victoires, que penser du général de Neipperg qui épousait une archiduchesse, une impératrice[1]?... Il est
vrai que François II crut tout arranger en apprenant avec satisfaction à Napoléon, lors de son séjour à Dresde, que dans le moyen âge les Bonaparte
avaient régné à Trévise... Mais Napoléon n'avait pas
besoin des découvertes faites par les érudits autrichiens pour se donner des aïeux. C'est avec jus-
tesse que Lacordaire a pu dire : « Il descendait en
droite ligne des vieux héros », et que Victor Hugo
s'est écrié : « Il était entré si avant dans l'histoire par
ses actions, qu'il pouvait dire et qu'il disait : « Mon
prédécesseur Charlemagne » ; et il s'était par ses al-
liances tellement mêlé à la monarchie, qu'il pouvait
dire et qu'il disait : « Mon oncle le roi Louis XVI[2]. »

[1] Que penser aussi de la troisième union que contracta en 1833
Marie-Louise avec le comte de Bombelles?...
A Vienne, on avait entendu le dialogue suivant entre un
Tyrolien et un Viennois :
« Le mariage de Marie-Louise avec Napoléon est une mésal-
liance, disait le Tyrolien.
— Non, répondait le Viennois, car le beau-père est un fabri-
cant de papier, et le gendre un fourbisseur d'épées. »
Pour apprécier le sel de cette plaisanterie allemande, il faut la
lire dans le texte allemand : « Der Schwiegervater ist ein Pa-
piermacher und der Schwiegersohn ist ein Schwertfeger ! » (Voy.
*Archiv für österreichische Geschichte. — Die Heirath der Erz-
herzogin Marie-Louise mit Napoléon Ier*, von Eduard Wertheimer, 1882. Vierundsechzigster Band, Erste Hälfte.)
[2] Discours de réception à l'Académie française.

Le mariage de Napoléon et de Marie-Louise
allait jeter l'inquiétude en Russie, en Prusse, en
Orient. La Russie surtout était agitée. A la date
du 19 février, Metternich déclarait que le cabinet
de Saint-Pétersbourg, depuis qu'il commençait à
craindre la rivalité de l'Autriche, cherchait à rétablir
ses anciennes liaisons avec elle. « Nous croyons,
disait-il, ne pas pouvoir nous placer dans une
meilleure attitude pour atteindre ce but autant
qu'il pourra nous convenir, qu'en ne lui témoignant que la plus parfaite impassibilité et, sans
montrer de l'humeur, *le mépris que nous avons
voué à sa conduite dans les derniers temps.* » Ce
mépris, qui provenait de l'acceptation par la Russie
d'une partie de l'ancienne Galicie offerte par le
dernier traité de Vienne, n'empêchera pas, dans
peu d'années, l'Autriche et la Russie de se coaliser
avec la Prusse contre Napoléon.

En attendant, l'Autriche accable l'Empereur de
flagorneries, et c'est là vraiment un spectacle écœu-
rant pour celui qui étudie les détails de ces événements extraordinaires. Une fois l'alliance décidée,
la comédie se joue avec ensemble et avec entrain.
François II interprète à merveille le rôle de beau-
père généreux et tendre, cachant une habileté per-
fide sous le masque d'une bonhomie ouverte. Metternich est l'entrepreneur de mariages fin, adroit,
insinuant, aimable. L'archiduchesse est la jeune

11

fille modeste, simple, dévouée, timide. La belle-
mère, quoique ennemie acharnée des Français et de
leur maître, enveloppe sa haine et son dépit d'un
air de cordialité enjouée. Les courtisans qui font
les comparses, rivalisent de zèle et d'adulation.
L'approbation est générale, le contentement se lit
dans tous les yeux, le sourire erre sur toutes les
lèvres. Il semble qu'une fée ait, d'un coup de ba-
guette, dissipé les rancunes et les tristesses. Chacun a oublié les provinces perdues, les compatriotes
livrés à l'étranger, l'armée humiliée, la cité bom-
bardée, le trésor mis à sec et les remparts changés
en décombres. C'est la paix qui apparaît, c'est la fin
de tous les maux, c'est l'aurore de toutes les joies.
Grâce au nouveau Charlemagne, toutes les difficultés vont s'aplanir. L'Autriche retrouvera une partie
de sa puissance. Metternich croit qu'il pourra profiter de l'embarras réel que les entreprises contre le
chef de l'Église causaient à Napoléon. « Avec une
conduite mesurée et habile, observait-il, il pourrait
être réservé à notre auguste maître de jouer un rôle
éminent dans l'arrangement des affaires de l'Église. »
Il fondait son espérance sur la manière dont il avait
reçu satisfaction pour l'annulation canonique du
mariage avec Joséphine, ayant forcé Napoléon à
requérir la sentence de l'Officialité de Paris, avant
que l'Autriche eût donné son consentement définitif. Metternich espérait encore que François II,

en plaçant sa fille « dans un pays éloigné », obtiendrait les garanties les plus complètes pour le repos
de sa conscience. Vaines paroles !... Napoléon
continuera à opprimer le Pape, et l'Autriche, qui
commence seulement — en 1810 — à s'émouvoir
en apparence du sort injuste fait à Pie VII, n'osera
point tenter une démarche sérieuse en sa faveur,
tant que Napoléon sera fort et redouté.

Le 23 février, l'empereur des Français adressait à l'empereur d'Autriche la lettre suivante :

« Monsieur mon Frère,

« Je fais partir demain mon cousin le vice-
connétable, prince de Neufchâtel, pour demander
à Votre Majesté Impériale l'archiduchesse Marie-
Louise, sa fille, en mariage. Les hautes qualités qui
distinguent si éminemment cette princesse, l'avantage précieux qu'elle a de lui appartenir me font
désirer vivement cette union. On me fait espérer
que Votre Majesté voudra y consentir. Je ne tarde
donc pas un moment et j'envoie le comte Lauriston, mon aide de camp, déjà connu de Votre Majesté, pour lui porter cette lettre. Je le charge de lui
faire connaître le prix que je mets à cette alliance ;
j'en attends pour moi et mes peuples beaucoup de
bonheur.

« Napoléon [1]. »

[1] Cette lettre, suivant Meneval, a été entièrement écrite par

Le même jour, il écrivait à Marie-Louise :

« MA COUSINE,

« Les brillantes qualités qui distinguent votre
personne nous ont inspiré le désir de la servir et
honorer. En nous adressant à l'Empereur votre
père, pour le prier de nous confier le bonheur de
Votre Altesse Impériale, pouvons-nous espérer
qu'elle agréera les sentiments qui nous portent à
cette démarche? Pouvons-nous nous flatter qu'elle
ne sera pas déterminée uniquement par le devoir
de l'obéissance à ses parents? Pour peu que les
sentiments de Votre Altesse Impériale aient de la
partialité pour nous, nous voulons les cultiver avec
tant de soins et prendre à tâche si constamment de
lui complaire en tout, que nous nous flattons de
réussir à lui être agréable en tout ; c'est le but où
nous voulons arriver et pour lequel nous prions
Votre Altesse de nous être favorable.

« NAPOLÉON. »

Quant aux représentants de la France à l'étranger, l'Empereur prescrivit à son ministre des relations extérieures de les informer de son mariage
dans les termes que voici :

---

l'Empereur et avec le plus grand soin. « Il aura ignoré, dit Meneval en parlant de François II, la peine que cela lui avait coûté. »

« Palais des Tuileries, 26 février 1811.   10

« Je désire que vous me soumettiez dans le
courant de la journée le projet bien rédigé d'une
circulaire à adresser à mes ambassadeurs et à mes
consuls, et dans lequel vous exposerez et expli-
querez le motif de mon alliance avec l'Autriche.
Cette circulaire ne pourra être imprimée, mais
elle servira de direction à mes ministres. Vous y
direz qu'un des principaux moyens dont se ser-
vaient les Anglais pour allumer la guerre continentale, consistait à admettre et à dire que mon
intention est d'anéantir les dynasties.

« En profitant, comme je l'ai fait, des circonstances qui m'ont permis de choisir une épouse,
j'ai voulu leur enlever ce malheureux prétexte au
moyen duquel ils soulevaient les nations et allu-
maient des discussions qui mettaient l'Europe à
feu et à sang. Rien ne me paraissait mieux fait
pour conjurer ces agitations que de demander en
mariage une archiduchesse. Les brillantes et éminentes qualités de Marie-Louise, sur lesquelles on
m'a fait des rapports détaillés, m'ont permis d'agir
en plein accord avec ma politique. La demande
ayant été faite et l'empereur d'Autriche l'ayant
agréée, j'ai fait partir le prince de Neuchâtel avec la
mission de procéder aux fiançailles solennelles et
d'assister comme témoin au mariage qui devra

être accompli par un des archiducs, *per procura-*
tionem, le 6 mars, à Vienne.

« Je me réjouis de cette occasion de rapprocher
deux grandes nations et de donner à la nation
autrichienne et aux habitants de la ville de Vienne
un témoignage de ma haute estime. Vous ajouterez
que je désire que leur langage réponde au degré
de parenté qui me lie à la maison d'Autriche,
mais qu'ils ne disent rien qui puisse altérer mon in-
time alliance avec l'empereur de Russie. Vous ferez
connaître tout particulièrement à mes ambassadeurs à Munich, à Stuttgard et à Carlsruhe l'itiné-
raire que suivra l'Impératrice, et vous leur don-
nerez des instructions détaillées concernant l'étiquette qui devra être observée pendant son voyage.
Il est inutile de s'en tenir à ce qui a été fait pour
moi. Comme je n'ai fait de voyage en Autriche
que pour mes affaires, je ne me suis mêlé de rien
en fait d'étiquette ; beaucoup trop occupé, je ne
m'en suis soucié en aucune façon. Quant à l'Impératrice, c'est une autre affaire. Ici, il s'agit de bien
savoir comment l'Impératrice devra être reçue, si
elle aura à faire une visite aux reines pendant son
séjour à Munich et à Stuttgard. Mon désir est que
l'on procède à l'égard de l'Impératrice comme
autrefois à l'égard de l'Impératrice d'Allemagne[1]. »

---

[1] Cette lettre, qui ne figure pas dans la Correspondance de

M. de Champagny se conforma à cet ordre. Il
proposa à son maître une circulaire qui contenait
la déclaration suivante : « Les guerres qui depuis
longtemps désolent le continent, sont le fruit de la
politique anglaise. Elle propageait l'opinion que Sa
Majesté l'Empereur avait projeté la destruction des
principales dynasties qui règnent en Europe. L'Empereur saisit l'occasion de faire tomber des bruits
mensongers, en s'unissant par un lien durable à
la Maison dont on supposait qu'il avait projeté la
ruine.

« L'union que va former l'Empereur est le gage
de la tranquillité du continent. Ses peuples n'ont
plus à craindre le fléau de la guerre... L'Empereur n'aura d'ennemi que l'Angleterre, et ce sera
contre elle seule qu'il dirigera désormais l'emploi
de tous ses moyens[1]. » Napoléon l'approuva en
termes brefs : « Cette lettre me paraît bien. Le
ministre va l'expédier. » Ce qui fut fait aussitôt. .

L'effet produit par la demande officielle sur les
autres cours fut immense. « Le secret de la négociation avait été tenu si strictement, rapporte Metternich, que ce n'est que le jour même de l'arrivée
de M. de Floret que la chose a percé dans le public. Les diplomates ne se doutaient également de

Napoléon, a été publiée en 1881 dans la *Nouvelle Presse libre,* par
M. Wertheimer.
[1] Archives des Affaires étrangères.

rien, et le comte de Schouwaloff a été terrifié de
la nouvelle... » Que pouvait dire la Russie, sinon
qu'elle avait été jouée par plus fort qu'elle? Une
lettre de Caulaincourt à Talleyrand, en date du
25 février, traite de ce sujet important. L'ambassadeur français complimente le diplomate et feint
d'oublier que celui-ci a jadis négocié pour le mariage de l'Empereur avec le Tzar en personne.
« Voilà la plus belle époque du règne de l'Empereur. Puisse-t-elle lui donner du bonheur et à nous
de l'avenir ! On dit que vous avez puissamment
contribué à cette détermination. Il ne faut pas être
de vos amis pour avoir recours à votre sagesse.
Chacun m'assure que vous êtes plus content. Je
voudrais bien que la confiance tout entière vous fût
rendue. Qui donc aime la gloire de l'Empereur plus
que vous [1]? » Ou Caulaincourt n'était qu'un flatteur,
ou il se moquait de Talleyrand. Soutenir que l'ancien ministre des affaires étrangères avait alors un
amour particulier pour la gloire de Napoléon, c'é-
tait abuser de la crédulité de Talleyrand lui-même...
Le prince de Bénévent avait surtout l'amour de ses
intérêts. Le 4 mars, Caulaincourt informait Champagny que le prince Kourakin était chargé de féliciter l'Empereur de son mariage « et de lui témoigner *la part bien réelle* que son maître prend à tout

[1] Affaires étrangères, *Russie,* f° 150.

ce qui peut l'intéresser et principalement à l'événement qui doit assurer son bonheur et celui de ses
peuples ». C'était une allusion directe à la phrase
qui terminait la demande officielle. Mais ces félicitations n'étaient que des félicitations obligatoires.
Le dépit de la Russie, pour être déguisé, n'en était
que plus évident. A Saint-Pétersbourg, il se révélait à tous, et Caulaincourt pouvait écrire à Talleyrand : « Ce mariage a fait ici une drôle de révolution. Les plus grognons, les plus opposés au
système, jettent la pierre à l'Impératrice mère pour
le mariage de la grande-duchesse Catherine. On est
un peu aux regrets de ne pas avoir eu une princesse en âge de monter sur le trône de France. Vous
ne pouvez vous faire une idée du déchaînement
qu'il y a pour cela contre l'Impératrice, même de
la part de ses affidés. Cela ramène plus de gens aux
principes de l'Empereur que tout ce qui s'est joué
depuis deux ans. Quant au ministère, comme le
souverain, *il voit avec plaisir tout ce qui adoucit la
position de l'Autriche*, et son existence par conséquent, ce qui garantit la paix de l'Europe[1]. » Pour
le moment, le Tzar ne pouvait voir avec plaisir la
situation de l'Autriche relevée de la façon la plus
inespérée. Ce qu'il disait était une manière de dé-
guiser son dépit. Il faisait écrire, le 5 mars, par le

---

[1] Affaires étrangères, *Russie*, f⁰ 150.

comte de Romanzoff au duc de Vicence, qu'il re-
grettait que Napoléon se fût décidé à ne pas ratifier
le projet de convention que le duc avait signé [1].
Caulaincourt recevait à cet égard des reproches de
Champagny. Le pauvre ambassadeur se défendit
avec énergie. Il déplora que l'Empereur eût pu
penser qu'il avait été au delà de ses instructions.
Il parlait de son chagrin, de son découragement.
Dans une lettre confidentielle à Talleyrand, qui
continuait à diriger les Affaires étrangères par-des-
sus l'épaule de Champagny, il s'écriait désespéré :
« Pour moi, je mourrai ici, si l'Empereur m'y oublie
longtemps ! »

L'irritation de la cour auprès de laquelle il re-
présentait la France, se manifestait même contre
lui. Le Tzar, oubliant un peu le sang-froid qu'il
avait montré au premier moment, lui dit un jour
avec amertume : « La convention n'est plus rien.
Son but est manqué. » Puis : « Ce ne sera pas moi
qui troublerai la paix de l'Europe. Je n'attaquerai
personne ; mais si l'on vient me chercher, je me dé-
fendrai. » Caulaincourt, qui rapporte ce propos au
duc de Cadore le 11 mars, conclut ainsi : « Sa Majesté a encore ajouté que l'Empereur pouvait essayer

---

[1] Caulaincourt avait, en effet, signé le 5 janvier un projet de
traité qui portait à l'art. 1er cette déclaration formelle : « Le
royaume de Pologne ne sera *jamais* rétabli. » L'ambassadeur
avait reçu toute latitude et ne croyait pas avoir outrepassé ses
droits.

de beaucoup de choses comme de beaucoup de
gens ; mais qu'au reste il en reviendrait à la Russie,
comme à la puissance dont la politique et les intérêts étaient le plus d'accord avec ceux de la France. »
Cette déclaration corroborait l'assertion de Cambacérès, qui, au conseil du 21 janvier, avait osé
dire : « En négligeant la Russie, on abandonnerait
une alliance possible et facile pour une alliance
menteuse et impossible. » Et c'est poussé par l'Autriche, que l'Empereur entreprendra, deux ans
plus tard, la fatale et impolitique campagne de
Russie [1] !

Pour l'instant, Caulaincourt défendait l'Empereur contre l'idée d'une agression. « Dans toutes
nos conversations, déclarait-il à Champagny, je
m'applique à prouver que le mariage ne change en
rien nos relations avec la Russie et ne diminue pas

---

[1] Il est vrai que Metternich, racontant plus tard sa mission
spéciale en 1810, dira : « Je reconnais que l'Autriche aurait eu
besoin de toute sa sagesse et de toute sa circonspection pour empêcher une rupture avec la Russie. » Mais qui cet aveu trompera-
t-il ?... Est-il plus sincère que l'attitude de François II embras-
sant Napoléon en 1812, à Dresde ?... Personne n'oubliera que
M. de Metternich a fait croire à Napoléon que lui seul était capable de réprimer la barbarie moscovite ; que le 6 juillet 1810,
il a proposé au comte Otto de s'unir sans réserve avec la France ;
que le 19 juillet 1810, François II a lui-même sollicité la signature de ce traité d'alliance ; que l'Autriche n'a cessé d'opposer
la France à la Russie, lui prêtant un concours dérisoire, avec
l'idée intime de se porter définitivement du côté du vainqueur,
quel qu'il fût.

le prix que nous mettrons à son alliance. Il me
paraît que cela produit son effet. On paraît moins
mécontent [1]. »

La Russie, feignant de croire à ces protestations, fit savoir qu'elle enverrait à Paris, pour aller
féliciter Napoléon de ce mariage, le prince Kourakin, frère de l'ambassadeur et ministre de l'intérieur [2].

L'Empire d'Autriche et ses sujets étaient fort
occupés des fêtes qu'on préparait en l'honneur de
si grands événements. « Sa Majesté Impériale a ordonné, écrivait Metternich à Schwarzenberg, suivant la plus stricte étiquette et le protocole dont on
s'est servi lors du mariage de Marie-Antoinette,
qu'on ne négligeât rien pour donner à la cérémonie
le plus d'éclat possible. Votre Altesse fera bien de
s'expliquer dans ce sens, car nous avons lieu de
nous apercevoir combien l'Empereur des Français
tient à ces détails. » En effet, Champagny avait,
entre autres communications, fait parvenir au comte
Otto, pour l'aider dans la célébration du mariage
par procuration, le précis historique du mariage du
Dauphin avec Marie-Antoinette. « Il peut servir de
« règle, disait le ministre, mais il faut remarquer

---

[1] *Russie*, fᵒ 150. — 3 avril 1810.
[2] Napoléon remercia, le 16 mai, Alexandre de ses vœux :
« Mes sentiments pour Votre Majesté, lui écrivit-il, sont invariables comme les principes politiques qui dirigent les relations
de mon Empire... » Telle est la sincérité du langage des cours.

« que le futur époux de l'archiduchesse n'était *que*
« *le Dauphin de France*... Maintenant c'est le chef
« de l'Empire qui épouse une princesse d'Autriche.
« Il faut insister sur ces changements là où la di-
« gnité impériale serait blessée. »

Comment ne pas s'arrêter un instant sur ces
exigences? C'est le représentant de la Révolution,
c'est celui qui, en répandant le sang du duc
d'Enghien, a dit : « Je suis la Révolution française et je prouverai ce dont elle est capable »,
c'est lui qui veut pour son mariage les mêmes
formes et la même étiquette que pour le mariage
de Marie-Antoinette et de Louis XVI... Nous
sommes loin de l'année 1796, où un Barras et un
Tallien suffisaient au général Bonaparte devant
un simple officier de l'état civil. Nous sommes loin
aussi de l'année 1793, où le même échafaud
vit périr Louis XVI et Marie-Antoinette, car l'Autriche, qui avait refusé d'entamer une négociation
pour sauver la vie de la Reine et de Louis XVII [1],
l'Autriche oublieuse abaisse son orgueil devant son
vainqueur et consent pour lui à se servir du même
formulaire et à répéter les mêmes cérémonies qu'en
1770. Et la jeune Marie-Louise ira avec calme
prendre la route qu'avait suivie la radieuse Marie-
Antoinette. Et les Français, qui, après avoir acclamé

[1] *Correspondance de la cour de Vienne* au sujet des affaires
de France. — Texte cité par M. Albert Sorel.

la fille de Marie-Thérèse, avaient applaudi au supplice de « l'Autrichienne », ces mêmes Français
iront saluer de leurs cris enthousiastes l'arrivée de
la nouvelle impératrice, nièce de Marie-Antoinette.
Et le Sénat, qui avait félicité Joséphine de son
abnégation, ira porter à Marie-Louise les mêmes
termes ampoulés de dévouement et de respect.
Triste chose que l'histoire!...

C'était à qui, en France ou en Autriche, se pro-
sternerait devant le maître. On faisait assaut de
flatteries, d'adulations de tout genre. Champagny
s'informait auprès du comte Otto si, en 1770, l'on
avait fait à Vienne des présents avant ou après le
mariage. L'Empereur d'Autriche s'apprêtait à
offrir son portrait, richement orné de brillants, à
l'ambassadeur extraordinaire. De son côté, l'empereur des Français donnait ordre au comte Otto de
recevoir la cour et la haute société dans une fête
superbe. Cet ordre fut exécuté à la lettre. On dé-
ploya à l'ambassade un luxe inouï. Une cantate,
composée par M. Fourcade, consul de France à
Sinope, et exécutée par soixante artistes, eut un
grand succès. La reine de Naples s'occupait activement des préparatifs de toilette de la nouvelle impératrice. M. de Metternich demandait à venir à
Paris pour le mariage, et Napoléon s'en félicitait, à
la condition qu'il fût bien entendu que M. de Metternich ferait ce voyage « pour son agrément ou

ses affaires, ou pour les affaires de la cour, mais
nullement avec la prétention d'accompagner madame l'Archiduchesse ». L'Empereur était absolu
à cet égard. Il entendait que sa future épouse ne
fût, dès son arrivée en France, entourée que de
Français. Ainsi une note officielle nous apprend
que « l'Empereur, qui avait consenti à ce que la
princesse amenât une femme de chambre, préfère
de beaucoup qu'au lieu d'une femme de chambre,
elle soit suivie par une dame de compagnie, qui
cependant ne pourra rester en France [1] ».

Le 27 février, le Sénat, réuni sous la présidence du
prince archichancelier, reçut communication d'un
message de Napoléon qui lui apprenait le départ
du prince de Neufchâtel pour Vienne, avec mission
de demander la main de l'archiduchesse Marie-
Louise. L'Empereur invoquait pour motifs le bonheur de la présente génération, la fin des dissen-
sions et de la guerre. Il faisait l'éloge des brillantes qualités de l'archiduchesse ; il espérait que ses
peuples l'aimeraient pour l'amour de lui, en attendant qu'ils l'aimassent pour elle-même. Et Champagny écrivait à Otto, dans un style de courtisan
ému : « On aura sans doute apprécié à Vienne ce
qu'il y a de délicat, de judicieux, de bien pensé,
de bien senti dans le message au Sénat qui a eu

---

[1] Affaires étrangères. — *Vienne.*

pour objet la communication du mariage[1]... »

Napoléon veut que son mariage soit empreint
d'une splendeur incomparable. Il appelle auprès de
lui le prince Eugène et, pour le récompenser de sa
déférence, il lui cède ses droits sur le grand-duché
de Francfort. Berthier est parti avec le comte
Alexandre de Laborde, précédé du général de Lauriston. Le prince d'Esterhazy reçoit Berthier à la
frontière et le complimente au nom de l'Empereur.
Il le conduit au palais du prince de Schwarzenberg.
Le 5 mars, le comte de Schaffgotsch, grand maître
de la cour, le prince Jean de Lichtenstein, feld-
maréchal et gouverneur de Vienne, viennent le
chercher avec une suite nombreuse et brillante.
Le cortège défile à travers des rues pavoisées,
pleines d'une foule enthousiaste, au milieu des
acclamations, des chants et des airs de musique[2].
Le prince de Neufchâtel est mené au château impérial où il va occuper de somptueux appartements.

---

[1] En récompense de ses adulations, M. de Champagny fut
comblé d'honneurs. Ce qui ne l'empêcha pas d'adhérer à la déchéance de Napoléon, d'accepter la pairie de Louis XVIII, puis
l'intendance de la couronne au retour de Napoléon de l'île
d'Elbe et la pairie impériale. En 1819, il consentit à recevoir la
pairie royale que lui offrait M. Decazes. Il est vrai qu'il vota
contre le ministère qui l'avait fait pair une fois de plus.

[2] « La population de l'Autriche accueillit cette union avec
enthousiasme. » (Metternich, t. Iᵉʳ.) — Voir sur le mariage de
Marie-Louise le même tome, p. 95 et suiv.

Les trabans forment sa garde d'honneur. Le lendemain, il assiste à un dîner de famille dans les
appartements réservés de l'Impératrice, et le soir à
un grand bal dans la salle de la Redoute. La famille impériale et quatre mille membres de la
noblesse s'y trouvent. Les femmes étalent un luxe
inouï de diamants. Un témoin les évaluait à plus
de cent millions de florins. Au fond de la salle, la
statue de la Renommée soutenait les deux couronnes impériales avec les chiffres N et L entrela-
cés. Ailleurs, un Génie ailé réunissait les armes de
France et d'Autriche, à l'ombre du myrte et du
laurier [1]!...

Le 7 mars, le prince de Neufchâtel reçoit les
députations de Bohême et de Hongrie, les grands
du royaume, les membres de la noblesse, les
évêques. Le soir, il dîne chez l'archiduc Charles et
assiste ensuite au cercle tenu chez le prince de
Trauttmansdorf. Enfin, le lendemain 8, il se rend
au palais, où il est reçu par le prince Zinzerdorff et
le grand maître de la cour. On le conduit à la
salle d'audience. Là, l'Empereur, environné de sa
famille et de ses principaux courtisans, l'attendait,
placé sur son trône et sous un dais. Il descendit

---

[1] Voir aux Archives nationales onze lettres du prince de
Neufchâtel à Napoléon, où le prince rend à l'Empereur un
compte rendu très détaillé et très intéressant de sa mission. Nous
les analysons ici.

les degrés de l'estrade en signe d'affection et d'estime, puis il écouta la harangue de l'ambassadeur. Le prince de Neufchâtel, après la demande officielle, fit l'éloge de l'archiduchesse et déclara qu'elle assurerait « le bonheur d'un grand peuple et celui d'un grand homme ».

L'empereur d'Autriche répondit qu'il croyait aux assurances de tranquillité et de bonheur qu'on lui apportait. Il affirma que ses peuples voyaient dans cette alliance « le gage assuré de leur bien-être mutuel ». Et ce ne fut pas sans émotion qu'il prononça cette phrase solennelle :

« J'accorde la main de ma fille à l'empereur des Français. »

A ce moment, parut l'archiduchesse Marie-Louise. Elle s'approcha de l'Empereur, lui fit une profonde révérence, s'inclina vers l'ambassadeur et se plaça sous le dais à la gauche de son père. Le prince de Neufchâtel la complimenta [1] et lui dit qu'il serait beau « de voir unir sur un grand trône au génie de la puissance les attraits et les grâces

---

[1] « Le langage touchant par lequel l'Empereur venait de peindre sa tendresse pour sa fille, l'assurance que cet événement allait contribuer au bonheur de Votre Majesté et à celui de mon pays, tant de souvenirs qui se retraçaient en ce moment à mon esprit, tout l'appareil enfin de cette cérémonie liée à de si grandes destinées avait donné à ma voix l'accent de l'émotion... » (Lettre de Berthier à Napoléon, le 8 mars 1810 — Archives nationales.)

qui la font chérir ». Il lui demanda si elle partageait les vœux et les sentiments de son auguste maitre. Marie-Louise répondit :

« La volonté de mon père a constamment été la mienne. Mon bonheur restera toujours le sien.

« C'est dans ces principes que Sa Majesté l'empereur Napoléon ne peut que trouver le gage des sentiments que je vouerai à mon époux. Heureuse si je puis contribuer à son bonheur et à celui d'une grande nation. Je donne, avec la permission de mon père, mon consentement à mon union avec l'empereur Napoléon. »

Le prince de Neufchâtel lui présenta une lettre de l'Empereur ainsi conçue :

« MADAME MA SOEUR,

« Le succès de la demande que j'ai faite à Sa Majesté l'Empereur votre père pour m'unir avec vous en mariage est une marque bien précieuse de l'estime et de la considération qu'il m'accorde. Je suis extrêmement sensible au consentement que vous donnez vous-même à une union qui me comble de la joie la plus vraie et doit embellir toute ma vie. J'attends avec une impatience bien vive le moment qui doit en accélérer la conclusion. J'apprécie surtout dans cette alliance les soins que je

veux prendre pour vous rendre heureuse. Mes vœux
à cet égard sont d'autant plus sincères que mon
propre bonheur sera essentiellement lié au vôtre.
J'ai chargé le prince de Neufchâtel, mon ambassadeur extraordinaire et plénipotentiaire, de vous
remettre mon portrait. Je vous prie de le recevoir
comme un gage des sentiments qui sont gravés dans
mon cœur et qui seront inaltérables.

« NAPOLÉON. »

Le portrait de l'Empereur était porté sur un
coussin de velours par le premier cavalier de l'ambassade française. Il avait été peint par Saint et
était entouré de seize solitaires valant près d'un
demi-million. L'archiduchesse Marie-Louise obtint
de l'Empereur son père la permission d'accepter
le portrait et le fit immédiatement attacher à son
cou par sa grande maîtresse. L'audience était terminée et la cérémonie de l'acceptation accomplie.

Après l'audience, le prince de Neufchâtel alla
complimenter l'impératrice d'Autriche, qui le remercia avec empressement et lui exprima ses félicitations pour une si heureuse union [1]. Elle répondit

---

[1] Marie-Louise était la fille de Marie-Thérèse de Naples, seconde femme de François II. Celle qui recevait alors la visite de
l'ambassadeur Berthier était Marie-Louise Béatrix d'Este, troisième femme de François II, épousée en 1808. Cet empereur devait avoir une quatrième femme, la seconde fille du roi de Bavière.

pour sa fille que « son unique but était de convenir
à Sa Majesté l'Empereur et Roi en se conciliant
en même temps l'amour de la nation française ».
En prononçant ces mots, elle se tourna « avec une
grâce charmante vers les personnes attachées à
l'ambassade ». Au sortir de cette entrevue, Berthier
se rendit chez l'archiduc Charles pour le prier de
remplacer l'empereur Napoléon dans la cérémonie
du mariage à Vienne. L'archiduc se déclara très
honoré de ce choix et « pénétré du doux pressen-
timent que cette alliance effacerait les discussions
politiques, réparerait les maux de la guerre et pré-
parerait un avenir heureux à deux nations faites
pour s'estimer ». Ces vœux et ces témoignages flat-
tèrent Napoléon, qui voulut bien se dire satisfait
de la conduite de la cour de Vienne[1].

Faut-il maintenant raconter par le menu toutes
les autres cérémonies ?... Ce serait peut-être s'éga-
rer dans les détails. Contentons-nous de dire que,
le 9 mars, le contrat fut signé, ainsi que l'acte
de renonciation par l'archiduchesse à tous ses
droits à l'héritage de sa famille. Le 11, eut lieu le
mariage, avec un luxe et une pompe sans pareils, à
l'église des Augustins, devant l'Empereur, l'Impé-

[1] Cependant le 22 mars, Napoléon, qui avait lu avec intérêt le
détail des cérémonies de Vienne, chargea M. de Champagny de
constituer une commission, « afin de s'assurer, disait-il, si l'on
n'a fait aucun tort aux droits de mon ambassadeur extraordinaire,
surtout pour ce qui est relatif à ses rapports avec les archiducs ».

ratrice, les archiducs, les dames du palais, la noblesse, les grands officiers de la couronne, les ministres, l'archevêque de Vienne, plusieurs évéques
et leur clergé. Au moment de la bénédiction nuptiale, on chanta le *Te Deum,* puis on tira de nombreuses salves d'artillerie. Présentations officielles,
banquet solennel, concerts, illuminations, fêtes
de toutes sortes suivirent le mariage, et l'ambassadeur extraordinaire quitta Vienne au milieu des
ovations.

Le 13, Marie-Louise, conduite par l'archiduc
Charles, se dirigea sur Braunau au milieu d'un
immense concours de peuple, saluée par l'artillerie
et le son de toutes les cloches de la ville. Le 16,
la nouvelle impératrice fut remise aux mains de la
reine de Naples. Napoléon avait tenu à lui donner
cette marque de confiance, « parce que, disait-il,
à tous les agréments de son âge et de son sexe,
elle réunit une solidité de jugement et une ma-
turité dont peu de femmes offrent l'exemple [1] ». Le
22 mars, Marie-Louise descendait à Strasbourg, où
une réception splendide l'attendait. Le 28 mars,
Napoléon, emporté par son impatience, alla au-devant de l'Impératrice et de la reine de Naples, monta
dans leur voiture et donna l'ordre de se rendre
directement à Compiègne, brûlant l'étape de Cour-

[1] Affaires étrangères. — Vienne.

celles près Soissons, où des tentes superbes avaient
été préparées pour la première entrevue. A neuf
heures du soir, le canon annonça leur arrivée. Le
cortège impérial traversa les avenues à la lueur des
flambeaux, sous des arcs de triomphe et au milieu
des illuminations. Le 31, l'Empereur et l'Impératrice étaient à Saint-Cloud.

CHAPITRE X

Le 1ᵉʳ avril eut lieu le mariage civil dans la grande galerie du palais, devant les ambassadeurs, les ministres, les grands officiers de l'Empire, les sénateurs et les conseillers d'État. Le prince archichancelier de l'Empire, assisté du secrétaire de l'État de la famille impériale (les mêmes qui avaient figuré au divorce de Napoléon avec Joséphine), prononça le mariage des deux souverains, suivant les formalités du Code Napoléon.

Le lendemain se firent l'entrée publique à Paris et le mariage religieux. A une heure, la voiture impériale, celle qui avait figuré au sacre de 1804, s'arrêta sous l'Arc de triomphe. Elle était précédée de plusieurs détachements, de nombreuses voitures contenant les maitres des cérémonies, les chambellans, les grands officiers, les dames du palais, les princes et princesses. La voiture de Leurs Majestés était entourée des maréchaux, des

généraux, des aides de camp, des écuyers et des
pages. Une haie de troupes bordait le chemin,
depuis la porte Maillot jusqu'aux Tuileries ; une
population immense était accourue de toutes parts,
tandis qu'un soleil resplendissant succédait à la
pluie intense qui avait attristé la veille. Si bien
qu'un flatteur put s'écrier, en s'inspirant de
Virgile :

> Longtemps fâché, le ciel vient nous sourire.
> Jupiter et César se partagent l'Empire.

Douze pièces de canon placées sur les hauteurs
de l'Arc de triomphe et douze autres pièces sur
la terrasse du bord de l'eau mêlaient leurs salves
à celles du canon des Invalides. Le préfet de la
Seine présenta à l'Empereur et à l'Impératrice les
hommages et les vœux de la grande cité. Des
jeunes filles vinrent offrir des corbeilles de fleurs à
Marie-Louise. Les acclamations de la foule, des
orchestres et des chœurs placés de distance en
distance, saluaient le cortège. A trois heures,
l'Empereur et l'Impératrice firent leur entrée dans
la galerie de Diane, où se trouvaient réunis huit
mille invités. A ce moment, Napoléon apparaissait
dans toute sa gloire. Le vainqueur de Wagram,
l'allié de l'Autriche soumise et docile, s'avançait
précédé des hérauts d'armes, des pages, des maî-
tres des cérémonies, des officiers de la maison du

vice-roi d'Italie, de ses écuyers, de ses aides de
camp, du gouverneur des Tuileries, des grands
aigles, des ministres, du grand chambellan, du
grand maître des cérémonies, du grand écuyer, du
prince vice-grand électeur, du prince vice-connétable, du prince archichancelier, du prince Eugène
vice-roi d'Italie, du roi de Naples, du duc de Guas-
talla, du roi de Westphalie, du roi de Hollande, et
suivi du colonel général de la garde, du grand maréchal du palais, du premier aumônier, de la reine
d'Espagne, de la reine de Hollande, de la reine de
Westphalie, de la grande-duchesse de Toscane, de
la princesse Pauline, des chevaliers d'honneur, des
dames d'atour, du grand-duc de Wurtzbourg, de
la vice-reine d'Italie, de la grande-duchesse de
Bade, du prince de Bade.

Napoléon traversa le premier salon réservé
aux sénateurs, aux conseillers d'État, aux députés, puis le second salon où se trouvaient les
membres de la cour de cassation, des autres
cours, des tribunaux, et les diverses autorités de
Paris. Il entra dans la galerie. De nombreux
spectateurs l'acclamèrent, lui et la nouvelle impératrice. Au fond de cette galerie étaient disposés
la chapelle et deux rangs de tribunes où s'étaient
placés le corps diplomatique, les princes de la
Confédération, les officiers et dames des maisons
de l'Empereur et de l'Impératrice qui n'étaient

pas du cortège, les femmes des ministres et des grands officiers. A droite de l'autel, on avait mis des sièges pour les cardinaux, à gauche pour les évêques. Napoléon jeta un coup d'œil sur le côté droit et s'aperçut que treize cardinaux sur vingt-sept n'assistaient pas à la cérémonie. Il prit cette absence pour un blâme de sa conduite vis-à-vis du Pape qu'il tenait enfermé à Savone, puis pour une protestation contre la légitimité du second mariage ; il en conçut la plus violente irritation. Je reviendrai plus loin et avec détails sur cet incident qui, dans ces circonstances, avait en effet l'importance la plus considérable, et qui servira en quelque sorte d'épilogue au récit du divorce, de l'annulation canonique du mariage avec Joséphine et du nouveau mariage avec Marie-Louise.

A droite et à gauche de l'estrade s'étaient rangées les députations du Sénat, du Conseil d'État, du Corps législatif [1]. La bénédiction nuptiale fut donnée à l'Empereur et à l'Impératrice par le cardinal Fesch, grand aumônier, qui, se souvenant de l'absence du propre pasteur dans la cérémonie du 1ᵉʳ décembre 1804, avait exigé cette fois la présence du curé de la paroisse de la Madeleine et de deux évêques. La cérémonie achevée, l'Em-

---

[1] J'ai emprunté tous ces détails au programme, scrupuleusement suivi, du grand maître des cérémonies, le comte de Ségur.

pereur et l'Impératrice retournèrent au palais, au
milieu de vivats enthousiastes. Là, tous les corps
de la garde défilèrent sous leurs yeux. Un banquet
magnifique, un concert, un feu d'artifice, des illuminations nombreuses terminèrent cette pompeuse
journée. Le lendemain, l'Empereur et l'Impératrice, se tenant sur leur trône, reçurent les
hommages des principaux corps de l'État. Le
Sénat, par l'organe de son président, le comte
Garnier, félicita les souverains. Lui qui avait
gémi sur la fatale nécessité qui séparait Napoléon
et Joséphine, s'écria : « L'Europe contemple avec
ravissement l'auguste fille des souverains d'Autriche sur le trône glorieux de Napoléon; et la
Providence, Sire, en vous réservant cette illustre
épouse, a voulu manifester de plus en plus qu'elle
vous a fait naître pour le bonheur des nations et
pour assurer le repos du monde. » Le comte De-
fermon, au nom du Conseil d'État, déclara « qu'il
voyait avec transport sur le premier trône du
monde le héros le plus grand et le plus chéri, la
princesse la plus distinguée par ses vertus, ses
grâces et ses éminentes qualités ». Le comte de
Montesquiou, président du Corps législatif, mêla
ses vœux aux acclamations des peuples. « Sire, dit-
il, nous verrons les plus doux sentiments de la nature inspirer votre génie, l'esprit de famille s'unir à
l'amour de la patrie, et la France recevoir de nou-

veaux bienfaits de la tendresse paternelle. » Tous
parlèrent de leur émotion, de leur allégresse, de
leur amour, de leur reconnaissance, de leurs trans-
ports, tous jurèrent fidélité éternelle au héros, au
grand homme, au prince auguste, au génie qui s'appelait Napoléon. Et quelques années après[1]!...

Pour le moment, c'est un concert unanime. Pas
une voix discordante. Les poètes, qui n'ont pas
besoin comme Danaé de se réfugier dans une tour
d'airain pour recevoir une pluie d'or, célèbrent à
l'envi le grand Napoléon. C'est Tissot qui, dans
les *Adieux de Vienne*, s'écrie :

> Suivez vos grands destins, ô jeune souveraine,
> Achille vous attend aux rives de la Seine!...

C'est Arnault qui, ayant Michel pour collabo-
rateur, chante ainsi les myrtes unis aux lauriers :

> O Napoléon, ô Louise,
> Que votre règne s'éternise,
> Sans cesse rajeuni par la fécondité!

---

[1] Les fonctionnaires, comme les courtisans, rivalisaient depuis
longtemps d'adulation servile envers leur nouveau maître. La
flatterie la plus extraordinaire que j'aie relevée est encore celle du
préfet du Pas-de-Calais qui s'écriait : « Pour assurer le bonheur
et la gloire de la France, pour rendre à tous les peuples la liberté
du commerce et des mers, pour humilier les audacieux perturba-
teurs du repos des deux mondes et fixer enfin la paix sur la terre,
Dieu créa Bonaparte et se reposa!... » Ce préfet s'appelait La-
chaise. Des malins ajoutèrent ce distique à la fin de son discours :

> Et pour se mettre plus à l'aise,
> Auparavant il fit Lachaise.

C'était le digne prédécesseur des Champagny, des Fontanes, des
Lacépède et des Lacretelle.

12.

et présente à Leurs Majestés sa cantate imprimée
en encre d'or sur peau de vélin.

C'est Esménard qui glorifie Napoléon le Grand,
l'Hymen et le futur héritier :

> Hymen, presse les pas de la vierge timide
> Qui franchit avec lui le seuil mystérieux.
> Sur son front innocent si la pudeur réside,
>   L'amour brille en ses yeux.
> Roi de Rome et du monde, héritier de l'Empire,
> Déjà dans l'avenir les nymphes d'Hélicon,
> Que Louise chérit, que sa présence inspire,
>   Ont salué ton nom !

C'est Étienne qui compose le *Chant d'Alcide*.
Napoléon joue le rôle d'Alcide, et la reine de Cy-
thère lui présente une aimable épouse. Mais Bel-
lone reproche à Alcide d'être infidèle à la Victoire,
lorsque Minerve lui amène une vierge au regard
céleste qui fera le bonheur d'Alcide et des hu-
mains :

> Bientôt de toutes parts éclate l'allégresse.
> La paix renaît soudain au céleste séjour.
> Un tel choix satisfait l'une et l'autre déesse.
>   On voit la Victoire et l'Amour
>   Se réunir à la Sagesse
>   Et les Grâces former sa cour !

C'est Népomucène Lemercier qui écrit une ode
à l'Hymen :

> Succédez, flambeaux d'hyménée,
> Aux torches de la guerre embrasant les remparts !
> La fille du Danube est l'épouse donnée
>   A l'indomptable fils de Mars !

C'est l'auteur de *Polixène*, Aignan, qui offre à

l'Empereur et à l'Impératrice la *Vision du vieillard*.
Sur les bords de la Durance un vieux pontife demande à Dieu la fin de la guerre et de ses maux.
Une voix lui annonce l'apparition d'un génie qui
fera s'enfuir la discorde et sera le protecteur de la
justice et de la religion.

> L'Hymen lui sourira; de sa couche féconde
>   Naîtra la joie du monde,
> Et la fille des rois lui donnera des fils...
> La voix se tut. Alors, par un nouveau miracle,
> Sur le disque de feu jailli du tabernacle
> Une invisible main grava : Napoléon.
> Le saint vieillard s'incline, et dans le sanctuaire
>   Sa voix octogénaire
> Chanta jusqu'au matin l'hymne de Siméon.

C'est Armand Gouffé qui présente un hommage
poétique à Napoléon sur l'air : *Avec vous sous le
même toit :*

> L'Aurore cherche les grands guerriers
> Jusque sur le char de Bellone.
> Le dieu joint le myrte aux lauriers
> Pour leur tresser une couronne.
> N'as-tu pas des droits bien connus
> A cette couronne chérie?
> Mars l'obtint des mains de Vénus,
> Obtiens-la des mains de Marie!

C'est Chazet qui compose un pot pourri sur l'air :
J'ai vu partout dans un voyage :

> Quelles fleurs choisir aujourd'hui
> Pour cette alliance immortelle?
> Il faudrait des lauriers pour lui,
> Il faudrait des roses pour elle.
> Eh bien, pour n'avoir qu'une fleur,

> Prenez celle que je propose.
> C'est pour la grâce et la valeur
> Qu'on inventa le laurier-rose !

Désaugiers, dans ce torrent d'hymnes, d'odes, de sonnets, de couplets, de madrigaux et de stances, apporte la note populaire sur l'air connu : *Bon voyage, mon cher Dumollet!*

> Ah ! qqeu fète
> Pour les Français !
> Sur mon honneur, j' crois qu' j'en perdrai la tète.
> Ah! queu fète
> Pour les Français,
> Et queu déchet pour messieurs les Anglais!...

Enfin, le terrible censeur, M. Coupart, abandonne en ce jour ses impitoyables ciseaux pour la lyre. Il y module trois couplets. Voici le dernier :

> Le présent remplit tous nos vœux
> En fondant un règne admirable,
> Et l'avenir offre à nos yeux
> L'image la plus agréable.
> Ajoute encor à tes bienfaits,
> O Ciel, accueillant notre hommage !
> Ah! pour le bonheur des Français
> Donne un fruit à ce mariage [1] !

Les Perrot, les Cazelle, les Sauzon, les Ducray-Duminil, les Antignac, les Saint-Ursin, les Rougemont, les Brugnière et autres fournisseurs ordinaires de l'*Almanach des Muses* écrivirent force chansons et couplets sur ce grand événement. Nous

---

[1] Parceval-Grandmaison, Baour-Lormian, Michaud, Soumet prirent part aussi au concours général. Seuls, Delille et Ducis refusèrent d'écrire le moindre à-propos.

n'en citerons aucun fragment, non pas que leurs
compositions soient inférieures aux précédentes,
mais il convient de n'abuser de rien, même de cette
poésie.

Le théâtre voulut se signaler, lui aussi, dans
toutes ces ovations. A l'Opéra, M. Derivis chanta
une cantate mise en musique par Berton ; au
Théâtre-Français, les acteurs représentèrent un
à-propos de Bouilly à la suite de *Monsieur de Crac;*
à l'Opéra-Comique, Dazancourt et Gavaudan dirent
des couplets de circonstance ; à l'Odéon, on donna
le *Marché aux Fleurs* de Planard, comédie en un
acte, remplie d'allusions au mariage impérial. Le
Vaudeville joua le *Meunier et le Chansonnier ;* les
Variétés, les *Réjouissances autrichiennes ;* l'Ambigu,
le *Mariage de la valeur ;* la Gaîté, les *Trois Mou-
lins ;* la salle des Jeux gymniques, l'*Union de Mars
et de Flore ;* le Cirque olympique, la *Lanterne de
Diogène,* toutes pièces qui soulevèrent des bravos
unanimes et qui nous étonnent aujourd'hui par
leur fadeur et leur nullité.

Aux compliments des poètes et des auteurs
dramatiques succédèrent les lettres officielles et les
adresses. Puis vinrent les compliments des souverains. Le 22 mars, devançant la cérémonie nuptiale, le roi de Prusse, Frédéric-Guillaume III,
avait écrit à l'Empereur que l'heureux événement

du mariage de S. M. Impériale et Royale avec S. A.
Impériale l'archiduchesse Marie-Louise lui avait
causé la joie la plus vive. Il chargeait le maréchal
comte de Kalkreuth de lui présenter ses félicitations. « Que Sa Majesté, disait-il, lui permette
d'être l'organe de mes sentiments invariables envers Elle. Il lui confirmera mon inébranlable attachement à son système politique. Il l'assurera que
je n'ai pas de plus grand désir que de remplir à
son gré tous mes engagements, ni de vœu plus
ardent que de voir s'établir entre la France et la
Prusse cette intimité de relations, dont seul je me
promets un retour de bonheur pour mes peuples, etc., etc. [1]. » Ces flagorneries et ces cour-
bettes forment un contraste piquant avec la rai-
deur et la morgue prussiennes. Il est bon de les
rappeler à l'occasion et de montrer aux gallo-
phobes que, nous aussi, nous avons la mémoire du
passé... Le 9 avril, l'empereur d'Autriche informa
Napoléon qu'il avait reçu une lettre de sa fille
chérie. « Elle ne contient, déclarait-il, que l'expression du bonheur dont elle jouit depuis qu'elle
se trouve près de Sa Majesté. Ses devoirs, ses sentiments envers son époux lui seront toujours chers,
et elle sera constamment occupée à embellir son
existence. Que Votre Majesté compte sur les sen-

[1] Catalogue de la collection des lettres autographes du baron
de Trémont, ancien préfet de l'Empire. (Paris, 1852, p. 84.)

timents d'estime, de tendresse et de haute considération que je lui ai voués, etc.[1]. » Le 10 avril,
l'impératrice d'Autriche remercia Napoléon d'une
lettre qu'il lui avait adressée et où il lui donnait
l'assurance de son entière satisfaction. « Son unique désir, affirmait l'Impératrice en parlant de sa
fille, est de faire le bonheur de Votre Majesté, et
j'ose me flatter qu'elle réussira, car je connais à fond
son caractère qui est excellent. Louise me promet
d'être bien exacte correspondante, et ce commerce
amical me sert de dédommagement à sa perte que
je ressens très vivement... » Et faisant l'éloge des
qualités de Marie-Louise : « Si je dois m'attribuer
quelque chose, c'est d'avoir soigneusement conservé en elle cette candeur qui, en la rendant au
commencement plus timide aux yeux du monde,
lui vaudra l'estime et l'amour de Votre Majesté. On
me reprochera peut-être que ma chère fille a peu
d'idées, peu d'instruction. J'en conviens. Mais,
pour le monde et ses dangers, on ne les connaît que
trop tôt, et l'avouerai-je avec franchise? elle n'avait
que dix-huit ans. J'ai préféré qu'elle fût moins

[1] Affaires étrangères. — *Vienne*, vol. 386. — Le 29 mars,
Napoléon avait écrit de Compiègne à François II : « La fille de
Votre Majesté est depuis deux jours ici. Elle remplit toutes mes
espérances, et depuis deux jours je n'ai cessé de lui donner et
d'en recevoir des preuves des tendres sentiments qui nous unissent. Nous nous convenons parfaitement. Je ferai son bonheur et
je devrai à Votre Majesté le mien... »

instruite à l'avantage de conserver jalousement son
innocence, et je m'occupais uniquement à lui former un cœur sensible, un esprit droit et des idées
claires sur ce qu'elle savait. C'est à Votre Majesté
que je l'ai remise. Je La prie en mère d'être l'ami,
le guide de ma fille, comme elle en est l'époux le
plus tendre! Elle sera heureuse, si Votre Majesté lui
permet de s'adresser à Elle avec confiance en toute
occasion ; car, je le répète, elle est jeune et trop peu
aguerrie pour éviter sans guide les dangers du monde
et pour jouer son rôle avec mesure. Mais je m'aper-
çois que j'ennuie Votre Majesté par une si longue
épître. Qu'Elle l'attribue à l'effusion d'un cœur ma-
ternel, qui ne tarirait jamais en paroles, lorsqu'il s'a-
git du bonheur d'une fille chérie [1]... » Enfin, l'archiduc Charles adressait des remerciements à Napoléon
pour la décoration de la Légion d'honneur qu'il lui
avait fait remettre : « L'estime d'un grand homme,
« disait-il, est la plus belle moisson du champ
« d'honneur, et j'ai toujours été jaloux, Sire, de
« mériter la vôtre [2]. » On voit qu'entre la cour de
Vienne et la cour des Tuileries l'accord semblait
être parfait.

---

[1] Affaires étrangères. — *Vienne,* supplément, 1810.

[2] L'Empereur lui avait offert le grand aigle de la Légion
d'honneur et la croix de la Légion d'honneur qu'il avait lui-
même coutume de porter. « L'une, avait-il écrit, est un hommage à son génie comme général, et l'autre à sa rare valeur
comme soldat. »

Mais Napoléon, tout en croyaqt à la sincérité
des sentiments qu'on lui témoignait, donnait, par
l'entremise de Champagny, des instructions particulières au comte Otto.

« S. M. l'Empereur et Roi, disait-on à notre
ambassadeur, s'est uni à la cour de Vienne par le
plus fort et le plus doux des liens. Il lui est agréable
de penser que les sentiments de l'Autriche corres-
pondent à ceux qu'il a pour elle et qui sont tous
des sentiments d'amitié et de paix. Il ne se défie
donc aucunement des sentiments de cette puissance.

« Mais sans prévoir ni soupçonner que ces dispositions puissent changer, il n'en désire pas moins
connaître, autant qu'il est possible, la situation vraie
de l'Autriche, ses moyens, ses ressources, en un
mot tout ce qui constitue sa force présente. » Ainsi,
l'Empereur demandait à être renseigné sur l'armée
et les finances, sur les ressources de la Bohéme, de
la Moravie, de la Hongrie et des villes principales,
qu'il fallait visiter et étudier avec prudence. Il réclamait les noms des corps, le nombre des batail-
lons, compagnies et effectifs, les noms des principaux officiers, l'emplacement des diverses gar-
nisons, l'état des places fortes, la situation du
commerce et de l'industrie, etc. Un point sur
lequel l'ambassadeur français était invité spécialement à porter son attention, « c'était sur l'impression qu'avaient laissée dans l'esprit de l'armée au-

13

trichienne les événements de la guerre dernière et
jusqu'à quel point cette impression a été modifiée
par l'alliance des deux maisons impériales ». On
voulait savoir aussi le sentiment exact des habitants de la Bohême et de la Moravie. Toutes ces
précautions indiquaient encore une certaine défiance dans l'esprit de Napoléon. Les démonstra-
tions de François II et l'habileté de Metternich en
viendront malheureusement à bout. En 1812, un
corps autrichien s'unira à l'armée française contre
les Russes; mais après le désastre de Moscou,
l'Autriche jugera que la France est tout à fait
abandonnée par la fortune. Les serments de paix
et d'amitié seront oubliés. De gouvernement allié
l'Autriche deviendra puissance ennemie, et le corps
autrichien formera le noyau de l'armée d'invasion[1].

Ce ne sera pas seulement sur les champs de ba-
taille que l'Empereur aura de redoutables adversaires à combattre. Il a engagé une lutte périlleuse
avec l'Église. Le divorce avec ses suites et le mariage autrichien avec ses complications vont amener cette lutte à son dernier degré d'intensité.

[1] Quand on pense que Napoléon s'est contenté de demander
à son beau-père 24,000 hommes d'infanterie, 6,000 hommes de
cavalerie et 60 pièces de canon !... Il exigeait davantage de la
Prusse qu'il avait autrement maltraitée. Il lui avait réclamé
20,000 hommes, le passage de son territoire et 60,000,000 de
francs pour l'entretien de ses armées.

CHAPITRE XI

La résolution prise par treize cardinaux de ne pas assister au mariage de Napoléon avec Marie-Louise avait augmenté l'irritation de l'Empereur contre le Pape et le Sacré Collège. Il méditait une vengeance éclatante.

On avait cru un moment que Napoléon, après son union avec l'Autriche, saurait faire régner l'ordre à l'intérieur et la paix au dehors, ou s'appuierait sur l'Autriche pour continuer son système de conquêtes. Ces illusions n'avaient pas duré. On voyait maintenant qu'il mettait la paix à profit pour assurer sa domination sur le Saint-Siège, prendre la direction des affaires catholiques et réduire le clergé à l'obéissance. S'il se décide à faire la guerre à la Russie, ce sera avec l'espoir que, cette puissance une fois écrasée, personne n'osera lui résister ni au dehors ni au dedans. Ce calcul était mauvais. Napoléon aurait dû comprendre que pour sa poli-

tique et pour ses propres intérêts, il était temps de
s'arrêter dans la voie hostile à l'Église. Il n'avait
tenu aucun compte des doléances du Saint-Père.
En vain Pie VII lui avait-il écrit dans le bref
mémorable du 27 mars 1808 :

« Vous n'avez pas cessé de déchirer notre cœur
et de nous réduire, sous de vains prétextes, dans
un état d'affliction la plus profonde, et de mettre
à l'épreuve nos devoirs sacrés et notre conscience.
En compensation du Concordat ecclésiastique,
vous ne nous avez rendu que la destruction de ce
Concordat par des lois séparées dites organiques.
En compensation de la paix et de nos faveurs,
depuis longtemps les domaines du Saint-Siège ont
dû supporter la charge énorme de vos troupes et
les vues ambitieuses de son commandant... En
compensation de ces sacrifices, vous nous avez
dépouillé du duché de Bénévent et de Ponte-
Corvo[1], tout en promettant au Saint-Siège les
récompenses les plus généreuses. Pour complément, vous avez présenté quelques articles à notre
sanction contraires au droit des gens, à l'unité et
aux canons de l'Église catholique et au bien-être
des catholiques dispersés dans les royaumes étrangers, destructifs de notre indépendance et de la
liberté ecclésiastique ; pour complément et compen-

[1] Ce duché avait été donné par Napoléon à Talleyrand, l'ancien évêque d'Autun, le sécularisateur des biens du clergé.

sation, vous avez envahi hostilement nos domaines
qui furent donnés par la magnificence et la piété
des monarques principalement français au Saint-
Siège apostolique, et consacrés à l'indépendance
et à la liberté des successeurs de saint Pierre [1]... »

En vain, le Pape, dans le plus émouvant langage, en appelait-il au droit de tous les peuples,
aux devoirs de l'Empereur, « son fils consacré et
assermenté », et à la justice du Très-Haut, Napoléon dédaignait ce solennel avertissement.

Le 17 mai 1809, il réunissait les États du Pape
à l'Empire français, et il offrait en échange deux
millions de revenus annuels à Pie VII. Celui-ci protestait contre cette nouvelle violence, en excom-
muniait tous les auteurs et complices, et disait
avec une généreuse indignation : « Nous nous
couvririons tous d'opprobre à la face de l'Église,
si nous consentions à tirer notre subsistance des
mains de l'usurpateur de ces biens. Nous nous
abandonnons à la Providence et à la piété des
fidèles, content de terminer ainsi dans la médio-
crité la carrière douloureuse de nos pénibles
jours... » Dans la nuit du 5 au 6 juillet, on força
la demeure du saint pontife. On s'introduisit par
une croisée. On attacha le vénérable vieillard à
son fauteuil et on le descendit par la fenêtre, re-

---

[1] *Correspondance authentique de la cour de Rome*, p. 51, 52
Paris, 1814, in-8.

nouvelant ainsi, sans le savoir, une scène de la pri-
mitive Église. On le conduisit à Gênes, puis au
mont Cenis, à Suze, à Grenoble, à Valence, à
Avignon, à Aix, à Nice et enfin à Savone. Les
marques nombreuses de vénération et d'amour
que le Saint-Père reçut des populations dans ce
voyage, n'ouvrirent pas les yeux de l'Empereur
sur la faute considérable qu'il avait commise. Loin
de l'atténuer, il la redoubla. La patience et la
modération de son noble captif augmentèrent son
ressentiment. Il le fit garder à vue par un capitaine de gendarmerie, lui refusant la liberté
d'écrire et de parler à qui que ce fût. Et cependant
chaque jour, plus de deux cents personnes assié-
geaient la porte de Pie VII pour avoir l'honneur
de lui baiser les pieds; chaque jour le peuple im-
plorait sa bénédiction.

Pour accroître la douleur du Saint-Père, de
nombreux évêques et prêtres italiens furent dépor-
tés comme des malfaiteurs. Les cardinaux formant
le Sacré Collège furent amenés à Paris, sur l'ordre
même de l'Empereur, et les cardinaux Consalvi et
di Pietro, qui avaient résisté, conduits de force en
cette ville, vers le commencement de février 1810.
Eux et leurs collègues avaient reçu du Pape le conseil de ne prendre part à aucune réception. Consalvi
et di Pietro furent alors les seuls qui obéirent à ce
conseil. L'Empereur, voyant la complaisance des

autres, crut un instant qu'il pourrait s'en servir
contre le Pape lui-même [1]. Il se trompait étrange-
ment.

Sur la proposition de Consalvi, les cardinaux
rédigèrent une lettre par laquelle ils déclaraient ne
pouvoir accepter un projet quelconque sans l'assentiment formel du Saint-Père. Le courroux de
Napoléon s'accrut à cette nouvelle. La décision de
l'Officialité allait aggraver la situation, déjà fort
périlleuse. « On prétendait, observe Consalvi, que
le mariage précédent avec Joséphine avait été dissous, quant au lien sacramentel, par une sentence
de l'Officialité de Paris, confirmée par l'Officialité
métropolitaine, déclarant nulle la première union.
Treize cardinaux, au nombre desquels j'étais,
trouvèrent cette procédure illégale et illégitime [2]. »
Le cardinal Consalvi donne pour motif l'incompétence de l'autorité métropolitaine. Il estimait que
les causes de mariage entre souverains appartenaient exclusivement au Saint-Siège qui les jugeait
directement ou indirectement par l'intermédiaire
des cardinaux, des évêques, des légats, ou par des
conciles. « Les autres cardinaux, dit-il, au nombre
de quatorze, ne crurent pas devoir partager notre

[1] Voir aux Pièces justificatives une note de police sur les cardinaux, où l'on révèle ce que le gouvernement en espère ou en
redoute.

[2] *Mémoires*, t. Ier.

avis. Nous les y engageâmes très vivement et nous
leur soumîmes nos raisons. Plus tard, ils nièrent
tout cela, afin de pallier leur conduite. »

Pour l'instant, les treize cardinaux firent connaître au cardinal Fesch, qui devait officier au nouveau mariage, leur façon de penser. Ils déclarèrent
qu'ayant juré de maintenir dans leur intégrité les
droits du Saint-Siège et les voyant lésés par l'annulation du premier mariage, ils ne se croyaient
pas permis d'assister aux cérémonies des 1er et
2 avril et de les légitimer par leur présence.

« Le cardinal Fesch se donna tout le mouvement possible pour nous amener à changer de résolution, continue Consalvi, mais sans aucun succès.
Nous prîmes la résolution d'accomplir notre devoir
à n'importe quel prix. » Quels étaient ces treize
audacieux ? Voici leurs noms : Mattei, Pignatelli,
della Somaglia, Litta, Ruffo-Scilla, Saluzzo, di
Pietro, Gabrielli, Scotti, Brandacoro, Galeffi,
Oppizoni et Consalvi. Tous ces cardinaux étaient
depuis longtemps accusés, par la police, de se
conduire en fanatiques et d'avoir « la rage papale
au plus haut degré » (sic).

Ils reçurent quatre invitations officielles : la
première pour la présentation à Saint-Cloud, la
seconde pour le mariage civil, la troisième pour le
mariage religieux, la quatrième pour la réception
solennelle. « Après de longues délibérations entre

nous treize, ajoute Consalvi, il fut convenu que
nous ne nous rendrions pas à la deuxième et à la
troisième invitation qui regardaient le mariage,
c'est-à-dire ni au mariage ecclésiastique par la
raison susdite, ni au mariage civil... » Ici, Consalvi
fait une déclaration qui aurait eu la plus grande
importance, si cette déclaration avait été maintenue intégralement par ses auteurs. Il affirme que
lui et ses confrères ne voulaient pas autoriser par
leur concours la formation de l'acte civil, non seulement parce que c'eût été approuver la nouvelle législation, mais « indépendamment de ce que cet
acte lui-même donnait lieu de regarder comme
brisé légitimement le lien précédent, ce que nous
ne pensions pas, et avec justice ». Et il dit, de façon
à ne laisser subsister aucune équivoque : « Ne pas
assister à la célébration de son mariage, c'était protester officiellement et canoniquement. » Cependant on verra plus tard que les treize ne demeurèrent pas aussi affirmatifs sur la question de
l'illégitimité du second mariage que semblait l'indiquer en ce moment le cardinal Consalvi.

L'Empereur fut averti de la résolution des
treize cardinaux. Il se contenta de répondre qu'il
n'y croyait pas. Fouché, qui redoutait les suites
d'un pareil scandale, essaya de les faire capituler
par des promesses ou par des menaces. Ses efforts
furent inutiles.

13.

Le mariage eut lieu avec la pompe que j'ai
décrite. Les cardinaux opposants n'y assistèrent
pas, se tenant renfermés dans leurs demeures et
livrés aux plus vives inquiétudes. L'Empereur,
comme je l'ai mentionné plus haut, s'aperçut de
leur absence et ébaucha un geste de menace qui
terrifia tous ceux qui s'en aperçurent. Le lendemain, jour de la réception solennelle, les treize se
rendirent aux Tuileries avec leurs autres collègues.
Ils se trouvaient réunis dans le salon d'attente
avec les sénateurs, les conseillers d'État et les
députés, lorsque après trois heures d'angoisses,
un aide de camp apparut et leur signifia à voix
haute que l'Empereur refusait de les recevoir. Les
treize cardinaux, plus rouges que leur pourpre,
voulurent faire avancer leurs voitures. Elles avaient
disparu. Ils furent contraints de regagner à pied
leurs logis, dévorant leur humiliation. Les autres
cardinaux furent admis à la réception, et Napoléon
invectiva devant eux leurs audacieux confrères.
« Consalvi est mon ennemi, leur dit-il. Il veut se
venger de ce que je l'ai renversé du ministère.
Pour cela, il a osé me tendre un piège, le plus
profondément calculé qu'il a pu, en préparant
contre ma dynastie un prétexte d'illégitimité à la
succession au trône, prétexte dont mes ennemis
ne manqueront pas de se servir, quand ma mort
aura dissipé la crainte qui les comprime aujour-

d'hui. » Consalvi, informé de cette accusation,
« *la déclara fausse à tous égards*[1] ». Il motiva
ainsi l'action des treize cardinaux : « L'idée de voir
le Pape exclu de cette affaire avait été la véritable
cause de leur abstention. »

Quelques jours après, Napoléon, dont l'irritation
était loin d'être apaisée, donna l'ordre à Fouché
d'emprisonner ceux des treize opposants qui se
permettraient de porter la soutane rouge et le
chapeau. Fouché fit part de cet ordre à Bigot de
Préameneu. Le ministre des cultes manda les
cardinaux et leur interdit de porter à l'avenir les
insignes cardinalices. Voulant leur éviter la prison,
il leur conseilla de rédiger une adresse à l'Empereur pour justifier leur conduite. Les plus menacés
étaient Consalvi, Oppizoni et di Pietro. Ils étaient
accusés de crime d'État, de lèse-majesté, de com-
plot contre le souverain[2]. Les cardinaux se réuni-

---

[1] Cette déclaration formelle répond à l'assertion de M. Thiers,
qui soutient que « le motif de l'absence des cardinaux était de faire
passer pour une concubine la princesse auguste que l'Autriche
avait donnée en mariage à Napoléon, et pour enfant adultérin
l'héritier de l'Empire que la France alors attendait avec impatience ». M. Thiers désapprouve l'opposition des treize qu'il appelle « imprudente et condamnable », accusant injustement la
minorité du clergé de provoquer au schisme.

[2] Consalvi avait pourtant été un instant *persona grata.* « C'est
un homme d'esprit, disait la note de police rédigée le 4 février
1810 sur les cardinaux, et l'on peut aisément l'attirer dans le
parti de l'Empereur. On l'a jugé avec prévention et avec injustice.... » (Archives nationales. — Voy. aux Pièces justificatives.

rent chez leur doyen Mattei et mirent cinq heures
à rédiger leur note.

« Nous relations avec franchise, rapporte
Consalvi, le véritable motif de notre abstention, et
enfin nous déclarions que nous n'entendions point
nous immiscer dans le fond de l'affaire et statuer
sur la validité ou sur l'invalidité du premier mariage, par conséquent sur la justice ou l'injustice
des causes du second ; que notre désir était de ne
point léser les droits du Saint-Siège qui, à notre
avis, devait être le seul juge compétent dans cette
affaire... Nous déclarions n'être pas intervenus
au mariage, parce que le Pape n'y était pas
intervenu lui-même ; nous ne prétendions point
nous ériger en juges, et en nous déterminant à
suivre cette ligne de conduite, *nous n'avions pas
voulu répandre dans le public des doutes sur la nature du second mariage et de ses effets futurs...* »
Cette note était une sorte d'atténuation. Elle ne
satisfit cependant pas l'Empereur. Il devait conserver une telle irritation de la conduite des treize
cardinaux, que trois ans après, dans le projet de
Concordat soumis au Pape à Fontainebleau, il osera
faire cette proposition : « Le Pape désapprouvera
et condamnera par un bref solennel la conduite des
cardinaux qui n'ont pas assisté à la cérémonie religieuse du mariage de l'Empereur, qui, d'ailleurs, leur rendra ses bonnes grâces, pourvu tou-

tefois qu'ils consentent à signer ce même bref[1]. »

Si Napoléon eût écouté son premier mouvement, comme dans l'affaire du duc d'Enghien, il eût condamné à mort les treize opposants[2]. Mais il venait de s'allier à la puissance la plus religieuse de l'Europe, et il recula devant cette mesure encore plus impolitique que terrible. On peut juger de sa fureur par la lettre qu'il écrivit, le 3 avril, au prince Eugène :

« Mon fils, j'apprends que le cardinal Oppizoni ne s'est pas rendu à mon mariage. Il le devait à sa triple qualité de cardinal, de sénateur et d'évê que d'une de mes principales villes. Vous l'enverrez sur-le-champ chercher et vous lui ferez connaître qu'il ait à donner, ce soir, sa démission d'archevêque de Bologne. Vous lui témoignerez toute mon indignation de son infâme conduite, lui qui est tout couvert de mes bienfaits, lui que j'ai fait cardinal, archevêque et sénateur[3] !... »

Les treize furent dépouillés de leurs insignes, contraints de reprendre la soutane noire, privés de leurs pensions et abandonnés à la charité des fidèles. Deux mois après, Brandacoro et Consalvi étaient exilés à Reims, Mattei et Pignatelli à Rethel,

---

[1] Pie VII n'accepta pas ces conditions. — Voy. Mémoires Pacca.

[2] C'est ce qu'il laisse entrevoir dans la note à Bigot de Préameneu, dictée par lui à Bassano, le 5 avril 1810.

[3] *Mémoires du prince Eugène*, t. VI. — Voir aux Pièces justificatives le texte de cette démission.

della Somaglia et Scotti à Mézières, Saluzzo et Galeffi à Sedan, Litta et Ruffo-Scilla à Saint-Quentin, di Pietro à Semur, Gabrielli à Montbard, Oppizoni à Saulieu [1]. Le ministre des cultes leur offrit à chacun cinquante louis pour frais de route. Ils refusèrent. Il voulut y ajouter deux cent cinquante francs de pension par mois. Ils refusèrent également cette offre dérisoire. Ils eurent raison, car les catholiques s'empressèrent — comme ils le devaient — de venir à leur aide. A la fin de 1812, après les désastres de la campagne de Russie, le cardinal Consalvi, interné à Reims et mis, comme tous ses vénérables frères, sous la surveillance de la haute police, traçait ces quelques lignes attristées : « Seule, la Providence sait ce que l'avenir nous réserve. En attendant, nous vivons dans notre exil, nous privant de toute société, ainsi

---

[1] Quant au ministre du Pape, le cardinal Pacca, il était enfermé depuis le 18 juillet 1809 au château de Fénestrelle. Ses parents, les Crivelli, implorèrent, le 4 août 1810, son élargissement. « Depuis treize mois, disaient-ils, il languit dans une prison horrible par sa situation et son climat : la forteresse de Fénestrelle. Il n'a même pas la consolation d'y voir son neveu, qui y est aussi détenu ; et seul, abandonné, sans consolation, privé de secours dont il aurait besoin pour sa faible santé, il est livré aux tourments d'une affreuse captivité. Il appartient au Titus de la France de faire cesser un tel état de choses, et de céder aux larmes d'une famille désolée. » Le Titus de la France n'exauça pas cette demande et perdit sa journée. Le 18 décembre 1811, on retrouve le cardinal Pacca en surveillance à Novare. Il revint à Fontainebleau le 18 février 1813. (Archives nationales.) — Voy. les Mémoires du cardinal Pacca.

qu'il convient à notre situation comme à celle du
Saint-Siège et du Souverain Pontife, notre chef.
Les cardinaux rouges sont restés à Paris, et l'on
dit qu'ils fréquentent le grand monde [1]. »

Malgré ces nouvelles violences, le Pape continuait à se montrer indulgent à l'égard de Napoléon. Ainsi, le 16 mai, dans un entretien avec
l'ambassadeur autrichien, le comte de Lebzeltern,
Pie VII disait, à propos du mariage de l'Empereur
avec Marie-Louise :

« Veuille le ciel que cet événement imprévu
consolide la paix continentale ! Nous désirons plus
que personne que l'empereur Napoléon soit heureux. C'est un prince qui réunit tant d'éminentes
qualités ! Veuille le ciel qu'il reconnaisse ses vrais
intérêts ! Il a dans les mains, s'il se rapproche de
l'Église, les moyens de faire tout le bien de la
religion, d'attirer à soi et à sa race la bénédiction
des peuples et de la postérité, et de laisser un nom
glorieux sous tous les aspects [2] !... »

---

[1] Ce ne fut que le 9 février 1813 qu'un décret leva le séquestre
mis sur les biens des treize cardinaux. C'est à cette époque que les
cardinaux eurent la permission de rejoindre le Pape. Le 5 avril,
le cardinal di Pietro fut enlevé de Fontainebleau et interné à
Auxonne. Ses autres confrères furent menacés, après la rétrac-
tation du concordat de 1813, de perdre leur liberté, s'ils entrete-
naient le Pape des affaires de l'Église. Après le départ de Pie VII,
ils furent dispersés en France sous la surveillance de la gendarmerie.

[2] Rapport secret à Metternich.

Loin de se rapprocher adroitement de l'Église,
Napoléon lui porta de nouveaux coups. Il alla
jusqu'à chasser du séminaire Saint-Sulpice le
respectable abbé Émery qui, lors du second mariage, avait simplement donné au cardinal della
Somaglia le conseil d'obéir à sa conscience. Napoléon rêvait alors la domination du monde catholique. « Je vous reconnais pour mon chef spirituel,
disait-il au Pape, mais je suis votre empereur.
J'ai la mission de gouverner l'Occident, ne vous
en mêlez pas!... » Il affectait les allures de Charlemagne, ne se souvenant pas que Charlemagne si-
gnait dévotement : « Moi, Charles, roi de France et
humble auxiliaire du Saint-Siège apostolique en
toutes choses. » Napoléon faisait venir à Paris la
tiare et les ornements pontificaux. Il croyait que le
successeur de saint Pierre consentirait, sous sa
surveillance, à se borner, dans la capitale de la
France, aux affaires spirituelles. Le cardinal Fesch,
informé de ce beau projet, mettait en avant quelques objections. Il était rudoyé et traité comme
un sot. Mais ce fut vainement que l'Empereur
essaya de séduire ou d'effrayer Pie VII. Le
saint vieillard, emprisonné à Savone, opposa aux
séductions et aux menaces une invincible néga-
tion. Le 21 novembre 1810, le préfet du département de Montenotte écrivait au maître des requêtes,
chargé du 3ᵉ arrondissement de la police à Paris,

une lettre toute confidentielle. Il répondait à des ordres qui lui avaient prescrit de voir le Pape et de lui demander ses impressions personnelles sur le décret relatif à l'établissement d'un palais pour les papes à Paris. « L'Empereur, observa doucement Pie VII, s'amuse, ce me semble, à faire bâtir des prisons pour les papes! » Et, comme le préfet protestait de son mieux, Pie VII ajoutait avec fermeté : « Ce ne sont pas les empereurs qui ont fixé la résidence des papes, c'est saint Pierre qui voulut mourir à Rome et qui indiqua le lieu où devait être le Saint-Siège. »

Le préfet déclara que Napoléon désirait la réconciliation de l'Empire et de la papauté. « Le malheur, remarqua Pie VII, est qu'on ne dit pas clairement la vérité au souverain. On craint de lui déplaire, et ensuite il s'aperçoit du mal qu'on lui a fait; mais il est trop tard. Sa Majesté s'en apercevra. Je le lui prédis. J'ai parcouru toute l'histoire ecclésiastique, et j'ai vu mille faits analogues. » Puis, élevant la voix : « Si j'étais avec Sa Majesté, je ne lui cacherais rien de ma manière de voir. Je lui parlerais librement. Je lui remontrerais la suite de tout ceci. Je lui dirais qu'il veut se perdre, lui ou sa postérité ; que les liens qui retiennent les peuples se brisent facilement, quand la religion ne les fortifie pas!... » M. de Chabrol insinua alors que l'Empereur saurait traiter le Pape avec le respect

et la considération que méritait sa haute dignité.
« Si j'étais conduit à Paris, répondit Pie VII, je
m'y considérerais comme en prison, et alors deux
chambres me suffiraient comme ici. » La situation
de l'Église, quoique fort menacée, ne l'effrayait
pas plus que de raison. « Pour moi je suis tranquille, répétait-il avec douceur et conviction, et ma
cause est sûre, parce que l'Église est impérissable.
Oui, la main de Dieu est là, et l'Église est impérissable [1]... » Devant une telle foi et un tel courage,
le préfet de Montenotte ne sut rien répliquer. Il
s'inclina, ému et silencieux.

Ainsi, l'orgueil immense que Napoléon avait
éprouvé en unissant sa fortune glorieuse aux destinées de la fille de François II, cet orgueil était
battu en brèche par la constante opposition d'un
pape dépouillé de ses États et de ses biens, traité
comme un vil prisonnier. Le César, habitué à voir
s'abaisser tous les obstacles et se courber tous les
fronts, voyait un prêtre lui résister... Eh bien,
puisque la Rome catholique et son clergé ne voulaient pas céder, cette Rome serait effacée de la
carte de l'Europe. Les archives du Vatican vien-
draient à Paris, les offices de la daterie et de la pé-

---

[1] Archives nationales. — Correspondance du préfet de Montenotte avec le ministre des cultes. — Pour récompense de ses
services à Savone, M. de Chabrol fut, en 1812, nommé préfet de
la Seine.

nitencerie y seraient transférés, les consciences
chrétiennes subiraient la domination impériale, le
second empire d'Occident, plus puissant et plus
despotique encore, serait ressuscité. Napoléon avait
fait savoir au Sénat que Rome était une des capi-
tales de son Empire, qu'elle serait la sœur de sa
ville chérie, et que l'héritier de sa couronne en porterait le nom. L'avenir répondra à cet excès d'orgueil, et le fils de l'Empereur ira, sous un nom
allemand, consumer sa jeunesse et sa vie sur une
terre allemande.

Entraîné, emporté par une passion aveugle
contre l'Église et son chef, enivré par son mariage
et dédaignant le sentiment de l'Europe, Napoléon
commit alors fautes sur fautes, aussi bien en politique qu'en matière religieuse. Et cependant il avait
dit à Champagny, en lui donnant des ordres pour
mater le clergé romain : « Il faut profiter du moment où l'on a la paix partout et où rien ne peut
embarrasser, pour finir toutes ces affaires[1]. » Loin
de les finir, il devait les aggraver et susciter une
guerre plus dangereuse que les guerres précédentes.
Se croyant désormais tout permis, il se jeta dans
une lutte sans issue. Ajoutons que l'Autriche le
laissa faire et se tut, elle qui avait dit bien haut,
au moment du mariage, qu'elle comptait jouer « un

[1] Corr. Nap., 13 juin 1810.

rôle éminent dans l'arrangement des affaires de
l'Église ».

Pour punir le clergé italien qui résiste, comme
le Saint-Père, à ses avances ou à ses menaces,
Napoléon fait réduire à quatre le nombre des
évêques des États romains, saisir le traitement et
les biens des évêques supprimés, destituer les curés
et les chanoines qui n'ont pas prêté serment, puis
arrêter et conduire en France dix-neuf évêques
sous la conduite des gendarmes, déporter deux
cents prêtres en Corse et frapper des peines les plus
dures de pauvres vicaires. Seize cents religieux sont
chassés de Rome. Le Pape apprend toutes ces mesures, mais sans trembler. Il dit au préfet de Montenotte que, lui aussi, il saura défendre ses droits
« *usque ad effusionem sanguinis* ». Ni les infortunes
du clergé italien ni l'attitude intrépide du Saint-
Père ne désarment l'Empereur. Il se voit au faîte
de la puissance, et de là il croit pouvoir impunément lancer la foudre... Et cependant l'heure n'est
pas éloignée où le fracas de la chute répondra à
la hauteur du faîte :

> ... *Tolluntur in altum*
> *Ut lapsu graviore ruant !...*

Pour le moment, tout doit lui céder, puisque la
plupart de ses prévisions et de ses volontés se
sont réalisées. Il a décrété avant son mariage qu'il

aurait un héritier, osant jeter au sort cet étonnant défi[1]. Et il a eu un fils, et son décret s'est confirmé. Aussi les adulations et les flatteries ontelles redoublé de toutes parts. « Jamais, écrit Miot de Melito, jamais un plus grand nombre de princes, d'ambassadeurs, d'étrangers de premier rang, de princes de l'Église, de ministres, de magistrats, de généraux brillants d'or, de pourpre et de pierreries, chamarrés d'ordres et de cordons de toutes les couleurs, n'avaient offert plus d'hommages obséquieux ni mendié jadis à Versailles avec plus d'empressement la faveur d'un mot ou d'un regard... » Napoléon est fier de sa puissance créatrice. Il écrit à Joséphine qui a poussé la bonté jusqu'à le féliciter : « Mon fils est très bien portant. J'espère qu'il viendra à bien. Il a ma poitrine, ma bouche et mes yeux. J'espère qu'il remplira sa destinée[2]. »

Le 21 mars, il adressait aux évêques de son Empire la circulaire suivante :

[1] Il avait donné l'ordre au général Miollis et au préfet de Rome de prescrire aux curés de Rome de faire dire chaque jour des prières pour l'heureuse délivrance de l'Impératrice. Bigot de Préameneu invitait ces fonctionnaires « à lui dénoncer ceux qui manqueraient à ce devoir, afin de les réprimer avec encore plus de sévérité ». Il informait l'Empereur qu'on dirait chaque jour, à partir du 16 février 1811, « per il felice parto di Sua Maesta l'Imperatrice Maria-Luisa », les litanies de N. D. de Lorette, les oraisons *Concede nos famulos tuos* et *Deus, refugium nostrum*, ainsi que l'*Ave Maria*. (Archives nationales.)

[2] 22 mars 1811.

« Monsieur l'Évêque,

« Le Ciel vient de combler mes vœux en me
donnant un fils dont la naissance doit servir à fixer
les destinées de l'Empire. Mes descendants, héritiers de mon trône, le seront aussi de tous les sentiments qui remplissent mon âme pour le bonheur
et pour la gloire de mes sujets. Mon intention est
que vous réunissiez mes peuples dans les églises
pour chanter un *Te Deum* en actions de grâces et
toutes autres prières que vous jugerez convenable
d'ordonner. Sur ce, je prie Dieu, etc. »

Il veut des prières de l'Église, qu'il persécute. Il
veut des félicitations de la femme qu'il a répudiée ;
il veut qu'elle soit heureuse de la naissance d'un
enfant qui lui a coûté si cher. Il veut que la France
entière s'associe à son orgueilleuse satisfaction, et
il s'étonne de trouver à Savone, à Reims, à Mézières, à Rethel, partout enfin où sa politique a fait
des victimes, un silence qui lui semble audacieux
et désapprobateur.

Il faut que le Pape cède à tout prix. Napoléon a
nommé des évêques : il exige leur institution canonique. Pie VII, ne se sentant pas libre, persiste à
la refuser. L'Empereur se décide à passer outre [1].

---

[1] L'Autriche, qui avait promis d'apaiser le différend entre
Pie VII et Napoléon, avait tenté, elle aussi, de méconnaître les

Il somme le cardinal Fesch de prendre possession
du siège archiépiscopal de Paris. Ce cardinal,
qui ailleurs, comme nous l'avons vu, avait fait
preuve d'une insigne complaisance, comprend
cette fois son devoir et refuse bravement. « *Potius
mori!* s'écrie-t-il. — Eh bien, répond Napoléon,
qui à l'occasion ne dédaigne pas les jeux de mots,
ce sera Maury!... » Il nomme donc le cardinal
Maury au siège vacant de la métropole [1]. C'est alors
que Pie VII, indigné, adresse à ce prélat une lettre
importante, dont je tiens à reproduire les principaux
passages. On verra ce que peut un vieillard, même
dépourvu de tout ce qui fait la force des Empires,
c'est-à-dire de trésors, de ministres et de soldats,
quand il a pour lui ces armes invincibles : la foi et
le droit. « Il y a cinq jours, écrit le Pape à Maury,
que nous avons reçu la lettre par laquelle vous nous
apprenez votre nomination à l'archevêché de Paris
et votre installation dans le gouvernement de ce
diocèse. Cette nouvelle a mis le comble à nos autres

droits de la cour de Rome. « Sous François II, écrit Consalvi,
les ministres essayèrent de restreindre les prérogatives du nonce,
de l'empêcher de faire les procédures pour les évêques nommés.
On alla jusqu'à menacer le Pape de pousser les choses à l'extrême... La Cour signifia que dans les États impériaux, elle se
passerait de l'institution canonique pour les évêques. Le Saint-
Père fit la sourde oreille aux menaces, et la Cour se relâcha de
ses prétentions... » (*Mémoires,* t. II, p. 285-287.)

[1] Voir aux Pièces justificatives la lettre par laquelle le cardinal Fesch refuse le siège de Paris.

afflictions et nous pénètre d'un sentiment de douleur que nous avons peine à contenir et qu'il est
impossible de vous exprimer. » Il lui cite la lettre
du 26 août 1809 au cardinal Caprara, dans laquelle
lui, le Souverain Pontife, exposait les motifs qui lui
faisaient un devoir, en l'état présent des choses,
de refuser l'institution canonique aux évêques nommés par l'Empereur [1]. Il lui rappelle les nouveaux
attentats contre l'autorité ecclésiastique, contre les
paroisses, les évêchés et le clergé romain. Il s'étonne
de la joie qu'il met à lui annoncer sa nomination à
l'archevêché de Paris.

« Est-ce donc ainsi, observe-t-il, qu'après avoir
si courageusement et si éloquemment plaidé la
cause de l'Église catholique dans les temps les plus
orageux de la Révolution française, vous aban-
donnez cette même Église, aujourd'hui que vous
êtes comblé de ses dignités et de ses bienfaits, et
lié étroitement à elle par la religion du serment?
Vous ne rougissez pas de prendre parti contre nous
dans un procès que nous ne soutenons que pour
défendre la liberté de l'Église?... » Le Pape repro-

---

[1] Le Pape dit à M. de Chabrol, le 7 janvier 1811 : « qu'il
voulait être libre et dans son siège, avant de traiter. » Cette réponse exaspéra le calme Bigot de Préameneu. Et ce ministre
osa écrire à l'Empereur que le Pape avait l'intention de leur faire
une guerre ouverte. « Et quand il le déclare, pour toute réponse
à ces ouvertures de paix, *il établit lui-même la nécessité des
mesures prises à son égard...* » (Archives nationales.)

chait à Maury ses menées ambitieuses. « Ce qui
nous afflige encore davantage, c'est de voir qu'après
avoir mendié près d'un Chapitre l'administration
d'un archevéché, vous vous soyez, de voire propre
autorité et sans nous consulter, chargé du gouvernement d'une autre Église, bien loin d'imiter le
bel exemple du cardinal Joseph Fesch, archevéque
de Lyon, lequel, ayant été nommé avant vous au
même archevéché de Paris, a cru si sagement devoir absolument s'interdire toute administration
spirituelle de cette Église, malgré l'invitation du
Chapitre. » Le Pape disait qu'il était inouï de voir
un prêtre prenant le gouvernement d'un diocèse,
avant d'avoir reçu du Souverain Pontife l'institution canonique. Il fallait que ce scandale cessât
immédiatement.

« Quittez donc sur-le-champ cette administration !
mandait-il à Maury. Non-seulement nous vous l'or-
donnons, mais nous vous en prions, nous vous en
conjurons, pressé par la charité paternelle que nous
avons pour vous, afin que nous ne soyons pas forcé
de procéder malgré nous et avec le plus grand regret, conformément aux statuts des saints canons;
et personne n'ignore les peines qu'ils prononcent
contre ceux qui, préposés à une Église, prennent
en main le gouvernement d'une autre Église avant
d'être dégagés des premiers liens. » Le Saint-Père
espérait que le cardinal Maury se rendrait à son

14

invitation, afin d'éviter le tort qu'un mauvais exemple de sa part ferait à l'Église et à la dignité dont il était revêtu. « Nous vous écrivons, ajoutait-il, avec toute la liberté qu'exige notre ministère. Et si vous recevez notre lettre avec les mêmes sentiments qui l'ont dictée, vous verrez qu'elle est un témoignage éclatant de notre tendresse pour vous. » Puis, levant ses mains vénérables vers le ciel, il terminait cette lettre par cette touchante supplication : « En attendant, nous ne cesserons d'adresser au Dieu bon, au Dieu tout-puissant, de ferventes prières pour qu'il daigne apaiser par une seule parole les vents et les tempêtes déchaînés avec tant de fureur contre la barque de Pierre, et qu'il nous conduise enfin à ce rivage tant désiré où nous pourrons librement exercer les fonctions de notre ministère[1]!... » Mais cette magnifique lettre n'eut point le résultat qu'en attendait Pie VII. Le cardinal fit semblant de ne l'avoir point reçue et continua, malgré la défense formelle qui lui en avait été faite, d'administrer le diocèse de Paris pendant quatre années, publiant en forme de mandements de solennels bulletins sur les victoires des armées impériales, et recevant en échange des sommes considérables pour lui et son archevêché[2]. Il s'était rallié à l'Empire vers 1806,

---

[1] *Correspondance authentique de la cour de Rome avec la France.*

[2] En 1814, après la chute de Napoléon, le cardinal Maury

écrivant une lettre très humble à Napoléon, lettre
qui fit à l'époque beaucoup de bruit. Peu de temps
après son retour à Paris, se trouvant chez une
dame de grand esprit, il vit son portrait dans son
salon et se déclara flatté d'un tel honneur. « Ne
m'en remerciez point, Monseigneur, répondit la
dame. C'est moi qui suis la mieux favorisée. Je l'ai
eu *avant la lettre...* » Le bref du Pape fut cependant
connu à Paris. L'abbé d'Astros, vicaire apostolique, le communiqua à son cousin M. Portalis, alors
directeur de la librairie, qui imprudemment le laissa
circuler. J'ai raconté ailleurs la scène qui éclata au
Conseil d'État à ce sujet entre Napoléon et Portalis[1].

fut forcé de se démettre de son siège. Il publia un mémoire apo-
logétique de sa conduite et fut mandé à Rome pour exposer en
personne sa defense. L'entrée du conclave lui fut interdite.
Après les événements de 1815, on s'occupa de son procès. On
condamna le cardinal à six mois de détention au château Saint-
Ange, puis à six mois de pénitence dans une maison de Laza-
ristes. Cette peine et cette disgrâce ruinèrent sa santé. Le cardinal Maury mourut délaissé, le 11 mai 1817. Ainsi finissait celui
qui avait été l'orgueil de la chaire chrétienne et l'un des plus
solides appuis de l'Église ; celui que Pie VI appelait *egregium
virum*, faisait évêque de Montefiascone et cardinal, et envoyait
comme nonce apostolique au couronnement de François II ; celui
que l'Académie française s'était félicitée d'admettre parmi ses
membres ; celui que Louis XVI aimait et admirait, qu'il avait pris
pour ambassadeur auprès de Pie VII ; celui que l'empereur Napoléon avait fait aumônier du prince Jérôme, grand-croix de la
Légion d'honneur, archevêque de Paris, etc.
  [1] Voir *La censure sous le premier Empire*, Perrin, in-8°, 1886 ;
et la *Direction générale de l'Imprimerie et de la Librairie.* (Article
publié dans le *Livre* du 10 juin 1887.)

Elle fut terrible. Portalis perdit ses fonctions de directeur de la librairie et fut exilé. L'abbé d'Astros, livré à la police par le cardinal Maury lui-même, fut conduit au donjon de Vincennes, où il demeura enfermé jusqu'en 1814. Cette prison reçut bientôt les cardinaux di Pietro et Gabrielli.

L'Empereur, poursuivant sa guerre contre l'Église, avait en même temps donné ordre à Mgr d'Osmond, évêque de Nancy, d'aller occuper le siège archiépiscopal vacant de Florence. L'archidiacre de l'église métropolitaine de cette ville, vicaire capitulaire pendant la vacance du siège archiépiscopal, l'abbé Évrard Corboli, avait demandé au Saint-Père si l'évêque de Nancy pouvait être élu administrateur de l'église de Florence après la démission du vicaire capitulaire. Pie VII lui avait répondu que l'évêque de Nancy était absolument inhabile aux fonctions d'administrateur, parce qu'il avait contracté avec une autre église un mariage spirituel qui ne pouvait être dissous que par une dispense expresse du Siège apostolique. Cette dispense, lui, Souverain Pontife, il ne l'accordait pas, et il avertissait le vicaire capitulaire qu'il se rendrait coupable d'une très grande faute, s'il se démettait de ses fonctions pour ouvrir à un autre une entrée que l'Église avait fermée. Il comptait sur sa vigilance et son dévouement pour observer les règlements, malgré les menaces et les flatteries [1].

Napoléon, tournant alors sa colère contre Pie VII lui-même, donne l'ordre d'arrêter les courriers qui se rendent à Savone ou qui en sortent, d'interdire au Pape et à sa suite toute correspondance, de saisir ses papiers, de réduire à un chiffre dérisoire les frais de sa maison, de lui supprimer ses voitures, de faire une perquisition dans ses appartements. On sait avec quel zèle brutal les agents de l'Empereur exécutaient ses ordres. Ils visitent les pièces de fond en comble, fouillent les vêtements, forcent les tiroirs, crochètent les serrures, et volent au Pape jusqu'à son bréviaire et son anneau. Ils chassent son valet de chambre. Pie VII demeure impassible au milieu de ces vilenies et de ces outrages. Il se confie à la Providence et déclare qu'il ne cédera pas aux exigences de l'Empereur. Il avait repoussé avec la même fierté le préfet de Chabrol, qui était venu l'engager à adresser à Napoléon une lettre capable d'amener un accommodement sur les affaires spirituelles. « Cette lettre, avait osé dire le préfet qui reproduisait les paroles mêmes du ministre des

---

[1] *Correspondance authentique de la cour de Rome avec la France.* — La grande-duchesse de Toscane Elisa fit, sur l'ordre de Napoléon, transférer le chef de l'opposition, le chanoine Muzzi, à l'île d'Elbe. « Son grand âge, écrivait-elle le 28 décembre 1810, m'a empêchée de me montrer plus sévère. » Elle promettait à Napoléon d'employer d'autres moyens de persuasion ou de rigueur. (Archives nationales.)

cultes, devrait être écrite sans fiel avec la charité
de l'Évangile, sans faire aucune allusion. Elle ne
doit respirer que le pur désir du bien [1]... » Si je
n'écrivais sur des pièces authentiques, je pourrais
à peine croire à une pareille négociation.

Enfin, Napoléon se résout à convoquer un Concile national. L'abbé Émery, le plus ferme représentant du clergé docile au Souverain Pontife,
meurt. Pie VII, accablé de chagrin, tombe malade.
On le surveille nuit et jour, on le séquestre, on
l'obsède, on profite de sa faiblesse pour lui livrer les
plus perfides assauts. Le Concile se réunit et, sous
la présidence de Fesch, prête serment d'obéissance
au Pape. Il se déclare ensuite incompétent pour
procéder à l'institution des évêques. L'Empereur
exaspéré fait arrêter les évêques de Gand, de
Troyes, de Boulogne, qu'il croit les auteurs de ce
mouvement [2]. Le 5 août 1811, les autres prélats
intimidés décrètent que les archevêchés et évêchés
ne pourront rester vacants plus d'une année, et
que, dans les six mois, le Pape sera forcé de donner
l'institution canonique. S'il laisse passer ce délai,
le métropolitain ou le plus ancien évêque de la
province procédera à l'institution des évêques

---

[1] Archives nationales.
[2] Fesch fut disgracié pour sa noble résistance. On lui sup-
prima une partie de son traitement et on le força à sortir de
France. Il fut officiellement banni en 1816 et mourut l'année suivante.

nommés par l'Empereur. On négocie de nouveau à
Savone avec Pie VII. Le malheureux pontife, accablé de fatigues, de soucis et de maux, finit par donner son consentement à la décision du Concile, mais
se réserve l'institution des évêques romains. Napoléon exige formellement cette dernière concession.
Le Pape révolté refuse. Alors l'Empereur chasse
les Sulpiciens des séminaires et dissout les établis-
sements des Sœurs de la Charité à Paris. C'est une
lutte à mort entre lui et la Papauté. Dans un moment de colère, Napoléon s'écrie, en parlant de
l'excommunication dont l'a frappé Pie VII : « Ses
foudres ne feront pas tomber les armes des mains
de mes soldats! » Peu de temps après, les désastres
de la retraite de Russie semblent répondre à ce défi
nouveau, et le cardinal Fesch lui-même s'écrie :
« Le doigt de Dieu est ici manifeste! »

Napoléon croit encore à la sincérité de l'alliance
autrichienne. Et, le 14 décembre 1812, il dicte au
ministre des affaires étrangères une lettre où se
lisent ces lignes pleines d'une trompeuse illusion :

« L'Autriche a déjà obtenu un grand avantage
de la guerre actuelle, puisqu'elle a obtenu la resti-
tution de la Valachie et de la Moldavie à la Turquie,
question de première importance pour cette puissance. Dans la situation actuelle des choses, il est
nécessaire que l'Autriche fasse aussi un effort pour
assurer le triomphe de la cause commune, à moins

qu'elle ne voulût changer de système, ce qui ne
paraîtrait ni conforme au caractère de l'Empereur
ni aux premières idées d'une saine politique,
puisque, dès ce moment, elle se rendrait partie principale et le théâtre nécessaire de la guerre[1]... »

Il est trop tard, et François II se borne à répondre qu'il désire connaître les vues entières de son
gendre. Il le prie de s'en expliquer avec toute la
franchise de l'amitié. Pour lui, il s'occupe du sort
de la brave armée qu'il a jointe à la sienne et de la
sûreté de ses provinces exposées. Napoléon a compris. En attendant qu'il fasse sentir à l'Autriche le
poids de sa vengeance, — car il espère encore infli-
ger une défaite à cette puissance, fût-elle alliée aux
Russes et aux Prussiens, — il continue à traiter le
Pape avec la dernière rigueur. Il donne l'ordre de
le transférer à Fontainebleau, sans lui laisser le
temps de retrouver quelque force. Pie VII est entraîné sur cette ville, où il arrive presque mourant.
Napoléon survient et l'oblige à signer un concordat, que l'infortuné pontife rétracte peu de jours
après[2]. La colère de l'Empereur tombe sur le car-

---

[1] Archives des Affaires étrangères. *Autriche,* supplément.

[2] Dans le concordat de Fontainebleau, sous la pression des
cardinaux Ruffo, Spina, Dugnani et de Bayane, le Pape avait
reconnu à Napoléon le droit de nommer directement lui-même
à six évêchés en France ou en Italie. Il avait accepté que le métropolitain ou le plus ancien évêque de la province instituât ces
évêques, si au bout de six mois le Saint-Siège ne leur avait pas

dinal di Pietro, sur quelques séminaristes et quelques prêtres. Les ennemis coalisés qui assaillent
la France font diversion. Schwarzenberg, le négo-
ciateur si habile du mariage de Napoléon et de
Marie-Louise, a dit, dans un ordre du jour à l'armée autrichienne : « Nous n'entrons pas seuls en
lice. Tout ce que l'Europe a de grand et d'efficace
à opposer au puissant ennemi de sa liberté et de
son repos, est rangé sur une même ligne avec
nous. L'Autriche, la Russie, la Prusse, la Suède,
l'Angleterre, l'Espagne, tous dirigent leurs efforts
réunis vers un but commun. »

Napoléon lutte avec la dernière vaillance, mais
il comprend que l'heure des revers est venue et
qu'il s'est aliéné en France, par sa conduite envers
le Pape, l'esprit des catholiques. Les armées coali-
sées passent le Rhin. Napoléon offre au Pape de lui
rendre ses États et de signer un compromis avec
lui. Pie VII refuse. Ses droits sont évidents. Il ne
les soumettra pas à une négociation. L'Empereur
se décide enfin à le laisser partir pour Rome, sous
la conduite de son gardien, le commandant de
gendarmerie Lagorse. L'intention réelle de Napo-

accordé l'institution canonique. Ces concessions, arrachées par la
surprise et par la force, accablèrent Pie VII de remords. A l'arrivée du cardinal Pacca, il retrouva sa constance et son courage,
et il rétracta solennellement un acte qu'il avait déploré. — Voir
pour le détail le tome V de l'*Église et du premier Empire*,
par le comte d'Haussonville, et les Mémoires de Pacca.

léon était de diriger le Pape sur Savone et de l'y
garder comme un otage, au cas où la victoire souri-
rait de nouveau à ses armes. Le 24 janvier, Pie VII
quitta Fontainebleau au milieu des pleurs de ses
cardinaux et de rares fidèles. Trois mois après,
Napoléon quittera le même palais au milieu des
pleurs de quelques soldats...

Le Pape et son gardien arrivèrent à Savone vers
le milieu de février, et de là le commandant Lagorse
écrivait au ministre des cultes : « Le Pape m'a dit en
propres termes que l'Empereur lui faisait injure en
lui supposant des idées de vengeance et de haine. »
Puis, s'apercevant que le voyage qu'il venait de faire
avec le Souverain Pontife en France révélait un
respect et une affection sans bornes pour Pie VII,
en même temps qu'une vive irritation contre l'Empereur, il avait ajouté : « Au point où en sont les
choses, j'ose dire que le Pape dans ses États, ligué,
confédéré avec toute l'Europe contre nous, usant
de toutes ses armes spirituelles et temporelles, est
mille fois moins dangereux qu'il ne peut le devenir
par toutes les idées qui s'attachent à son séjour ici
et par sa position derrière le vice-roi [1]. » Lagorse
comprenait qu'après les mauvaises nouvelles venues
de l'armée, malgré les merveilles de science straté-
gique et de valeur militaire opérées par l'Empe-

[1] Archives nationales.

reur, les populations s'agitaient. Elles étaient à
la veille de délivrer le Pape et de se soulever
contre le gouvernement impérial. Il fallait agir
sans retard. Le 17 mars, Pie VII recevait la nouvelle de sa mise en liberté ; le 19 mars, il quittait
Savone.

· Quelques semaines se passent et il rentre en
triomphe à Rome, après quatre ans de tourments et
d'épreuves inouïs. Le Pape avait eu un moment de
défaillance, mais il s'était bientôt repris. On peut
dire en toute justice qu'il avait défendu les droits
sacrés de l'Église au péril même de sa vie [1].

[1] A Sainte-Hélène, Napoléon parlait avec équité de Pie VII :
« C'était vraiment un agneau, disait-il, tout à fait un bonhomme,
un véritable homme de bien que j'estime, que j'aime beaucoup et
qui, de son côté, me le rend un peu, j'en suis sûr. » Ce fut le
seul souverain qui implora pour Napoléon vaincu et prisonnier
la clémence des autres souverains.

CHAPITRE XII

Arrivé au terme de cette étude, le lecteur doit reconnaître que la cause initiale des désastres de l'Empire a été le divorce.

C'est en effet le divorce qui a perdu Napoléon, égarant son esprit et aggravant ses fautes. Celui qui avait dit : « J'ai refermé le gouffre anarchique et débrouillé le chaos... J'ai excité toutes les émulations, récompensé tous les mérites et reculé les limites de la gloire », celui-là sacrifiait tout à coup son œuvre à un vain mouvement d'orgueil. C'est le divorce qui l'a amené à vouloir, entrer dans la famille des souverains, sans pouvoir lui assurer leur confiance et leur amitié. C'est le divorce qui a contribué à rompre les relations déjà si tendues entre l'Empereur et l'Église. C'est le divorce et le mariage autrichien qui ont trompé l'ambition de Napoléon, devenue insatiable.

L'Autriche, fidèle à son plan qui était de se re-
constituer à tout prix et d'affaiblir la puissance
française, s'était empressée d'accorder à Napoléon
tout ce qu'il avait demandé, car elle tenait à empêcher avant tout l'alliance franco-russe qui eût achevé
sa perte et changé peut-être la face du monde.
Elle a donné une de ses princesses, elle a laissé
maltraiter le Pape, elle a encouragé à attaquer la
Russie. Mais après les revers de 1812, elle s'est
démasquée. Elle s'est alliée ouvertement aux adversaires de l'Empereur. Elle a trahi celui qu'elle appelait dans son langage d'apparat : « *Serenissime ac
potentissime princeps, frater et gener carissime !* »
Elle a oublié ses protestations de tendre amitié et
de profond attachement, ses serments et ses embras-
sades. Elle a oublié que son empereur avait dit à
Napoléon : « Le jour où je lui ai donné ma fille, son
honneur est devenu le mien, et je saurai, si Votre
Majesté me seconde, le défendre comme le mien [1]. »

[1] Luxembourg, le 23 mai 1813. Lettre de François II à Napoléon. Affaires étrangères, *Autriche,* supplément. — Pour
combler la mesure, lorsque Napoléon sera à Sainte-Hélène, le
baron Sturmer, commissaire autrichien, s'excusera, devant Hudson
Lowe, de n'avoir pas pris toutes les précautions nécessaires pour
empêcher la remise d'une boucle de cheveux du Roi de Rome
à Napoléon. (Voir *Napoléon à Sainte-Hélène. Rapports officiels*
du baron Sturmer. Paris, 1888, in-12.) — Il échappera même à
ce commissaire zélé un mot malheureux. Écrivant à Metternich au
sujet de Napoléon qu'il affecte d'appeler constamment Bonaparte,
il lui dit, le 27 décembre 1816 : « Il est toujours en bonne
santé, *et il menace de vivre longtemps !..* »

Napoléon avait répudié Joséphine, afin de consolider sa dynastie. Il l'a plus rapidement ébranlée. « Pour n'avoir rien à envier aux Bourbons », il a voulu avoir un héritier d'une princesse royale. Et le Roi de Rome est né pour aller mourir parmi ses ennemis à dix-neuf ans, sans empire et sans couronne, comme Astyanax au milieu des Grecs. Napoléon a cru que le dernier mot appartiendrait à la force, et c'est la force qui l'a vaincu. Il a abandonné une épouse aimante pour une épouse ingrate[1]. Tandis que Joséphine, à la première nouvelle des désastres, voudra porter ses consolations à l'Empereur, Marie-Louise se gardera bien d'aller le rejoindre et d'adoucir sa douleur immense. Elle osera même écrire « qu'elle n'a jamais eu de sentiment vif d'aucun genre pour lui ». Bientôt elle négligera sa mémoire et se donnera au premier général venu.

Le 26 juin 1813, dans l'entretien solennel qu'il aura à Dresde avec Metternich, Napoléon désabusé dira :

« J'ai fait une bien grande sottise en épousant une archiduchesse d'Autriche... J'ai commis là une faute impardonnable. En épousant une archi-

---

[1] Veut-on savoir comment Marie-Louise mérita les félicitations de Metternich ? « Rien de plus correct que la conduite de madame l'archiduchesse Marie-Louise. Elle pousse même la réserve jusqu'au scrupule. Elle a non seulement rompu toute relation avec la famille Bonaparte, mais elle ne permet le séjour à aucun Français dans son pays... » (Archives de l'État, Sturmer.)

duchesse, j'ai voulu unir le présent et le passé, les préjugés politiques et les institutions de mon siècle. Je me suis trompé, et je sens aujourd'hui toute l'é- tendue de mon erreur. Cela me coûtera peut-être un trône, mais j'ensevelirai le monde sous mes ruines [1] !... »

C'était le cri de la colère, c'était le cri d'un homme qui voit enfin ce que valent les serments, les vœux, les compliments, les adresses, les dé- monstrations, les lettres, les discours, les adulations, toutes les futilités que les courtisans prodiguent à leurs idoles passagères. Elle avait été bien extraor- dinaire, la pompe du second mariage impérial, avec ses hérauts d'armes, ses pages, ses écuyers, ses cham- bellans, ses ministres, ses officiers, ses soldats, ses sénateurs, ses députés, ses conseillers d'État, ses évêques, ses ambassadeurs et ses princes, ses ré- ceptions, ses banquets, ses concerts, ses théâtres et ses illuminations... Mais toutes ces splendeurs et toutes ces ovations avaient disparu. Jetant un re- gard sur le passé, Napoléon comprenait combien il avait eu tort de se séparer de Joséphine et de ne pas maîtriser son ambition. Il aurait dû être fidèle à cette politique qui, s'appuyant sur la modération

---

[1] Voir dans le *Mémorial* les regrets que Napoléon exprime au sujet de son alliance avec l'Autriche. Il va jusqu'à s'écrier que son assassinat à Schœnbrunn eût été moins funeste pour la France.

et l'équité, n'a d'autre but que le bien de la France,
et non la satisfaction de l'orgueil. Il aurait dû
reconnaître aussi, — comme il l'a dit trois ans plus
tard, — qu'il ne pouvait y avoir affinité entre une
antique monarchie, réfractaire par essence aux
conceptions nouvelles, et une monarchie, comme la
sienne, d'origine toute démocratique. Il aurait dû
avant tout, pour soutenir l'Empire, se débarrasser
de la guerre d'Espagne, « ce chancre », éviter le
malentendu qui détermina « la funeste guerre de
Russie », ne pas exaspérer l'Europe, apaiser les
querelles religieuses qui sont trop souvent le bou-
leversement et la ruine des États, calmer et rassurer les esprits fatigués d'agitations sans trêve.
Sans doute Napoléon a eu raison de dire, en rappelant le début d'immortelles campagnes : « J'ai
poussé chacun dans un défilé de granit sans issue à
droite ou à gauche, obligé de marcher vers l'autre
extrémité où je montrais de la main l'honneur, la
gloire, la splendeur de la patrie!... » Mais la patrie,
lassée de guerres ruineuses et interminables, avait
comme la satiété de la gloire.

L'avenir dont Napoléon avait paru disposer en
maître ne lui appartenait plus. Les malheurs allaient
fondre sur lui et sur la France. Après la résistance
admirable de 1814, après le gigantesque effort de
Waterloo, l'Empereur semblait avoir épuisé toute

sa force et tout son génie. A ce moment, condamné
au plus terrible exil, il devait regretter amèrement
de n'avoir pas confié l'héritage de sa gloire au fils
de Joséphine, à ce prince Eugène qu'il appelait
lui-même, en 1805 : « le soutien de son trône et
l'un des plus habiles défenseurs de la patrie ». Puisqu'il voulait un ·successeur, il ne pouvait mieux
choisir. Les Français auraient accepté pour chef le
guerrier qui s'était illustré à Saint-Jean d'Acre, à
Marengo, à Wagram et dans l'admirable retraite
de Russie, le patriote éclairé et convaincu, l'administrateur habile qui, pendant une vice-royauté de
huit ans, avait su diriger un grand pays avec modération et sagesse.

Étranges vicissitudes de l'histoire ! Napoléon a
répudié Joséphine pour avoir un fils héritier de son
œuvre et de son nom, et c'est le petit-fils de cette
même Joséphine qui est devenu le continuateur
direct de l'Empire, sous le nom de Napoléon III.

PIÈCES JUSTIFICATIVES.

1

Lettre d'Eugène et Hortense de Beauharnais à la Convention nationale.

« 19 floréal an II (8 mai 1794).

« D'innocents enfants réclament auprès de vous la liberté de leur tendre mère, de leur mère à qui jamais l'on n'a pu reprocher que le malheur d'être entrée dans une classe à laquelle elle a prouvé qu'elle se croyait étrangère, puisqu'elle ne s'est jamais entourée que des meilleurs patriotes, des plus excellents montagnards. Ayant demandé son ordre de passe pour se soumettre à la loi du 28 germinal, elle fut arrêtée le soir, sans en connaître la cause.

« Citoyens représentants, vous ne laisserez pas opprimer l'innocence, le patriotisme et la vertu...

« Rendez la vie, citoyens représentants, à de malheureux enfants. Leur âge n'est point fait pour la douleur.

« Eugène BEAUHARNAIS (âgé de 12 ans).
« Hortense BEAUHARNAIS (âgée de 11 ans). »

(Voir Alexandre Sorel : *Le couvent des Carmes sous la Terreur*.)

II

Lettre d'Alexandre de Beauharnais à Joséphine.

« (Le 4 thermidor an II de la République une
et indivisible — 22 juillet 1794.)

« Toutes les apparences de l'espèce d'interrogatoire
qu'on a fait subir aujourd'hui à un assez grand nombre
de détenus sont que je suis la victime des scélérates
calomnies de plusieurs aristocrates, soi-disant patriotes,
de cette maison (la prison des Carmes). La présomption
que cette infernale machination me suivra jusqu'au tribunal révolutionnaire, ne me laisse aucun espoir de te
revoir, mon amie, ni d'embrasser mes chers enfants. Je
ne te parlerai point de mes regrets. Ma tendre affection
pour eux, l'attachement fraternel qui me lie à toi ne peuvent te laisser aucun doute sur le sentiment avec lequel
je quitterai la vie sous ces rapports. Je regrette également
de me séparer d'une patrie que j'aime, pour laquelle
j'aurais voulu donner mille fois ma vie, et que non-seulement je ne pourrai plus servir, mais qui me verra
échapper de son sein en me supposant un mauvais
citoyen. Cette idée déchirante ne me permet pas de ne
te point recommander ma mémoire. Travaille à la
réhabiliter en prouvant qu'une vie entière, consacrée à
servir son pays et à faire triompher la liberté et l'égalité, doit aux yeux du peuple repousser d'odieux calom-
niateurs, pris surtout dans la classe des gens suspects.
Ce travail doit être ajourné, car, dans les orages révolutionnaires, un grand peuple qui combat pour pulvériser

ses fers, doit s'environner d'une juste méfiance et plus craindre d'oublier un coupable que de frapper un innocent.

« Je mourrai avec ce calme qui permet cependant de s'attendrir pour ses plus chères affections, mais avec ce courage qui caractérise un homme libre, une conscience pure et une âme honnête, dont les vœux les plus ardents sont pour la prospérité de la République. Adieu, mon amie, console-toi par mes enfants, console-les en les éclairant et surtout en leur apprenant que c'est à force de vertus et de civisme qu'ils doivent effacer le souvenir de mon supplice et rappeler mes services et mes titres à la reconnaissance nationale. Adieu, tu sais ceux que j'aime, sois leur consolateur et prolonge par tes soins ma vie dans leur cœur.

« Adieu, je te presse ainsi que mes chers enfants, pour la dernière fois de ma vie, contre mon sein.

« Alexandre BEAUHARNAIS. »

(Lettre insérée dans le tome II des *Lettres de Napoléon à Joséphine,* page 207. — Didot, 1833, in-8°.)

III

Séance du 18 *vendémiaire* (10 *octobre* 1795).

BARRAS. — « J'appellerai l'attention de la Convention nationale sur le général Buonaparté. C'est à lui, à ses dispositions savantes et promptes qu'on doit la défense de cette enceinte, autour de laquelle il avait distribué des postes avec beaucoup d'habileté.

« Je demande que la Convention confirme la nomination de Buonaparté à la place de général en second de l'armée de l'intérieur[1]. »

Cette proposition est décrétée.

Du 28 vendémiaire an IV (20 octobre 1795).

Le Comité de salut public, en conséquence de l'art. 4 du décret du 15 vendémiaire an IV, et en considération des services rendus par le citoyen Buonaparté, général de brigade d'artillerie, tant à l'armée d'Italie que dans les journées des 13 et 14 vendémiaire à Paris,

ARRÊTE

Que le général Buonaparté est promu au grade de général de division dans l'armée de l'artillerie, et qu'il jouira de ce grade et du traitement qui y est affecté, conformément à l'article 1er de ladite loi.

Charge la 9e commission, section de l'artillerie et du génie, de l'exécution du présent arrêté.

CAMBACÉRÈS.   LE TOURNEUR.
DAUNOU.   MERLIN.
     ESCHASSÉRIAUX.

(Archives nationales, AF¹¹, 52.)

Décret du 15 vendémiaire an IV (7 octobre 1795).

ART. 4.

Le Comité de salut public est chargé de pourvoir, en vertu du présent décret, à l'avancement des officiers

---

[1] Les comités l'avaient nommé le 6 octobre pour commander en second après Barras, commandant en chef.

d'artillerie et du génie qui se seront signalés par leurs services.

IV

Premières relations de Bonaparte et de Joséphine après le 13 *vendémiaire.*

« Ce fut pendant qu'il commandait à Paris, que Napoléon fit connaissance de madame de Beauharnais. On avait exécuté le désarmement général. Il se présenta à l'état-major un jeune homme de dix à douze ans, qui vint le supplier de lui faire rendre l'épée de son père, qui avait été général de la République. Ce jeune homme était Eugène de Beauharnais, depuis vice-roi d'Italie. Napoléon, touché de la nature de sa demande et des grâces de son âge, lui accorda ce qu'il demandait. Eugène se mit à pleurer en voyant l'épée de son père; le général en fut touché et lui témoigna tant de bienveillance, que madame de Beauharnais se crut obligée de se rendre chez lui le lendemain lui en faire des remerciements. Chacun connaît la grâce extrême de l'impératrice Joséphine, ses manières douces et attrayantes. La connaissance devint bientôt intime et tendre, et ils ne tardèrent pas à se marier. »

Dictées de Napoléon à Sainte-Hélène, sur le 13 vendémiaire.
(*Corresp. de Napoléon,* tome XXIX, p. 67.)

Extrait du registre des arrêtés du Comité de salut public de la Convention nationale du 15 vendémiaire an IV de la République française, une et indivisible.

Les Comités de salut public et de sûreté générale, réunis, arrêtent que tous les citoyens des sections Le Pelletier et du Théâtre-Français seront sur-le-champ désarmés;

Arrêtent, de plus, que tous les grenadiers et chasseurs de la garde nationale parisienne dans toutes les sections seront désarmés;

Chargent le représentant du peuple Barras, général de l'armée de l'intérieur, de l'exécution du présent arrêté.

        Signé : DAUNOU, DELAUNAY, MERLIN (de Douai), LE TOURNEUR, LA RÉVEILLÈRE-LÉPEAUX.

(Archives nationales, AF^{II} 52.) — Voir aussi le rapport du général Bonaparte sur la répression de l'émeute de Vendémiaire. (*Corr. Nap.*)

V

Lettre du général Bonaparte au citoyen Letourneur, président du Directoire.

AU CITOYEN LETOURNEUR, PRÉSIDENT DU DIRECTOIRE EXÉCUTIF.

    « Quartier général, Paris, 21 ventôse an IV (11 mars 1796).

« J'avais chargé le citoyen Barras d'instruire le Directoire exécutif de mon mariage avec la citoyenne Tascher-

Beauharnais. La confiance que m'a montrée le Directoire dans toutes les circonstances me fait un devoir de
l'instruire de toutes mes actions. C'est un nouveau lien
qui m'attache à la patrie ; c'est un gage de plus de ma
ferme résolution de ne trouver de salut que dans la
République.

« Salut et respect.

> « *Le général en chef de l'armée d'Italie,*

>> « BUONAPARTE. »

(*Corr. Nap.*, tome 1ᵉʳ, p. 117.)

VI

Lettres de M. de Champagny. (Archives nationales.)

*Le conseiller d'État, ambassadeur de la République
française près la cour de Vienne, au citoyen Napoléon
Bonaparte, Premier Consul de la République française.*

> • 10 fructidor an X (28 août 1802).

« CITOYEN CONSUL,

« Pour la seconde fois, le peuple français vous nomme
son premier magistrat. Le Consulat, qui ne pouvait
durer autant que votre gloire, vous est décerné pour la
vie. Sans doute, une sage politique commandait cette
mesure ; mais dans cette occasion, ses raisonnements
incertains ont moins servi à la disséminer que le senti-

ment infaillible du bien que vous avez fait et de celui que vous devez faire.

« Les rois de l'Europe vous ont écrit pour vous féliciter sur ce glorieux événement. Des citoyens français, loin de leur patrie, viennent après eux vous offrir leurs hommages. Vous ne dédaignerez pas leur modeste tribut. Leur position les rend aussi les organes des étrangers. Ceux-ci vous admirent, mais les Français vous aiment. Ce double sentiment appartient peut-être davantage à ceux qui vivent loin de leur patrie. Votre gloire leur arrive plus pure et plus grande. Ils vous voient déjà comme vous jugera un jour l'impartiale postérité.

« Il m'est doux, Citoyen Consul, d'être l'organe de leurs sentiments et de pouvoir y joindre l'hommage du respectueux dévouement que (et cela n'appartient qu'à vous) vous inspirez également à ceux qui vous voient de près et à ceux qui, de loin, recueillent les fruits d'une administration que dirigent votre âme et votre génie.

« CHAMPAGNY. »

Le même, le 13 brumaire an XI (4 nov. 1802), lui adressait le citoyen Lacuée, premier secrétaire de l'ambassade française et aide de camp du Consul, porteur de la ratification de François II de l'acte d'accession à l'art. 10 du traité d'Amiens. Il lui renouvelait l'hommage de son respect, de son admiration et de son dévouement :

« Ces sentiments ne s'affaiblissent pas loin de vous, puisque, chaque jour, l'active renommée répand de la France au dehors la nouvelle des prodiges opérés pendant la paix et par la paix, comme elle portait du dehors au dedans les bruits des merveilles de la guerre. Le

même génie a tout conçu et tout exécuté pour le bonheur et la gloire de la France...

« Agréez l'hommage de mon profond respect.

« CHAMPAGNY. »

———

« Vienne, le 28 thermidor an XII (16 août 1804).

« SIRE,

« Lorsque la lettre dont Votre Majesté m'a honoré le
15 de ce mois m'est parvenue, j'avais remis au ministère
autrichien, d'après l'autorisation que m'en avait donnée
votre ministre, une note propre à le tranquilliser sur le
sujet de ses inquiétudes, et il avait prononcé sa reconnaissance du titre de Votre Majesté. J'ai rendu à votre
ministre des relations un compte détaillé des difficultés
minutieuses qui ont retardé cet événement désiré.

« Aujourd'hui partent les lettres de créance du comte
Philippe de Cobenz'l. Ce ministre regrettera sans doute
de n'avoir pas eu à vous les présenter au moment où
toute la France célébrait le jour heureux qui a donné
naissance au Souverain, héros et grand homme par
lequel elle a été tirée de l'abîme de l'anarchie et élevée
au plus haut point de gloire et de prospérité; moi-
même je regrette très vivement que tel n'ait été le résultat de mes efforts.

« J'ai eu au moins une sorte de dédommagement hier,
15 août, lorsque je célébrais le jour de naissance de
Votre Majesté, avec l'éclat que peut admettre cette saison
où les camps et la campagne enlèvent à Vienne presque
tous ses habitants d'une certaine classe. La *Gazette de
la Cour* proclamait la reconnaissance du titre d'Empereur des Français, et tous ceux qui étaient chez moi en

félicitaient leur patrie. Celui d'entre eux qui a le plus
l'honneur d'être connu de Votre Majesté, le vice-chancelier comte Louis de Cobenz'l, me priait de le mettre
aux pieds de Votre Majesté et de lui transmettre l'hommage de son respect et de sa reconnaissance des bontés
qu'Elle a eues pour lui.

« Qu'il me soit aussi permis dans ce jour qui rappelle
tant de génie et d'inappréciables services rendus à
quarante millions d'hommes, et où se font si vivement
sentir les obligations imposées par Votre Majesté à tout
ce qui est français, et les obligations particulières que
lui ont ceux qu'Elle a honorés de ses bontés, qu'il me
soit permis de lui exprimer, autant que je le puis, les
sentiments d'admiration respectueuse et de dévouement
sans bornes avec lesquels j'ai l'honneur d'être,

« SIRE,

« De Votre Majesté Impériale, le très humble, très
obéissant et très fidèle serviteur,

« CHAMPAGNY,

« *Votre ambassadeur à Vienne.* »

Champagny à Talleyrand.

« Vienne, le 28 thermidor an XII (16 août 1804).

« MONSIEUR,

« Au compte que j'ai eu l'honneur de vous rendre, je
dois joindre celui d'un fait particulier que M. le comte
de Cobenz'l m'a engagé à ne faire connaître qu'à vous.
« Lorsque j'avais été instruit d'une protestation du comte

de Lille contre la dignité impériale du chef de la nation française, j'avais fait connaître à ce ministre qu'il ne me semblait nullement convenable qu'une pièce, sous le titre de protestation, pût être reçue par une puissance amie de la France et conservée dans les archives de son ministère. M. de Cobenz'l me répondit que ce n'était qu'une simple lettre.

« Ce n'est que longtemps après que j'ai connu la teneur de cette pièce. Je n'ai pu y méconnaître le caractère d'une véritable protestation. L'inconvenance de la conservation d'une telle pièce dans les Archives autrichiennes m'a paru de plus en plus frappante, et j'ai saisi les occasions de le dire à M. le vice-chancelier. La renvoyer à son auteur me paraissait être et faire la justice la plus convenable. La remise de ma déclaration du 19 thermidor m'a donné l'occasion et le droit de renouveler mes réclamations à cet égard.

« M. de Cobenz'l a senti combien elles étaient fondées. Mais renvoyer cette pièce après l'avoir gardée si longtemps, lui paraissait un outrage fait au malheur. C'eût été pour le cœur de François second un sacrifice pénible. Après avoir pris les ordres de son souverain, M. de Cobenz'l m'a proposé de remplir mes vues en brûlant cette pièce. J'y ai consenti, et, le 22 thermidor dernier (dix aoust) à 8 heures du soir, la lettre du comte de Lille adressée à l'Empereur et Roi et signée :

« De Votre Majesté le frère et cousin

« Louis. »

a été brûlée en ma présence par M. de Cobenz'l. Dans la matinée de ce jour, l'empereur François avait reconnu l'empereur Napoléon et s'était déclaré empereur héréditaire d'Autriche.

« M. le comte de Cobenz'l m'a demandé le secret sur cette destruction et m'a prié de vous faire la même demande.

« J'ai l'honneur d'offrir à Votre Excellence les assurances de ma respectueuse considération.

« CHAMPAGNY [1]. »

VII

Liste des princesses des grandes maisons de l'Europe
1807.

Grandes Maisons catholiques	NOMS ET FILIATIONS	Ages en 1807.
Autriche (cath.)	MARIE-LOUISE, arch., fille de l'Empereur..............	16 ans.
—	MARIE-LOUISE-BÉAT., arch., nièce de l'Empereur......	20 ans.
Saxe (cath.)	MARIE-AUGUSTE, fille du Roi.	25 ans 7 mois.
—	MARIE-AMÉLIE-FRÉD.-AUGUSTE, nièce du Roi...........	13 ans 8 mois.

---

[1] Déjà, lors de l'enlèvement du duc d'Enghien, l'Autriche n'avait pas répondu à la lettre où Louis XVIII protestait contre cette mesure inique. Bien plus, elle accorda à la France l'expulsion des émigrés qui habitaient ses États, et François II crut pouvoir dire à M. de Champagny, qui lui avait demandé des preuves d'intérêt en faveur du premier Consul, ainsi qu'une réponse de nature à satisfaire ses exigences : « Oui, « oui, et si vous n'êtes pas content de mes ministres, adressez-vous à moi. « Je les ferai aller !... » Quant à M. de Champagny, il ne craignit pas d'écrire à Talleyrand que « l'arrestation de Georges légitimait parfaitement celle du prince d'Enghien ». Il accepta ensuite l'exécution sans protester, avec le même calme et la même indifférence apparente que les ministres autrichiens. François II lui fit même la grâce, quelques jours après, de lui promettre de servir de parrain à l'enfant qu'il attendait.
(Archives des Affaires étrangères. — *Correspondance de Vienne*.)

Bavière (cath.)	CHARLOTTE-AUGUSTE, fille du Roi	15 ans	10 mois.
Espagne (cath.)	MARIE-ISABELLE, infante, fille du Roi	18 ans	6 mois.
Hesse-Rothenbourg (cath.)	LÉOPOLDINE-CLOTILDE, fille du landgrave..............	20 ans	3 mois.
Portugal (cath.)	MARIE-THÉRÈSE, fille du prince régent	14 ans	8 mois.

Maisons qui ne sont point catholiques

Russie (relig. grecq.)	CATHERINE - PAULOWNA , sœur de l'Empereur...........	19 ans	7 mois.
—	ANNE - PAULOWNA , sœur de l'Empereur..............	12 ans	11 mois.
Saxe-Meiningen (luth.)	AMÉLIE - ADÉLAÏDE - THÉRÈSE , sœur du duc.............	15 ans	4 mois.
Saxe - Hildeburghausen (luth.)	THÉR.-CHARL. -LOUISE-FRÉD. - AMÉLIE, fille du duc......	15 ans	6 mois.
Saxe-Cobourg (luth.)	SOPHIE- FRÉDÉRIQUE - CAROL.- LOUISE, fille du duc........	20 ans	4 mois
Saxe-Weimar (luth.)	CAROLINE-LOUISE, fille du duc	21 ans	6 mois.
Anhalt-Dessau (Egl. réformée)	AMÉLIE - AUGUSTE , fille du prince..................	14 ans	4 mois.
Danemark (luth.)	CAROL'NE, petite-fille du Roi.	14 ans	3 mois.
	JULIE-SOPHIE, nièce du prince héréditaire..............	19 ans	10 mois.
	LOUISE-CHARLOTTE	18 ans	9 mois.

« La liste des autres maisons souveraines marche à peine avec les grands seigneurs de France *. »

* (Archives nationales.) Ce tableau, dressé en 1807, indique qu'à cette époque l'idée de divorcer était chose irrévocable pour l'Empereur.

VIII

Une pièce sur le divorce en 1809.

J'ai cité dans la *Censure sous le Ier Empire* la curieuse anecdote suivante :

« Vers le milieu de l'année 1809, l'Empereur s'était décidé à faire pressentir à Joséphine son prochain divorce et cherchait par quelques distractions à faire trêve à sa douleur. Il prévint un jour le prince de Neufchâtel qu'il irait avec l'Impératrice chasser à Grosbois, et il le pria de faire succéder à la chasse une comédie.

« Le prince eut l'idée d'appeler à son château la troupe des Variétés, qui s'engagea à jouer *Cadet-Roussel maître de déclamation*, pièce de l'écrivain Aude, alors fort en vogue.

« Avant la représentation, Napoléon, ayant remarqué les préoccupations de Joséphine et une sorte de malaise général, dit jovialement :

« — J'entends qu'on s'amuse. Je ne veux ni gêne ni étiquette. Nous ne sommes pas ici aux Tuileries.

« Quelle ne fut pas la stupéfaction des auditeurs, lorsque Cadet-Roussel vint, au début de la pièce, se plaindre de n'avoir pas d'héritier !

« — Il est douloureux pour un homme tel que moi, disait l'acteur Brunet, de n'avoir personne à qui transmettre l'héritage de sa gloire. Décidément, je vais divorcer pour épouser une jeune femme avec laquelle j'aurai des enfants !...

« La plupart des autres scènes roulaient sur cette malencontreuse idée. L'embarras était général, l'Impératrice et l'Empereur ne savaient comment cacher, l'un

son irritation, l'autre sa tristesse. Pour surcroît de malheur, le prince de Neufchâtel, ne voyant pas ce qui se
passait et fidèle à la consigne de Napoléon, poussait de
temps à autre de gros rires qui indignaient Joséphine.

« Enfin, ce spectacle si pénible pour tous se termina,
et l'Empereur prit le prince à part :

« — Depuis quand joue-t-on cette pièce? lui dit-il.

« — Depuis un an, Sire.

« — Et elle a eu du succès?

« — Un immense succès.

« — C'est fâcheux. Si j'en avais eu connaissance, je
l'aurais interdite.

« Il semble que MM. les censeurs prennent à tâche
de ne faire que des bêtises [1]. »

IX

DOUAIRE ET RANG DE L'IMPÉRATRICE JOSÉPHINE (1809).

Pièces provenant des Archives nationales

Le 15 décembre 1809, Cambacérès écrivit à M. le
comte Regnaud de Saint-Jean d'Angely une lettre par
laquelle il l'appelait ainsi auprès de lui :

« Je viens de recevoir, Monsieur le comte, des lettres
closes de l'Empereur, dans lesquelles S. M. me donne des

------

[1] En avril 1810, après le mariage de Napoléon et de Marie-Louise,
on joua *Britannicus* devant toute la cour à Compiègne. Les passages où
il est question du divorce jetèrent un grand froid dans l'auguste assemblée. (Voir *Lettres de madame de Rémusat,* t. II.)

ordres relativement aux fonctions qui me sont attribuées
par les statuts de famille du 30 mars 1806. En votre qualité de secrétaire de l'État, vous devez concourir aux actes
que j'aurai à dresser et m'assister lorsque je les recevrai.
Je vous prie à cet effet de vouloir bien vous rendre
auprès de moi aujourd'hui vendredi, salle du Conseil,
à une heure et demie après midi.

« Je vous renouvelle, Monsieur le comte, etc.

« CAMBACÉRÈS. »

_____

« Nous avons assuré et assurons par les présentes à l'impératrice Joséphine, à titre de supplément de douaire,
une somme annuelle d'un million sur le trésor de notre
Couronne.

« Nous entendons que ladite somme annuelle d'un
million soit acquittée par (service des........) à dater
du...

« Nous entendons également que, conformément à
l'article IV du sénatus-consulte du..., les dispositions
ci-dessus soient obligatoires pour nos successeurs.

« Lesdites dispositions seront notifiées à l'intendant
général et au trésorier général de notre couronne.

« NAPOLÉON, etc., etc. »

_____

« Nous faisons donation, par les présentes, à l'impératrice Joséphine du palais de l'Élysée, ses jardins et dépendances, avec le mobilier qui y existe actuellement.

« Nous entendons qu'elle en jouisse sa vie durant et
qu'après elle ledit palais, appartements et dépendances,
rentre dans notre domaine privé.

« Nous entendons également que, conformément à l'article IV du sénatus-consulte du...

la présente donation soit obligatoire pour nos successeurs.

« Les dispositions ci-dessus seront notifiées au grand maréchal de notre palais et à l'intendant général de notre Couronne.

« NAPOLÉON, etc., etc. »

« Vu nos statuts du 29 mars 1809, pour l'organisation des maisons impériales,

« Nous avons nommé et nommons l'impératrice Joséphine protectrice de l'Institut des maisons impériales.

« NAPOLÉON. »

———

Rapport du comte Regnaud de Saint-Jean d'Angely à l'Empereur et Roi, sur le rang de l'impératrice Joséphine.

« SIRE,

« J'ai fait de longues recherches aux Archives des relations extérieures. Elles ne m'ont procuré aucun renseignement sur le rang des reines douairières.

« J'ai trouvé seulement que Marie de Médicis, assistant au lit de justice où la majorité de Louis XIV fut déclarée, occupa la première place. Mais cela ne fournit aucune induction pour les cas ordinaires : 1° parce qu'elle assistait au lit de justice comme régente; 2° parce qu'il n'y avait pas alors de reine régnante.

« Je suis allé aux Archives nationales et je n'ai rien

trouvé non plus sur cette matière, si ce n'est dans un cahier intitulé : *Règle des rangs et des cérémonies.*

« L'art. 42 porte : « *Les reines douairières doivent précéder les reines régnantes.* »

« Ce cahier est sans date, mais l'écriture est la même que celle des manuscrits des Conseils de la Régence sous le duc d'Orléans pendant la minorité de Louis XV, que j'ai vus tous écrits ou recopiés de la même main.

« Nul intérêt, à cette époque, ne pouvait influer sur la rédaction de cet article.

« Je mettrai au reste le manuscrit même sous les yeux de Votre Majesté.

« Non que je veuille en conclure que la disposition qu'il contient doive faire règle, malgré l'exemple de la Russie où elle est observée en ce moment. Mais uniquement pour faire remarquer à Votre Majesté que les exemples étant divers, les décisions différentes selon les époques, les usages variés selon les royaumes, c'est à Votre Majesté elle-même à décider.

« Elle a assigné le rang de l'impératrice Joséphine à la cour après l'Impératrice régnante.

« La conséquence serait de la placer de même dans l'Almanach impérial.

« J'attendrai les ordres de Votre Majesté.

« L'Almanach impérial est prêt et paraîtra aussitôt que l'épreuve aura été envoyée, rédigée d'après les intentions de Votre Majesté.

« Je suis, avec un profond respect, Sire,

« De Votre Majesté, etc.

« LE COMTE REGNAUD DE SAINT-JEAN D'ANGELY. »

Vient ensuite une note sur le rang que doit occuper

l'impératrice Joséphine depuis la dissolution de son mariage.

« ...Jeanne, femme de Louis XII, dans un monastère. La reine Marguerite de V<lois assiste au sacre de Marie de Médicis le 13 mai 1610, avec le rang supérieur aux princesses du sang, n'ayant au-dessus d'elle que le Dauphin et sa sœur. »

Suit le cahier contenant la *Règle des rangs et cérémonies* et formant seize pages grand format. (AF^{IV} 1220.)

X

NOTE SUR LA RÉHABILITATION EN MATIÈRE DE NULLITÉ DU MARIAGE RELIGIEUX.

Un savant juriste m'ayant posé cette question à propos de l'annulation canonique du mariage religieux de Napoléon et de Joséphine :

« On conçoit que les tribunaux civils attachent à un vice de forme la nullité absolue du fond, mais les tribunaux ecclésiastiques peuvent-ils délier la conscience des parties pour un simple vice de forme?... Si les parties reconnaissent ou s'il est établi que leur consentement a été librement donné, comme ce consentement crée le lien contractuel et en même temps le lien de conscience, comment un tribunal ecclésiastique peut-il, pour un vice de forme, déclarer que le mariage est nul et donne lieu à réhabilitation?... »

J'ai soumis cette question à un théologien de mes amis, qui m'a fait la réponse suivante :

« Le consentement mutuel est l'acte constitutif du

mariage et l'essence même du sacrement. L'expression du consentement est le signe sacré, les contractants sont les ministres, et comme dans tous les autres sacrements, quand le rite extérieur s'accomplit, l'effet intérieur est produit : lien indissoluble dans tous les cas, et grâce particulière au sacrement, quand les contractants ont les dispositions voulues.

« De là le pouvoir de l'Église, non sur l'essence du contrat-sacrement, qui ne relève que de Jésus-Christ, mais sur les conditions dans lesquelles l'acte peut et doit être accompli.

« Elle admet des empêchements de *droit naturel*, absence de connaissance ou de volonté, parenté directe, etc., de *suprême convenance*, affinité, parenté plus éloignée, engagement dans les ordres, etc., et de *droit positif*, spécialement la clandestinité.

« Le mariage étant constitutif de la famille, la société a droit d'en connaître l'authenticité; il faut aussi que sa publicité soit un obstacle à toute tentative de dissolution et d'union postérieure, du vivant des deux premiers contractants. De tout temps, le mariage a été *public* dans l'Église; mais la législation canonique manquant d'uniformité sur ce point, le Concile de Trente, à la demande des ambassadeurs de France, et après un mois de discussion, a décidé que dorénavant (partout où le décret du Concile serait publié) le consentement constitutif du mariage ne serait *valide* que formulé en présence de trois témoins, dont l'un obligatoire, le propre curé des contractants, ou son délégué.

« Les empêchements appelés *dirimants* : absence de connaissance ou de volonté, parenté, défaut des trois témoins, etc., ne peuvent donc être appelés des *vices de forme;* ce sont des *vices de fond* affectant l'essence même du consentement, qui doit être intérieur et extérieur, comme l'union qu'il est destiné à constituer. Entaché de l'un de ces vices de fond, le mariage est *invalide* et non existant, quelles que soient d'ailleurs les apparences extérieures et la bonne foi des contractants.

« Sont simplement *vices de forme* les empêchements appelés *prohibants;* le mariage contracté sans les publications préalables ordonnées par l'Église, en temps prohibé, avec un hérétique, etc., serait *irrégulier,* mais *valide*.

« Quand l'empêchement *dirimant* n'est pas imposé par le droit naturel, l'Église peut le lever, même quand déjà les parties se sont donné, de bonne ou de mauvaise foi, leur consentement mutuel. Mais l'empêchement levé, il faut que les contractants renouvellent leur consentement mutuel dans les formes ordinaires, et c'est du moment où ce nouveau consentement est formulé, que date la validité du contrat et du sacrement qui sont une seule et même chose. Bien plus, dans certains cas où il y aurait inconvénient à révéler aux parties, mais de bonne foi, l'*invalidité* de leur mariage, l'Église, sachant que le consentement existe toujours, peut se contenter de l'expression qui en a été formulée bien antérieurement et, par une dispense *in radice,* valider l'union des parties, même à leur insu.

« Enfin, les tribunaux d'officialité ne peuvent jamais délier la conscience des parties, quant au lien du mariage, puisque d'institution divine cette union est indissoluble : *quod Deus conjunxit, homo non separet.* Mais ils peuvent déclarer, après enquête, que le mariage n'a jamais existé à raison d'empêchements qui n'ont pas été levés à temps. Par exemple, on a dissimulé un lien de parenté; de bonne ou mauvaise foi, on s'est marié

devant des témoins parmi lesquels n'étaient ni le propre
curé ni son délégué ; on a été poussé au mariage par la
violence (la preuve, bien entendu, devant être faite par
d'autres que par les intéressés), dans ce cas et bien
d'autres analogues, l'Église ne dissout pas le mariage.
Elle déclare qu'en fait il n'a jamais pu exister, et c'est
parce qu'elle sait que le lien matrimonial ne peut être
brisé que par la mort, qu'elle regarde le divorce comme
une monstruosité. »

XI

QUELQUES MOTS SUR LE DIVORCE DU ROI MILAN ET DE LA REINE NATHALIE, PAR RAPPORT AU DIVORCE DE 1809.

I

Je fais allusion dans la préface de cet ouvrage au
différend qui a séparé le roi Milan et la reine Nathalie.
Il y a une certaine ressemblance entre le sort de cette
reine et celui de Joséphine. Mais il semble que pour la
reine Nathalie l'outrage est encore plus grand. On a
voulu non seulement, sans motifs valables [1], tenir pour
non avenues les garanties sacrées de son mariage légitime, mais encore lui enlever son fils. Car, à la différence de ce qui se passe en Serbie, si Napoléon a tenu à
divorcer avec Joséphine, ç'a été dans l'espérance d'obtenir un héritier que treize ans de mariage lui avaient

---

[1] Le mémoire du roi Milan ne reprochait à la Reine que « des menées ambitieuses ». Est-ce là un cas de divorce ?

refusé. Il l'a fait d'ailleurs avec une certaine noblesse, prêtant au divorce l'apparence d'un consentement mutuel.

L'action du roi Milan, qui n'a eu d'autre but que de donner un plus libre cours à ses fantaisies et d'obéir aux exigences de la politique austro-hongroise[1], est donc cent fois plus regrettable que celle de Napoléon Ier. Ajoutons qu'elle manque absolument de la grandeur que l'empereur des Français savait parfois imprimer aux plus blâmables de ses actes. Le roi serbe, qui a voulu placer son divorce au nombre des divorces célèbres, ne s'est pas souvenu à temps de l'adage connu :

Quod licet Jovi
Non licet bovi.

Si l'on considère les agissements des ministres de Serbie en cette affaire, on voit que la conduite des hommes d'État est pareille à toutes les époques, et que les procédés politiques de 1888 valent les procédés de 1809. Les agents et les ministres se ressemblent. Le métropolite Théodore est digne du cardinal Fesch, et M. Nicolas Christich, de Cambacérès.

L'Europe est la même aussi. Elle obéit à ses rancunes, elle se range du côté de la force. N'avons-nous pas lu dernièrement dans la *Gazette de l'Allemagne du Nord,* dont on connaît les attaches officieuses, que la reine Nathalie n'ayant jamais été favorable à l'Allemagne, celle-ci n'avait pas de raison pour lui montrer la moindre courtoisie[2]? Ce jour-là, les Allemands ont

---

[1] Ne pas oublier que le roi Milan est colonel propriétaire du 97e régiment d'infanterie autrichienne.

[2] En 1810, Metternich, plus gracieux, parlera « de sa vénération » pour Joséphine, parce que l'Impératrice a conseillé à Napoléon de choi-

oublié le souvenir des avanies faites par Napoléon à la reine de Prusse. La manière dont ils ont expulsé de Berlin la reine de Serbie, la chassant quelques heures après l'enlèvement de son fils, leur défend à l'avenir de parler de politesse et d'humanité.

Et ici il est bon de rappeler un mot de M. le comte Herbert de Bismarck. La princesse Mourousy, tante de la reine Nathalie, était partie pour Berlin, afin d'implorer la clémence de l'Allemagne en faveur de sa nièce. Elle voulait empêcher le rapt du prince royal et l'expulsion de la Reine. Après de nombreuses démarches, elle ne put voir que M. le comte Herbert de Bismarck. Elle lui soumit des pièces importantes, de nature à infirmer les accusations d'intrigues politiques qu'on avait portées contre la reine Nathalie.

« — Tout cela ne nous regarde pas, répondit froidement M. le comte Herbert de Bismarck.

« — Alors, quelle raison avez-vous pour prêter la main à ces mesures? fit la princesse étonnée.

« — Chez nous existe la loi salique. Les femmes ne comptent pas.

« — Du moins, accordez un délai... Considérez la douleur de cette mère.

« — *La douleur n'a rien à voir avec les affaires!* L'Empereur est nerveux. Il faut en finir [1]... »

Le comte Herbert de Bismarck, évidemment inspiré par le prince qui s'écriait, lors du bombardement de Paris : « Le moment psychologique est arrivé », répétait à peu près le mot que Napoléon prononçait en 1810 : « La

sir l'archiduchesse Marie-Louise. Le service rendu par Joséphine inspire de la vénération au diplomate. Donnant, donnant.

[1] Voir pour plus de détails une correspondance de Vienne, publiée par le *Temps*, le 18 juillet 1888.

politique n'a pas de cœur... » Mais ce que ne disait point l'homme d'État prussien, c'est que l'Allemagne ne pardonnait pas à la reine Nathalie d'avoir toujours représenté en Serbie le parti des aspirations russes. Elle lui en voulait aussi de n'avoir pas voulu résider à Wiesbaden jusqu'en 1883 et de s'être refusé à ne jamais faire sortir le prince royal des limites de l'empire allemand.

Les Autrichiens ont également épousé la querelle du roi Milan et rendu impossible à la Reine le séjour de Vienne, la faisant escorter de sbires à cheval, comme si la présence d'une femme eût menacé la sécurité de l'État. Leur docilité en cette affaire rappelle leur docilité à l'égard de Napoléon dont ils ont, après le divorce, satisfait les moindres volontés, pour ne pas manquer les conséquences utiles d'un mariage qu'ils n'appelèrent que plus tard « un sacrifice ». La politique austro-serbe, pas plus que la politique prussienne, se soucie peu de l'infortune d'une reine.

II

Le mémoire de la reine de Serbie.

Nous tenons à insérer ici le texte authentique du noble mémoire adressé par la Reine au consistoire de Belgrade, et que M. Pirotchanaz, fondé de pouvoirs de la Reine, communiqua en septembre dernier à la *Nouvelle Presse libre*. On verra que la reine Nathalie n'avait ni la timidité ni la faiblesse de Joséphine :

« Qu'elle est étrange et curieuse, la destinée de notre pays, si beau, mais si éprouvé! Peu de calamités lui ont été épargnées. Aujourd'hui encore, toute la Serbie est

en émoi et considère avec embarras et inquiétude les
fâcheux incidents qui se passent autour de ce trône
royal élevé depuis si peu de temps. Il a plu à S. M. le
roi de Serbie, mon auguste époux, de repousser la
femme qui lui est unie légalement et qui lui est toute
dévouée, la femme à qui il a juré devant l'autel de
notre sainte Église qu'il lui sera fidèle, qu'il l'aimera et
protégera jusqu'à la tombe, la femme qui lui a donné
un héritier au trône de Serbie. Il lui a plu de séparer
de sa mère l'enfant qui était la seule joie et la seule
consolation de sa vie. Il lui a plu d'exiler de son pays,
ainsi qu'une criminelle, la première reine qui est
montée sur le trône de son pays qu'elle aime ardemment, pour la grandeur duquel bat chaque pulsation
de son cœur, et pour le bien duquel chacune de ses
actions, aussi bien dans les bons comme dans les mauvais temps, est un témoignage éloquent. Il lui a plu
enfin d'inscrire sur la première page de l'histoire de ce
jeune royaume ce fait grave, dont non seulement
Belgrade et le Consistoire et la Serbie tout entière, mais
dont aussi tout le monde civilisé s'entretient aujourd'hui
et que le présent comme l'avenir jugera. Mais lorsque
aucun de ceux qui vivent aujourd'hui n'existera plus,
lorsque les passions seront refroidies et éteintes, et que
les intérêts terrestres auront reçu satisfaction, lorsque
nous serons tous devant le tribunal de la justice et de
la vérité éternelles, l'histoire fera son devoir, et sans passion, sans crainte, sans être influencée, elle rendra son
jugement impartial sur les actions de chacun de nous.

« Ma vie publique et privée a toujours été un livre
ouvert pour tout le monde. Je n'ai pas à me faire le
moindre reproche; je puis affronter le jugement de
mes contemporains et de la postérité avec l'assurance la

plus parfaite, mais non sans ressentir au cœur une
incurable blessure. Dans aucun pays il n'existe de loi
ni de tribunal pour juger les actes du chef de l'État et
de sa femme. Ils ne sont responsables de leurs actes que
devant leur conscience et devant l'éternelle justice. Mais
cette responsabilité est lourde. Plus le trône est élevé,
plus la tâche de celui qui l'occupe est haute, et plus la
responsabilité qui en découle est lourde. Mais puisqu'il
a plu à Sa Majesté le roi de Serbie, mon époux, de se
soumettre à la sentence de juges qui tiennent de lui
leur pouvoir judiciaire, qui prononcent leurs sentences
en son nom, et qui lui promettent, sur la foi du serment, de ne juger que conformément à la loi et à la voix
de leur conscience, je consens à être soumise à la sentence de ces mêmes juges. Personne ne peut désirer
qu'un juge trahisse ses devoirs, qu'il viole son serment
et qu'il prononce sa sentence d'après les seules inspira-
tions de son caprice, au lieu d'écouter la loi et sa conscience. Un chef d'État qui est le gardien suprême du
droit et de la justice, et au nom duquel toutes les sentences sont rendues, doit le désirer moins encore que
qui que ce soit. En dehors de la stricte observation de
la loi, aucune société ne saurait subsister, et le chef de
l'État ne saurait avoir aucun intérêt à ce que la sainte
et sublime mission du juge soit profanée, et que par là
l'opinion s'accrédite partout que le peuple serbe n'est
pas mûr pour le progrès moral et social. Quant à moi,
qui ai, toute ma vie, fait du devoir la règle suprême de
ma vie, je n'ai aucun motif de trembler devant le tribunal, c'est-à-dire devant des gens qui ont pour mission
de se prononcer, en toute conscience et conformément à
la loi, sur les intérêts les plus sacrés des hommes.

« Mais, en même temps que je suis souveraine, je

suis femme, et je ne puis m'empêcher de regretter au
plus profond de mon cœur endolori que, après les nombreux témoignages que j'ai donnés de mon dévouement
à mon époux et de mon amour pour mon fils, après les
nombreuses prières que j'ai adressées au Ciel pour la
grandeur et la prospérité de mon pays, je sois réduite à
comparaître comme une accusée devant les juges. Cette
extrémité à laquelle je suis réduite m'est d'autant plus
cruelle, que je puis dire en bonne conscience que je n'ai
négligé aucun de mes devoirs, et qu'on est dans l'impossibilité de citer un seul de mes actes qui puisse m'être
reproché comme une faute, et qui jette un mauvais jour
sur ma vie publique ou sur ma vie privée. Mon sort est
digne de pitié et fait pour arracher des larmes même
aux pierres. Mais je ne demande pas ici de commisération ; ce que je demande, c'est de la justice.

« Rien de ce que mon auguste époux a avancé contre
moi pour fonder sa demande en divorce n'est prouvé ;
et même si ses griefs étaient vrais, ils ne contiendraient
rien qui pût, d'après la loi civile ou d'après la loi ecclésiastique, motiver ou justifier la demande en divorce.
Les griefs tirés des événements qui se sont produits
après l'introduction de la demande en divorce, perdent
toute leur valeur par le fait même qu'on les a fait valoir
seulement après l'introduction de cette demande. Ils
n'ont été mis pour ainsi dire en ligne que pour appuyer les griefs qui étaient énumérés dans la première
plainte. La première plainte ne contient aucun grief
invoqué dans l'intérêt du divorce. La seconde plainte
en contient, il est vrai, quelques-unes ; mais ces griefs
ne sont pas sérieux, et d'ailleurs ils ne rentrent pas dans
la catégorie des griefs que la loi permet d'invoquer pour
obtenir le divorce.

« Du reste, la convention intervenue entre mon
auguste époux et moi me donnant le droit de garder
mon fils auprès de moi, Sa Majesté le Roi, mon époux,
n'avait pas le droit de la faire annihiler comme n'étant
pas pratique; il en avait d'autant moins le droit que
cette convention était exclusivement son œuvre à lui et
que les circonstances seules ont pu me forcer à y appo-
ser ma signature. Ma dignité royale et ma fierté de mère
ne m'ont pas permis de remettre mon fils entre les
mains de M. Protitch que j'ai dû expulser de ma maison. Si je n'avais pas agi ainsi, j'aurais mérité la répro-
bation du monde entier.

« Quant à présent, et en mettant à part les observations précédentes, je ne suis pas disposée à discuter les
autres griefs que la plainte fait valoir contre moi. Je ne
suis pas davantage prête à discuter la portée et la valeur
du mariage et des garanties que la société et l'Église
donnent pour le maintien du mariage. Je me dispen-
serai également de citer les lois qui interdisent le divorce sans motifs légaux suffisants. Mais j'ai un nombre
suffisant de témoignages écrits qui justifieront ma conduite à l'égard de mon auguste époux, et qui la feront
paraître sous un tout autre jour que celui sous lequel la
plainte a essayé de la placer. Je puis en appeler au
témoignage d'un grand nombre de personnes qui occupent des positions élevées et qui jouissent d'une grande
considération dans la société. Elles attesteront que je
n'ai désiré que le bien pour mon époux et pour mon
pays, et que toutes mes actions ont été inspirées par ce
sentiment.

« Et pourtant, je veux aujourd'hui encore faire abs-
traction de tout cela, parce que je conserve aujourd'hui
encore l'espoir que je réussirai à me réconcilier avec

mon époux. J'adresse tous les jours à Dieu une fervente
prière pour que ce vœu de mon cœur s'accomplisse.

« Mais si, à mon grand regret, on ne pouvait arriver
à une entente, je serais forcée de défendre mes droits
au cours du procès par tous les moyens que j'ai à ma
disposition, comme mère, épouse et reine, afin de sauve-
garder ma dignité. Personne ne saurait m'en blâmer,
car personne ne peut exiger de moi que je renonce à
me défendre en raison de telles ou telles considérations,
et que je laisse ainsi constater un jour dans l'histoire
que la première reine de Serbie a donné des motifs
pour un divorce, et que ces motifs étaient déshonorants
pour elle.

« Si je regrette profondément que le consistoire ne se
soit pas tenu strictement aux prescriptions de la loi qui
ordonne d'une façon catégorique une tentative de
réconciliation entre les époux en litige, ainsi que de
l'article 28 du Code civil et des articles 129, 130, 131,
133, 134, 135, 142 et 145 de la loi sur l'administration
ecclésiastique, — c'est précisément à cause de mon désir
d'arriver à une entente et à une réconciliation, afin
d'éviter les scènes douloureuses au cours du procès judiciaire, et en même temps afin de fournir à mon
auguste époux l'occasion de montrer à mon égard des
dispositions plus favorables, de faire un examen de la
situation plus approfondi et plus équitable, et aussi
afin de ne pas faire assister notre fils unique, encore
dans son tendre âge, à ce triste spectacle, et de lui éviter
la douleur de voir que ses malheureux parents, qu'il
aime d'une affection égale, se trouvent dans un état
d'inimitié mutuelle.

« Il ne peut y avoir de doute que le consistoire ne
connaisse parfaitement tous les articles susmentionnés,

et l'on ne peut aussi admettre qu'il n'ait pas compris leur sens précis, clair et authentique. Tous ceux qui savent combien grande est l'importance du maintien des liens du mariage aux yeux de la société et de l'Église, sans parler des droits personnels ultérieurs des deux époux, comprendront aussi pourquoi les prescriptions de la loi à cet égard doivent être formulées d'une manière claire et compréhensible pour tous. Pourquoi donc le consistoire n'a-t-il pas procédé d'après les prescriptions de la loi? Pourquoi surtout ne s'est-il pas tenu aux termes des articles 142 et 143, et n'a-t-il pas réglé l'affaire comme l'ordonnaient ces articles, une fois qu'il a été saisi du différend? On ne saurait en chercher la cause dans l'ignorance des lois, mais elle doit probablement se trouver dans l'un des deux motifs suivants :

« Ou bien le consistoire était d'avis que l'évêque Démétrius avait déjà fait une tentative de réconciliation à Wiesbaden ; ou bien il a cru qu'au roi et à la reine justice devait être rendue d'une manière tout autre que celle qui est prescrite dans les lois.

« La première de ces suppositions serait fausse, car, en vertu de l'article 7 de la loi sur l'administration ecclésiastique, l'intervention de moines dans la question de divorce est inadmissible, et, dans le cas présent surtout, le synode lui-même a reconnu plus tard son incompétence en la matière. Quant à la deuxième supposition, l'admettre serait une erreur bien dangereuse. Ou bien le consistoire n'a pas du tout le droit de prononcer un jugement sur le roi et la reine, ou bien, si on lui reconnaît ce droit, il est de son devoir de procéder strictement, suivant les circonstances de la cause. Mais comme les tentatives de réconciliation, prescrites d'une

17

façon impérative par la loi, n'avaient pas été faites, il
paraît nécessaire de réparer cette omission et de les faire
ultérieurement. Il en est de même relativement aux
prescriptions de la loi qui ordonne que les époux, se
trouvant en conflit et demandant le divorce, aient à comparaître en personne devant le tribunal. Ces prescriptions sont tout aussi impératives que celles relatives à la
tentative de réconciliation, et elles sont encore plus
sévères que ces dernières, car non seulement elles exi-
gent la comparution personnelle devant le tribunal,
mais elles interdisent même toute représentation dans
les procès en divorce (articles 140 et 141 de la loi sur
l'administration ecclésiastique).

« Mais s'il ne m'était pas permis de me présenter en
personne devant le tribunal, et s'il n'était pas permis au
consistoire d'appliquer les prescriptions et ordonnances
des articles 140 et 141, il serait donc exact qu'il existe
avant tout l'intention de me rendre toute défense impossible et de prononcer sur moi, accusée, un jugement en
mon absence. Le droit de défense de sa personne et de
sa cause devant les tribunaux, non seulement dans des
affaires de divorce, mais aussi dans tout procès tant civil que criminel, n'a été contesté jusqu'à présent, ni à
l'époque des lois usuelles, ni à celle des lois écrites, par
aucun tribunal, par aucun fonctionnaire et même par
aucune des parties en litige. Sans l'usage de ce droit, il
ne peut y avoir de justice, et si jusqu'à présent en Serbie on ne l'a jamais contesté ou refusé de le reconnaître
à qui que ce soit, on ne saurait assurément le refuser à
la reine de Serbie.

« En me contentant pour le moment de présenter,
dans ces limites, ma défense contre la demande en divorce qui m'a été remise par les autorités hollandaises,

je fais cependant dès à présent la déclaration que jamais
je ne donnerai mon consentement au divorce, et notamment parce qu'il n'existe à cet effet aucune cause légale,
et parce que ma foi et mes sentiments de fille fidèle et
sincère de notre sainte Église s'y opposent.

« Je ne donnerai pas non plus mon consentement au
divorce, parce que mes devoirs envers mon fils et envers
la dignité royale m'imposent une conduite et une attitude
conformes à ma résolution. Mon orgueil de femme doit
se taire, lorsqu'il s'agit de la question de l'accomplissement du devoir; et voici les demandes que j'adresse au
consistoire :

« 1° Que le consistoire se conforme à l'article 98 du
Code civil et aux articles 129-131, 133-135 et 145, et surtout aux articles 142 et 143 de la loi sur l'administration
ecclésiastique, et ordonne, en vertu de ces lois, de p ro-
céder à une tentative de réconciliation ;

« 2° Que le consistoire, conformément aux articles
133, 137, 140 et 141 de la loi sur l'administration ecclésiastique, me convoque personnellement devant lui d'a-
bord pour la tentative de réconciliation, et, si celle-ci
venait à échouer, pour me donner le moyen de m'expliquer et d'éclairer le tribunal sur la cause en litige.

« J'ai, d'ailleurs, le droit de demander que le consistoire me convoque personnellement, car la loi elle-même
prescrit au consistoire cette manière de procéder, et mon
droit de défense personnelle devant le consistoire ne dépend pas même d'une convocation de sa part.

« Ce droit, je n'y renoncerai jamais.

« Mais si j'étais empêchée par un acte de violence
de faire usage de ce droit, il ne saurait alors être question d'un jugement quelconque, et tout ce que les tribu-
bunaux pourraient décider ou faire dans un cas pareil

serait et devrait être nul et non avenu et ne saurait avoir aucune force légale.

« Si le consistoire se règle sur le paragraphe 146 de l'administration ecclésiastique et sur les prescriptions du droit civil, il est obligé de recevoir ma demande, d'en délibérer, et de me faire connaître sa décision.

« La fille soumise et fidèle de la sainte Église orthodoxe,

« NATHALIE. »

III

Décision du métropolite Théodose.

Le 12 octobre, le métropolite Théodose, obéissant aux ordres du roi Milan et ne tenant aucun compte de la protestation de la reine Nathalie, prononçait ainsi leur divorce :

« Avec notre bénédiction, nous prononçons la dissolution du mariage contracté le 5 octobre 1875, selon les rites de notre Église, dans la cathédrale de Belgrade, entre le roi Milan 1er et Nathalie, née Kechko, et déclarons que cette union n'existe plus.

« Cette décision, qui porte le numéro 1247, a été rendue dans notre résidence archiépiscopale et métropolitaine de Belgrade, le 12 octobre de l'année 1888 après la naissance de Jésus-Christ.

« Que la bénédiction de Dieu repose sur vous maintenant et en toute éternité. *Amen!*

« Le métropolite,

« THÉODOSE. »

N. B. — Les motifs invoqués étaient les suivants : la

déclaration faite par le roi que la vie commune était devenue impossible dans les circonstances actuelles; la constatation que tous les efforts faits pour amener une réconciliation étaient restés infructueux; l'autorité donnée aux apôtres, à leurs successeurs et par conséquent aux chefs de l'Église autocéphale de Serbie, par cette parole du Christ : « Ce que vous joindrez sur la terre sera joint dans les cieux, ce que vous séparerez sur la terre sera séparé dans les cieux » ; enfin, la considération qu'il faut avoir pour le caractère sacré, l'inviolabilité, l'irresponsabilité du monarque, pour les intérêts de la dynastie, de l'État et de l'Église.

IV

Protestation de la reine de Serbie.

Mais le 20 novembre, la reine de Serbie saisit le saint synode de l'Église roumaine de la courageuse et éloquente protestation qui suit :

Au Saint Synode,

« La question : Quelle est l'autorité ecclésiastique compétente pour le jugement du procès en divorce que Sa Majesté le roi, notre auguste époux, a intenté contre nous? avait été tranchée définitivement par la décision du saint synode n° 31 de l'année courante, décision par laquelle il a déclaré le consistoire de l'éparchie de Belgrade compétent. Par conséquent, il n'y a plus à revenir sur la question de compétence, puisque la décision du saint synode est devenue loi, aussi bien pour le procès que pour les parties en litige. Elle peut être d'autant moins soulevée de nouveau que Sa Majesté le Roi, par sa demande en divorce adressée au consistoire, a accédé

par là même à la décision précitée du saint synode, et
que le consistoire, en instruisant la cause, s'est reconnu
compétent de son côté. La demande en divorce nous a
été remise et nous y avons répondu. A la suite de
notre réplique, Sa Majesté le roi a réclamé un ajournement du procès à trois mois, afin de compléter, comme
il dit, sa demande en divorce, conformément à notre
réplique. Ces trois mois d'ajournement ne se sont pas
encore écoulés.

« Le procès se trouvait donc dans cette phase, lorsque,
à notre grande surprise, le journal officiel du royaume
publia tout à coup, dans son numéro 223, du 12 octobre année courante et dans la partie officielle, la lettre
de Sa Majesté le Roi adressée au métropolitain, contenant
la demande que l'archevêque Théodose, de son propre
chef, en qualité de métropolite de Serbie, prononçât le
divorce. En même temps, le journal officiel publia la
décision du métropolite par laquelle il dissout, par sa
bénédiction, le mariage qui fut régulièrement contracté,
d'après les rites de notre sainte Église, entre notre
époux royal et nous.

« Le court exposé de la marche du procès que nous
venons de faire indique lui-même clairement que les
nouveaux points de vue que Sa Majesté le roi a adoptés
actuellement, dans sa lettre adressée au métropolitain,
ne sont pas soutenables. Les raisons qui y sont développées
sont sujettes aux critiques de toute nature. Quant à la
décision du métropolite, qui n'avance ni raisons ni arguments, on ne peut la passer sous aucune critique, car
elle n'est, en réalité, qu'*un simple acte de servilité pécheresse* et rien de plus. Ainsi, que nous le disions plus
haut, la question de compétence pour le procès en divorce avait été résolue irrévocablement et définitive-

ment. Elle est devenue loi pour tout et pour tous. Les
réserves énoncées dans la lettre royale sont contraires à
la notion de la justice et des tribunaux. Personne, en
effet, pas même un souverain, ne peut se présenter devant un tribunal en se réservant de n'accepter son jugement que dans le cas où il serait rendu en sa faveur.
D'ailleurs, si même la question de compétence n'était pas
tranchée et si la discussion là-dessus restait encore ouverte, le métropolite ne saurait être compétent en aucun
cas. Du reste, l'incompétence du métropolite dans l'affaire du divorce a été reconnue par Sa Majesté le Roi lui-
même dans sa lettre adressée à l'archevêque Théodose
(*sub* n° 31). Sa Majesté y déclare que c'est le saint synode
qui est seul compétent dans la question, eu égard à sa
haute situation de souverain, la pratique de l'Église
russe et les canons.

« D'après les canons de notre sainte Église orthodoxe,
ainsi que d'après les lois de l'État, qui furent élaborées
et promulguées conformément et en harmonie avec ces
canons, la plus haute autorité eccclésiastique dans le
royaume de Serbie est le saint synode, et non pas le métropolite. C'est écrit en toutes lettres dans le paragraphe
75 de la loi sur les autorités ecclésiastiques. Le métropolite n'est qu'un évêque dans le cercle des attributions
spirituelles et administratives. Il n'est *que le premier
entre les égaux.* Ce principe est si généralement
reconnu dans toutes les Églises du rite grec, qu'il devrait
être superflu de s'étendre là-dessus. L'histoire du dé-
veloppement de notre sainte Église qui repose essentiellement sur le principe démocratique et collégial, les canons qui ont introduit cette idée et l'avaient strictement
observée jusqu'à nos jours, ensuite (ce qui est de la plus
grande importance), les lois du pays lui-même prouvent,

d'une manière irréfutable, que le métropolite, — en dehors du droit de présider le saint synode, en dehors des
devoirs qu'ont les autres évêques de s'entendre avec lui
sur certaines questions déterminées de l'administration
de l'Église, en dehors, enfin, de son rôle d'intermédiaire
dans les relations entre les hautes autorités de l'État et
le saint synode, qui représente l'autorité la plus haute
de l'Église, — ne jouit d'aucun autre droit, soit admi-
nistratif, soit spirituel, qui incombe en attributions aux
autres évêques.

« Ceci étant constaté d'après les canons de l'Église et les
lois de l'État, comment l'acte du métropolite Théodose,
qui par sa simple bénédiction dissout le mariage contracté régulièrement d'après le rite de l'Église orthodoxe,
peut-il être autrement qualifié que action de servilité
pécheresse?... Par cet acte, le métropolite usurpe le pouvoir dont il n'est et ne peut être en possession. Par cet
acte, il s'est rendu coupable devant l'histoire, devant
l'Église et devant les lois du pays.

« Même l'infaillibilité du pape n'a pu être reconnue
sans contestation dans le monde catholique et dans notre
Église du rite grec. Ce principe, qui ne fut jamais
même discuté : « Ce que vous joindrez sur la terre sera
joint dans les cieux; ce que vous séparerez sur la terre
sera séparé dans les cieux », ne découle pas du principe
de l'infaillibilité que notre Église orthodoxe ne reconnaît pas, mais dérive des canons et des lois de l'État. Il
n'y a donc de joint ou de séparé que ce qui peut être
joint ou séparé conformément aux canons de l'Église et
aux lois de l'État. Il n'y a qu'à lire les stipulations du
Code civil se rapportant à la déclaration de nullité ou à
l'annulation des mariages pour se convaincre de la vé-
racité de nos arguments.

« Encore un mot, et nous en avons fini avec la question de la compétence. Si, en vérité, la thèse que le souverain n'est soumis à aucune juridiction, même ecclésiastique, est soutenable, que signifie alors la demande adressée au métropolite de dissoudre le mariage, si ce n'est que Sa Majesté se soumet à la juridiction de l'archevêque de Belgrade?

« La question de compétence n'est que le côté formel de la cause. Il n'est pas suffisant de décider devant quel tribunal elle doit être traduite pour résoudre le litige lui-même dans un sens déterminé. Son côté matériel est basé sur les canons qui énumèrent toutes les causes du divorce et sur la loi civile qui les avait adoptées entièrement.

« En dehors de la déclaration que la vie commune est devenue impossible, il ne se trouve dans la lettre de S. M. le Roi aucune cause pour étayer le divorce. Or, « l'impossibilité de la vie commune » n'est pas une raison légale pour la dissolution du mariage. Dans l'acte du métropolite, aucun canon, aucune loi ayant rapport au divorce ne sont cités ni mentionnés. On n'y allègue qu'un soi-disant fait qui ne répond pas à la réalité : à savoir, que les tentatives de la conciliation prescrite par la loi eurent lieu et restèrent sans résultat. Nous avons répliqué à cette allégation erronée dans notre réponse au consistoire. Il est donc superflu de la réfuter encore une fois.

« De chaque mariage découlent des droits personnels de nature civile, et à sa dissolution, ils entrent également en question. Il est donc nécessaire de se prononcer sur les points suivants : Quelle est la partie coupable? car, sans une faute, il n'y a pas de divorce. Quelle partie obtient le droit de convoler au nouveau mariage? Enfin, quelle

17.

est la partie qui est responsable vis-à-vis de l'autre pour
le dommage des intérêts? Nous demandons où sont les
lois organiques qui auraient pu soustraire le souverain
aux conséquences légales d'une situation pareille. Et si
l'on soulève aujourd'hui toutes ces questions, on verra
dans ce cas encore plus clairement à quel point l'œuvre
du métropolite a été fausse. Les tribunaux ordinaires
compétents seraient obligés de résoudre toutes ces questions, et, dans ce cas, la question même du divorce aurait dû être régulièrement instruite et décidée, car la
décision du métropolite ne peut avoir aucune valeur,
aucune force légale.

« Dans le triste état où se trouvent aujourd'hui les relations entre notre époux royal et nous, le mieux serait
de ne pas approfondir les causes qui provoquent la demande de divorce. Nous ne pourrons pas cependant
passer sous silence les nouvelles accusations de la part
de notre époux royal, d'après lesquelles son indulgence
généreuse et son abnégation, durant plusieurs mois,
n'avaient pu produire sur nous l'effet souhaité. Nous
nous demandons avec un étonnement profond quel est
l'effet auquel on s'attendait. Nous avons exprimé ouvertement notre désir de la réconciliation dans notre réponse, ainsi qu'en toute autre occasion. Nous avons
tenté, en outre, nous avons même proposé la réconciliation depuis que l'instance en divorce fut introduite,
mais notre proposition fut repoussée sans discussion.
Quant à notre époux royal, il n'a fait aucune démarche
de réconciliation. On nous a enlevé notre fils unique, et
en nous interdisant l'entrée dans la patrie, on nous a
forcée de séjourner à l'étranger comme une exilée, et,
ni avant ni après l'introduction de l'affaire en divorce,
nous n'avons rien commis qui aurait pu donner à notre

époux des raisons pour formuler contre nous des griefs.
Si « l'effet souhaité » visait à l'espoir de nous faire consentir de bonne volonté au divorce, nous n'y avons
donné aucun fondement.

« Quant aux inconvénients et aux dangers que ce différend au sein de la famille royale a créés pour l'État et
la dynastie, ce n'est pas certes nous qui en sommes responsable. La responsabilité entière retombe sur ceux
qui n'ont pas su sacrifier leurs sentiments personnels aux
intérêts supérieurs et qui n'ont pas su modérer leurs
exigences injustifiables.

« Le procès en divorce contre nous, commencé par l'injustice, a été conçu par la violence. Du côté de l'accusa-
teur se trouve l'omnipotence de l'État; du côté de l'accusée, rien que l'éternelle justice et le droit garanti par la
loi écrite et morale. L'accusation a cherché à choisir ses
tribunaux et n'en trouva pas à sa convenance d'assez
dociles. Il se rencontra alors un vieillard faible et cassé,
qui n'est plus à l'état de savoir l'énormité du péché
qu'il commet et de l'humiliation qu'il fait subir par son
acte à la haute mission de l'Église dans l'État et dans la
société...

« Et c'est nous, avec tout cela, qu'on accuse de créer
des dangers pour la patrie et la dynastie!

« Malgré tout notre désir de ne causer aucun désagré-
ment à notre époux royal, il nous est impossible de ne
pas protester par le présent acte ouvertement et solennellement auprès du saint synode, comme la plus haute
autorité ecclésiastique qui ait la garde de conserver
en toute pureté la foi dans notre sainte Église orthodoxe, contre l'œuvre et la décision de Mgr Théodose
du 12 octobre, année courante (E. n°. 1248). Nous ne
pouvons pas nous abstenir également de ne pas décla-

rer son acte nul et sans aucune valeur légale envers
nous.

« Nous conserverons, par conséquent, tous nos droits et
prérogatives comme épouse non divorcée et comme reine
de Serbie, tant que les tribunaux compétents n'auront
pas rendu une sentence prononçant légalement le divorce.

« Mais nous déclarons en même temps que nous ne fe-
rons de notre côté aucun pas qui pourrait nuire au Roi
ou qui léserait les intérêts de notre chère patrie ainsi
que de sa dynastie. On ne peut pas nier, en vérité, que
notre patrie ne se trouve dans des circonstances graves,
et comme nous n'avons jamais hésité lorsqu'il a fallu
apporter des sacrifices sur l'autel des hauts intérêts, et
bien que nos souffrances soient sans bornes, nous les
supporterons dans l'avenir, car notre amour envers la
patrie est supérieur au sentiment d'injustice qu'on nous
inflige.

« Et dans ces circonstances douloureuses pour nous, en
priant chaleureusement le Tout-Puissant que les dispositions de notre époux envers nous s'adoucissent, qu'il
assure le bonheur à notre fils chéri, qu'il accorde à notre
patrie le progrès sûr et constant, nous restons, comme
toujours, de notre sainte Église orthodoxe la fille fidèle
et pieuse.

« NATHALIE. »

Cette protestation est fort belle et fort juste. Mais il est
à prévoir que le saint synode, ne voulant pas encourir
la colère du roi Milan, se déclarera incompétent.

On voit que pour l'arbitraire le roi de Serbie a dépassé

même Napoléon I⁻. C'est pourquoi nous avons tenu à relater ici ces faits contemporains. Le roi Milan, pour détourner l'attention de ses sujets d'une triste querelle domestique où il a tous les torts, a posé lui-même la question de revision de la Constitution serbe. Il a fait voter tambour battant cette revision et déclaré que dorénavant il régnerait en souverain parlementaire. Nous verrons si l'avenir donnera raison à son habileté et à son audace. Quant à moi, tout me porte à croire, étant donné l'exemple même fourni par cet ouvrage, que son divorce lui sera funeste.

XII

RENSEIGNEMENTS SUR LES CARDINAUX QUI SE TROUVENT A PARIS.

(Note de police du 4 février 1810 [1].)

* *Mattei.* — C'est ce prince romain très régulier, très vain, d'un esprit médiocre, très ultramontain... On lui impose avec de la fermeté, mais la moindre dureté le cabrerait. Il a la rage papale au plus haut degré...

Dugnani. — C'est un Milanais dissimulé et très rusé avec un air de bonhomie. On peut le gagner aisément par l'espérance de l'archevêché de Milan...

Joseph Doria. — C'est un intrigant de premier ordre. Il a l'usage du monde. Son ambition n'est que de la cupidité...

[1] Les noms précédés d'un astérisque sont les noms des cardinaux qui ont refusé d'assister au mariage de Napoléon et de Marie-Louise.

Vincenti. — C'est un simple abbé de Rome. Il a été
nonce en Espagne à force d'intrigues. C'est une créa-
ture de Florida Bianca qui lui a procuré des canoni-
cats pour une trentaine de mille livres de rente en
Espagne, où il a toute sa fortune. Il est très fin et il en
a la réputation. Il ne sera jamais chef de file. On peut
le gagner en lui confiant sous le secret qu'on se méfie
beaucoup de lui...

Pignatelli. — C'est un dévot ardent et de bonne foi. Sa
jeunesse a été très dissipée. C'est aujourd'hui un fanatique, incurable ennemi de la France et très passionné
contre l'Empereur. Nullité absolue.

Roverella. — C'est un homme très intrigant et très mé-
chant. C'est lui avec Antonelli qui a ruiné le cardinal
Consalvi dans l'esprit du pape... Il est timide et réservé dans le monde. On ne peut le dominer que par
la peur.

* *Della Somaglia.* — Il s'est fait dévot à outrance depuis qu'il est évêque. Il ne manque ni d'esprit ni
d'instruction, mais il est imbu de tous les préjugés de
la Cour de Rome... C'est un homme minutieux et
vain. En le flattant et en caressant son orgueil, on
peut le gagner aisément.

* *Saluzzo.* — C'est un bel homme, qui a quelque éducation et qui est à peu près nul dans les affaires...

* *Brandacoro.* — Il a fait traduire par quelques moines
le traité fanatique *Des deux puissances,* composé par
l'abbé Pey, chanoine de Notre-Dame de Paris, et il l'a
publié sous son nom, ainsi que les *Tombeaux* d'Her-
vey. C'est en se donnant ainsi pour auteur qu'il a fait
fortune. Il est archevêque de Fermo. Il est très cir-
conspect et très poltron...

* *Scotti.* — C'est un homme nul.

Zondadari. — Est également de la nullité la plus absolue.

* *Litta.* — Il a un bon ton, un esprit médiocre, très peu de connaissances, et il affiche beaucoup de dévotion pour faire oublier sa jeunesse.

Della Porta. — C'est un homme sans moyens, dévot de bonne foi, sans esprit, très ignorant et très fanatique.

* *Gabrielli.* — Il a quelques notions des tribunaux et des lois de Rome. Il aspire à la papauté. Il a la superstition et le fanatisme du quatorzième siècle (souvent violent dans ses discours).

* *Di Pietro.* — C'est lui qui a jeté le Pape dans l'abîme. C'est un ancien et très médiocre professeur de droit canon au collège de la Sapience... Il faut le traiter avec le plus froid mépris. Il est abhorré de tout le Sacré Collège et de tous les Romains. Sa rage contre la France est un véritable délire.

Despuig. — C'est un Espagnol, bonhomme et sans esprit. N'a que 200,000 livres de pension. Il n'a point d'autre fortune. Et ce doit être un moyen puissant de le mettre à la raison.

* *Galeffi.* — Il est fort réservé, a très peu d'esprit, et s'est jeté dans le parti des dévots. On ne s'assurerait de rien en travaillant ses opinions, qui ne lui appartiennent pas.

* *Oppizoni.* — On ne le connaît point à Rome, et l'opinion publique ne lui est nullement favorable.

Antoine Doria. — Il dépend en tout de son frère cadet. (Joseph Doria n'a aucune influence, si ce n'est sur son frère aîné, qu'il mène comme un enfant, et ne s'occupant que de sa santé.)

Fabrice Ruffo. — * *Louis Ruffo.* — Sont suffisamment connus à Paris.

* *Consalvi.* — Est un homme d'esprit, et l'on peut aisément l'attirer dans le parti de l'Empereur.
On l'a jugé avec prévention et injustice. Sa mauvaise santé et sa disgrâce à Rome ont achevé de le dégoûter de toutes les affaires, depuis la mort de son frère unique. Il est sans famille et probablement sans ambition. On ne saurait le trop bien traiter. On en tirera parti dans les grandes occasions, quoique son état actuel lui laisse très peu d'influence dans le Sacré Collège.

Albani. — Il a la réputation à Rome d'avoir beaucoup d'esprit .. Le gouvernement n'a besoin que de le bien traiter pour s'assurer de lui. Ce serait le pape le plus français qu'on pût choisir un jour parmi les Romains.

Erskine. — Il est d'origine anglaise et Anglais dans l'âme... ardent et sérieux comme le sont tous les Anglais. Il a de l'esprit, de l'audace, de l'orgueil et une extrême avidité. En ne le comptant pour rien, on lui donnera beaucoup à penser; mais on le neutraliserait si on l'avertissait qu'il est à Paris *en état de surveillance...*

(Archives nationales.)

XIII

EXTRAIT DE LA *Gazette de Vienne.*
(21 *février* 1810.)

« Depuis le 16, toute la ville ne s'occupe que du grand mariage dont on fait les apprêts. Les regards se fixent presque exclusivement sur madame l'Archiduchesse. On questionne tous ceux qui ont l'honneur de l'approcher et on est enchanté d'apprendre qu'elle est de la meilleure humeur du monde, et qu'elle ne cache nullement la satisfaction que lui donne cette alliance.

« Les fonds continuent à monter d'une manière étonnante et les denrées coloniales diminuent dans la même proportion. Beaucoup de gens ont eu hier de la peine à vendre leur or... Beaucoup de gens qui avaient retenu leur vaisselle d'argent dans l'espoir de la cacher ou de l'envoyer en pays étranger, s'empressent aujourd'hui de la porter à la Monnaie et regardent comme argent comptant les obligations qu'on leur donne en échange. Les chefs des grandes maisons commandent une autre vaisselle pour remplacer celle qu'il a fallu sacrifier à l'État. Chacun se montre disposé à donner toute sa fortune, bien persuadé qu'après une pareille alliance, le gouvernement ne pourra plus manquer à ses engagements. »

(Archives nationales.)

XIV

Lettre du comte Otto à M. de Champagny.

« Vienne, le 3 mars 1810.

« MONSIEUR LE DUC,

« J'ai fait lire à l'Empereur d'Autriche lui-même la lettre que Votre Excellence m'a fait l'honneur de m'adresser le 20. Il a été extrêmement satisfait des attentions aimables de Sa Majesté pour sa future Épouse. Cette princesse sera conduite à Braunau avec une pompe jusqu'ici inconnue dans ce pays-ci. Le cortège sera composé de plus de soixante voitures, et l'Empereur se rendra lui-même *incognito* sur la frontière pour prendre congé de sa fille chérie.

« M. le comte Lauriston rend à Sa Majesté un compte détaillé de ce qu'il a vu et entendu. Jamais événement n'a causé plus de joie en Autriche que celui dont nous sommes témoins...

(Détails sur l'archiduchesse. — Habitudes extrêmement simples. — Unique désir de plaire à son illustre époux. — Douceur, bonté, sentiment profond et religieux de ses devoirs.)

« Croyez-vous, dit-elle souvent à madame Lazousky, « que je pourrai plaire à l'Empereur Napoléon? » Elle se fait une fête d'aller à Paris, non pour jouir des plaisirs de cette capitale, mais pour y cultiver les arts et surtout le dessin, qu'elle aime beaucoup.

« Veuillez agréer, etc.

« OTTO. »

Le comte Otto à l'empereur Napoléon.

« Vienne, le 4 mars 1810.

« .... Votre Majesté ayant consenti à la rédaction d'un contrat de mariage semblable à celui qui a été fait pour Madame la Dauphine, toutes les difficultés sont aplanies et rien n'empêchera que la future Impératrice ne parte d'ici le 13 au plus tard. Votre Majesté aura vu par mes dernières dépêches que rien ne sera négligé pour donner le plus grand éclat aux cérémonies qui auront lieu ici...

« Je ne pense pas, Sire, qu'il puisse être nécessaire de donner à l'Impératrice des dames de son âge. Elle aime son intérieur, ses devoirs, ses occupations et, quoique jeune, elle a la façon de penser d'une femme de vingt-six ans. Madame la duchesse de Montebello sera pour elle la meilleure compagne; elle trouvera dans cette dame les sentiments que son éducation lui a fait chérir. Elle tient beaucoup à ses exercices religieux, et un de ses premiers soins a été de demander à madame Lazousky si l'Empereur Napoléon ne la gênerait pas sous ce rapport. La musique et le dessin rempliront une grande partie de sa journée; elle cherchera tous les moyens de plaire à Votre Majesté et de mériter sa confiance. C'est ce qu'elle dit très souvent aux personnes qui l'environnent. Son père, qu'elle aime beaucoup, lui donne le même conseil. Il lui a dit hier encore : « Il faut que tu deviennes Française, aussitôt que tu auras passé l'Inn... »

(Le comte Otto annonce l'arrivée du prince de Neufchâ-

tel qui est logé au château, où il est traité avec beaucoup de magnificence.)

(Archives nationales.)

XV

Lettre de M. le comte Alexandre de Laborde à M. de Bassano.

« Vienne, le 9 mars 1810.

« Le comte Alexandre de Laborde, secrétaire de l'ambassade envoyée à Vienne à l'occasion du mariage de
l'empereur Napoléon, envoie à Maret, duc de Bassano, les
discours du prince de Neufchâtel, la réponse de l'empereur
d'Autriche et de l'archiduchesse Marie-Louise. Il est ravi
de l'accueil qui est fait à l'ambassade. « Il est vrai qu'il
existe dans toutes les têtes un tel mouvement, une telle
joie, une telle envie de contribuer en quelque chose à ces
événements, que tous les travaux sont faciles. Madame
l'Archiduchesse était charmante à voir. Elle portait une
robe blanche de tulle brodé en argent, qui ne cachait
pas sa taille, comme presque toutes les robes de brocart
qu'elle a ordinairement. Ses cheveux blonds, dont elle
a une quantité, étaient relevés sur le haut de sa tête et
laissaient voir son col et ses épaules. Son extrême fraî-
cheur, son sourire, l'expression de la figure et quelque
chose de gracieux et de modeste dans toute sa personne
nous ont fait dire à tous qu'elle sera constamment une
des personnes les plus agréables de la cour. Il est certain ensuite, — à part sa beauté, — qu'il est impossible

de trouver, même parmi la classe commune, une jeune personne plus saine et qui ait toujours joui d'une meilleure santé. Elle n'a jamais eu un bouton, et je suis convaincu que ses enfants seront forts et frais comme elle.

« L'Empereur lui a donné aujourd'hui au théâtre de Vienne la place d'honneur, à droite à côté de lui, et l'Impératrice a fait mettre le prince de Neufchâtel à sa gauche, avant tous les archiducs, chose qui n'avait point encore eu lieu dans aucune circonstance, et même pour des princes souverains...

« Hier, après la demande, l'Empereur est descendu de l'estrade et a fait quatre pas en avant, autre démarche qui a paru encore plus distincte et qui toutes seront détaillées dans mon procès-verbal.

(M. de Laborde compte à son retour composer un petit ouvrage intitulé : *Cérémonial de la Cour de France à l'occasion du mariage des princes et princesses sous les différents règnes,* et le terminer par celui-ci, qui sera un instrument diplomatique fort important et fort curieux.)

« Une foule de personnes et surtout de jolies femmes se disposent à partir pour Paris. Les Russes ont sur l'oreille M. de Schouvaloff, qui avait démenti la nouvelle du mariage après l'arrivée de Floret, parce que le prince Kourakin lui avait mandé qu'il n'en était pas question. On s'est beaucoup moqué de lui deux jours après.... Le comte de Metternich est bien heureux d'aller à Paris, et il mérite véritablement d'y être bien reçu. C'est à lui que l'on doit entièrement les dispositions de toutes ces fêtes et la principale réussite de cet événement. Il est comblé d'hommages par toutes les classes...

« Alexandre DE LABORDE. »

(Archives nationales.)

XVI

Lettre de Madame Lætitia à Madame Lucien Bonaparte.

Madame Lætitia écrivait, le 10 mars 1810, à la femme de Lucien Bonaparte :

« Vous savez tous les malheurs que votre mariage avec Lucien a attirés sur notre famille et devez juger qu'ils sont à l'excès par la démarche que je vous propose de faire. L'Empereur veut votre divorce. Il dépend de vous de décider Lucien à le faire, et dans le cas où il s'y refuserait, de le demander vous-même. C'est le moyen d'éviter la disgrâce qui le menace ainsi que vos enfants et tout ce qui vous appartient. Si vous le faites, au contraire, *vous ferez le bonheur de votre mari et de vos enfants...* Ne balancez pas entre une vie remplie d'amertumes et de chagrins à laquelle vous devez vous attendre, si vous vous obstinez, et la perspective d'un avenir heureux. A la fin, vos enfants seront reconnus par l'Empereur et peuvent *succéder* à des couronnes... Enfin, si vous avez quelque commisération pour une mère qui a su en tout temps faire des sacrifices pour ses enfants, vous le ferez aussi pour moi, et je vous assure que je ne l'oublierai de ma vie... »

(Mémoires de Lucien Bonaparte, t. III, p. 155.)

N. B. — Cette dernière démarche échoua comme les autres. Lucien et sa femme préférèrent l'exil.

XVII

Extrait d'une lettre de Berthier à Napoléon,
le 10 *mars* 1810.

« ... La pièce que Votre Majesté m'envoie du cardinal
Fesch ne me paraît pas nécessaire, puisque tout est
arrangé pour la solennité de demain. Je ne m'en ser-
virai que dans le cas où elle serait indispensable... »

(Archives nationales.)

XVIII

DÉMISSION DES ARCHEVÊQUES OPPIZONI, BRANDACORO,
LOUIS RUFFO, ET DES ÉVÊQUES MATTEI ET GABRIELLI,
LE 6 AVRIL 1810.

A la suite du rapport adressé à Napoléon par le ministre des cultes, Bigot de Préameneu, le 6 avril 1810,
l'archevêque de Bologne, l'archevêque de Fermo, l'archevêque de Naples et les évêques de Porto et de Sini-
gaglia donnèrent leur démission.

Voici comment démissionna l'archevêque de Bologne.
Les lettres de ses vénérables confrères diffèrent à peine
de la sienne. Elles sont adressées au Pape.

« BEATISSIMO PADRE,

« Le particolari circonstanze nelle quali mi trovo mi
fanno ricorrere alla Santita Vostra perche si compiaccia

di accettare la rinuncia dell' Arcivescovado di Bologna.

« Implorando l'Apostolica di Lei Benedizione, bacio umilissimamente i piedi.

« Umilissimo, devotissimo, obligatissimo servo e creatura.

> « Firmato : † CARLO, *cardinale* OPPIZONI.

« Parigi, 6 aprile 1810. »

(Archives nationales.)

XIX

Lettre de M. de Champagny à Napoléon.

6 juin 1810.

« M. de Metternich m'a remis, pour faire passer à Votre Majesté, la pièce ci-jointe qui est la copie de la lettre que le Pape adresse à son auguste Maître. Il me prévient que cette communication est tout à fait confidentielle et supplie Votre Majesté de vouloir bien n'en faire aucun usage.

« Je suis avec respect,

« SIRE, etc.

« CHAMPAGNY. »

(Archives nationales.)

N. B. — La lettre du Pape n'est point aux Archives. On voit cependant par cette communication que Metternich ne répondait guère à la confiance que le Pape mettait dans l'Autriche.

Cette lettre doit être celle que publient les *Mémoires de Metternich*, t. II, p. 353.

XX

Lettre du cardinal Fesch à M. Bigot de Préameneu.

« 14 septembre 1810.

« MONSIEUR LE MINISTRE,

« Par mes réponses à vos lettres du 20 août et du
1ᵉʳ septembre, vous avez dû connaître ma constante
résolution à ne point abandonner mon archevêché de
Lyon ; et Sa Majesté, qui veut bien me laisser toute
liberté dans l'option de l'archevêché de Lyon ou de
Paris, se rappelle sans doute que cette résolution ne
date pas seulement de l'époque où je fus nommé au
siège de Paris, mais qu'elle remonte même au temps où
il s'agissait de me faire accepter la coadjutorerie de
Ratisbonne, puisque dans mon acte d'acceptation j'ai
signifié pour condition unique la conservation de mon
premier siège.

« Pourrais-je me décider à l'abandonner aujourd'hui
qu'il me donne de vraies consolations et que les résultats
de mon administration m'assurent que j'y ai fait quelque bien? Quelles raisons pourraient me convaincre que
la divine Providence veut que je l'abandonne pour le
diocèse de Paris? Quelle est l'autorité qui commande ce
sacrifice et qui exige ma docilité?

« Le temps que j'ai mis à répondre à vos différentes
lettres, entre autres à votre dernière du 6 septembre sur
cette importante affaire, a dû faire juger à Votre
Excellence que je ne me suis pas décidé légèrement et
sans avoir pesé toutes les raisons pour et contre. Il
s'agissait de l'œuvre de Dieu, et je l'ai prié de n'avoir

18

point égard à mes inclinations, de les contrarier même,
et, dans sa miséricorde, de ne pas permettre que des vues
humaines et personnelles eussent quelque influence sur
mon choix. Oui, Monsieur le Ministre, je veux rester
archevêque de Lyon, parce que je crois que telle est la
volonté de Dieu.

« Du reste, je prie Votre Excellence, en agréant les
sentiments de ma haute considération, de recevoir mes
sincères remerciements pour ce qu'elle veut bien me
dire de flatteur. Mais les vœux du clergé de Paris pour-
raient-ils étouffer les cris de mes coopérateurs, de mes
amis et de mes enfants du diocèse de Lyon ?

« † Card. FESCH. »

(Archives nationales.)

N. B. — Le ministre des cultes proposa alors l'évêque
de Nantes pour l'archevêché de Paris. Ce choix ne fut
pas agréé. Le 14 octobre 1810, le cardinal Maury, qui
avait été pressenti, accepta cet archevêché.

XXI

*Lettre du prince Eugène, le 15 octobre 1813, au roi de
Bavière, et lettres de la princesse Auguste, le 17 octobre,
au roi de Bavière, et à Napoléon le 8 novembre de la
même année.*

Les lettres ci-jointes, empruntées aux *Mémoires du
prince Eugène*[1], montrent combien a été nette l'attitude
du prince en 1813 et en 1814 :

[1] Tomes IX et X.

Le 8 octobre 1813, Maximilien, roi de Bavière, informait le prince Eugène qu'il ne lui restait d'autre ressource que de se rendre aux instances des alliés, qui le priaient de conclure avec eux un traité d'alliance contre l'empereur Napoléon. Il l'invitait à se prêter à un armistice avec les Autrichiens, sur le pied de la ligne du Tagliamento.

« C'est votre père et non le roi qui vous dit ceci, ajoutait-il, persuadé que vous saurez allier *vos intérêts* avec ce que vous devez à l'honneur et à vos devoirs...

« J'espère, mon cher Eugène, que nous n'en serons pas moins attachés l'un à l'autre et que je serai peut-être à même de vous prouver *par des faits* que ma tendre amitié pour vous est toujours la même... »

Le prince Eugène lui répondit, le 15 octobre :

« ... Vous me connaissez assez, j'en suis sûr, pour être convaincu que, dans cette pénible circonstance, je ne m'écarterai pas un instant de la ligne de l'honneur ni de mes devoirs...

« Si la fortune m'est à l'avenir aussi contraire qu'elle m'a été favorable jusqu'à présent, je regretterai toute ma vie qu'Auguste et ses enfants n'aient pas reçu de moi tout le bonheur que j'aurais voulu leur assurer; mais ma conscience sera pure, et je laisserai pour héritage une mémoire sans tache... »

Le prince avisa la princesse Auguste de la défection du roi de Bavière. Elle lui adressa une lettre d'une dignité incomparable :

« ... Devoir renoncer à sa famille, à son pays sans doute, c'est cruel; mais mon cœur souffrirait bien plus si tu te conduisais autrement que tu ne fais. Courage, mon ami, nous ne méritons pas notre sort. Notre tendresse, notre bonne conscience nous suffiront, et dans

une simple cabane nous trouverons le bonheur que tant
d'autres cherchent inutilement sur les trônes. Je te le
répète, abandonnons tout, mais jamais la route de la
vertu, et Dieu aura soin de nous, de nos pauvres enfants... J'oublierai que je suis Bavaroise et ne penserai
qu'à nos enfants et au meilleur et plus aimé des
époux... »

Et la noble femme écrivit, le 17 octobre, à son
père :

« ... Avoir d'autres intérêts que les vôtres, c'est
affreux pour votre fille qui vous a prouvé à quel point
allait sa tendresse, sa soumission pour vous. Peut-être
l'avez-vous oublié ; mais, dans quelque situation que je
me trouve, je ne regretterai jamais ce que j'ai fait. Ma
conscience est sans reproche...

« Eugène, le meilleur des époux, ne s'afflige qu'à
cause de nous. Il regrette même d'être mon mari, d'être
leur père. C'est tout dire. Sa tendresse fait mon unique
bonheur. Jamais il ne perdra la mienne. Je le suivrai
partout, bien sûre qu'il ne s'écartera jamais du chemin
de la vertu et de l'honneur.

« Voici la dernière lettre que vous recevrez de votre
fille. Mon devoir m'impose le silence, comme il m'a
prescrit de penser au sort de nos enfants.

« Encore une fois, je vous le recommande, ne les
oubliez pas... »

Et le 8 novembre, elle manda à Napoléon :

« Croyez que rien au monde ne me fera oublier mon
devoir et que vous pouvez compter sur mon entier dévouement comme sur celui d'Eugène. Il défendra le
royaume jusqu'au dernier moment. De mon côté, je
tâcherai de ranimer les esprits faibles qui se laissent
abattre dès qu'ils entendent parler de dangers. Si nous

succombons, nous aurons au moins la consolation d'avoir toujours rempli notre devoir. »

N. B. — Voir, pour réponse aux calomnies des *Mémoires de Marmont,* les lettres si dignes et si concluantes d'Eugène, en date des 22, 23 et 29 novembre 1813 et du 17 janvier 1814.

XXII

LES DEUX IMPÉRATRICES JUGÉES PAR NAPOLÉON.

« L'Empereur disait qu'il avait été fort occupé dans sa vie de deux femmes très différentes : l'une était l'art et les grâces, l'autre l'innocence et la simple nature. Et chacune, observait-il, avait bien son prix.

« Dans aucun moment de la vie, la première n'avait de positions ou d'attitudes qui ne fussent agréables ou séduisantes ; il eût été impossible de lui surprendre ou d'en éprouver jamais aucun inconvénient. Tout ce que l'art peut imaginer en faveur des attraits était employé par elle, mais avec un tel mystère, qu'on n'en apercevait jamais rien. L'autre, au contraire, ne soupçonnait même pas qu'il pût y avoir rien à gagner dans d'innocents artifices. L'une était toujours à côté de la vérité. Son premier mouvement était la négative ; la seconde ignorait la dissimulation ; tout détour lui était étranger. La première ne demandait jamais rien à son mari, mais elle devait partout ; la seconde n'hésitait pas à demander quand elle n'avait plus, ce qui était fort rare ; elle n'aurait pas cru pouvoir jamais rien prendre sans payer aussitôt. Du reste, toutes les deux étaient bonnes, douces,

fort attachées à leur mari. L'Empereur disait qu'il les
avait constamment trouvées de l'humeur la plus égale
et d'une complaisance absolue. » (*Mémorial de Sainte-
Hélène.*)

N. B. — On remarquera que dans ce portrait l'Empereur est fort partial en faveur de Marie-Louise, qui ne
méritait certes pas tant de partialité.

Il est vrai que dans une autre partie du *Mémorial*
Napoléon s'exprime ainsi :

« Joséphine était la plus aimable et la meilleure des
femmes... Elle avait donné le bonheur à son mari et
s'était constamment montrée son amie la plus tendre,
professant à tout moment et en toute occasion la soumission, le dévouement, la complaisance la plus absolue.
Aussi lui ai-je toujours conservé les plus tendres souvenirs et la plus vive reconnaissance...

« Jamais il ne lui est arrivé de rien demander pour
Eugène, d'avoir jamais même remercié pour ce que je
faisais pour lui, d'avoir même montré plus de soins ou
de complaisance le jour des grandes faveurs, tant elle
avait à cœur de se montrer persuadée et de me convaincre que tout cela n'était pas son affaire à elle, mais
bien la mienne à moi, qui pouvais et devais y chercher
des avantages. Nul doute qu'elle n'ait eu plus d'une
fois la pensée que j'en viendrais un jour à l'adopter
pour successeur... »

XXIII

Joséphine et François II.

Madame de Souza rapporte que le prince de Cobourg aurait dit, en 1814, à Joséphine que l'Empereur d'Autriche serait venu la voir, s'il n'avait craint de lui faire de la peine.

« — Pourquoi donc? répondit Joséphine. Ce n'est pas moi qu'il a détrônée, c'est sa fille!... »

(Sismondi, *Revue hist.*, t. IX.)

XXIV

Voir dans le *Zeitschrift fur catholische Theologie,* — quatrième partie de 1888, — une dissertation intéressante du Père Bernard Duhr sur le premier mariage de Napoléon, le divorce et sur le second mariage. Ce travail, quoique bien documenté, ne fait pas mention des pièces originales.

TABLE NOMINATIVE

19

ERRATA

Page 17, ligne 4 de la note, *lire* « Commène » *au lieu de* « Comnène ».

Page 85, ligne 18, *lire* « répliqua » *au lieu de* « réplique ».

Page 97, ligne 13, *lire* « vice-grand électeur » *au lieu de* « vice-électeur ».

Page 178, ligne 25, *lire* « le devoir » *au lieu de* « le désir ».

Page 231, note 2, *ajouter* « Mémoires de Metternich, tome II. »

Page 246, note 2, *lire* « le 13 mai 1839 » *au lieu de* « l'année suivante ».

TABLE DES CHAPITRES

PIÉCES JUSTIFICATIVES

PARIS. TYPOGRAPHIE DE E. PLON, NOURRIT ET Cⁱᵉ, RUE GARANCIÈRE, 8.

CPSIA information can be obtained at www.ICGtesting.com
Printed in the USA
LVOW121430280912

300756LV00004B/59/P